DAS GEHEIMNIS VON IKEA

Bertil Torekull
Ingvar Kamprad

DAS GEHEIMNIS VON IKEA

Aus dem Schwedischen übersetzt
von Hedwig M. Binder

MEDIEN
CONTOR

Die Originalausgabe erschien 1998 unter dem Titel
HISTORIEN OM IKEA im Verlag Wahlström & Widstrand, Stockholm.

ISBN 3-931962-99-7

Umschlaggestaltung: Sabine Thürnau
Umschlagfotos: Ann Lindberg / Family Magazine
Satz: Dammtorsatz, Hamburg
Herstellung: Clausen & Bosse, Leck
Printed in Germany
Gedruckt auf Munkenprint, einem umweltfreundlichen
Naturpapier von Trebuk.

Das meiste ist noch nicht getan.
Wunderbare Zukunft.

Ingvar Kamprad

Inhalt

Prolog Am Anfang war die Moräne / 7

Teil 1 Der Einwanderer und sein Sohn: 1894-1943 11
Die Deutschen im Wald von Småland 12
Mein Leben auf dem Hof 18
Großmutter und ich 23

Teil 2 Der Unternehmer, der Emporkömmling: 1943-1953 29
So wurde ich Möbelhändler 30
Die Familie als Unternehmen – das Unternehmen als Familie 40
Niemand hat so viele Niederlagen erlitten wie ich 46
So war es damals 50

Teil 3 Der schwierige Kapitalist: 1953-1973 56
Boykott, Scheidung und Erfolg 57
So entstand das erste Möbelstück zur Selbstmontage 65
Polen, „die andere Frau“ 72
Die Zeitung, die IKEA salonfähig machte 84
Das Wunder von Kungens Kurva 91
Die letzten Jahre mit der Clique 98

Teil 4 Der Auswanderer: seit 1973 107
Der Mann, der seinen Tod vorbereitete 108
So wurde das uneinnehmbare Unternehmen geschaffen 121
IKANO – die eigene Welt der Jungen 129
Die Erbauer eines Imperiums 134
Das heilige Konzept 140
Älmhult in der Welt 149

Teil 5	Führung in einer Umbruchszeit	155
	Der herzliche Möbelhändler	156
	Ein junger Mann und seine Verirrungen	164
	Die Affäre, die ein Fall für die PR wurde	178
	Die Strategie der zehn Würstchen	188
	Der Traum vom guten Kapitalisten	193
	Weihnachtsfest im Lager	203
Teil 6	Die Zukunft - „Das meiste ist noch nicht getan!"	207
	Erben, aber nicht verderben	208
	Gespräch mit den Erben	215
	Eine Schweigeminute im Aufsichtsrat	225
	Der große Sprung nach vorn	236
Teil 7	Wer ist Ingvar Kamprad? Was ist IKEA?	245
	Porträt eines Mannes und seines Lebenswerkes	246
	Fax von Ingvar Kamprad	260
Anhang		
	Ingvar Kamprad: Darum dieses Buch	264
	Der Autor: So wurde das Buch geschrieben	270
	Das Testament eines Möbelhändlers	275
	Dank an die Mitwirkenden an diesem Buch	285
	Wichtige Jahreszahlen	288
	Die Möbelhäuser von IKEA Land für Land	290
	Die Kamprad-Sphäre	293

Am Anfang war die Moräne

„Die Geschichte beginnt hier, aber so wie die meisten anderen auch an anderen Stellen und zu einem anderen Zeitpunkt.“

Klaus Rijfberg in „Falscher Frühling“

„Den langen, langen Pfad über die Moore und in die Wälder, wer hat ihn getrampelt? Der Mensch, der Mann, der erste, der hierherkam.“

Knut Hamsun in „Segen der Erde“

Älmhult, Småland, Schweden, die Welt.
Seine irdischen Wurzeln, sein geistiges Biotop.
Auf dem Marktplatz steht die Statue Carl von Linnés, dem Mann, der allen Gewächsen der Erde Namen gab. Er wendet dem Rathaus den Rücken zu, blickt aber träumend über die Eisenbahn hinweg in Richtung des großen Möbelhauses, das von einem Mann gegründet wurde, der all seinen Möbeln Namen gab und sie auf dem ganzen Erdball verbreitete.

In dieser für das Auge so kargen Landschaft wuchsen sowohl Moosglöckchen als auch Ideen und Unternehmen.

Die Straße von Älmhult zur Kirche von Pjätteryd und dann nach rechts Richtung Agunnaryd ist noch genauso kurvig, hügelig und tannengesäumt wie zu jener Zeit, als Ingvar Kamprads Vorfahren Ende des 19. Jahrhunderts einwanderten. 17 Kilometer weiter liegt Elmtaryd, wo er aufwuchs. Drei Häuser um einen erhöhten Hofplatz, Kieswege, in der Mitte eine Anpflanzung. Vor dem hölzernen Tor das grün gestrichene kleine Schutzhäuschen, ursprünglich die Milchbank (Anm.: heute wird sie durch Rohre gepumpt, aber bis in die fünfziger Jahre wurde hier die Milch für die Molkerei abgeholt), die zum Ausgangspunkt seiner ersten kindlichen Träume wurde, ein neuer „Kreuger“ (Anm.: ein prominenter schwedischer Großindustrieller) zu werden.

Der Viehstall ist leer, aber der Nadelwald bei Elmtåsa steht noch ebenso dicht und finster über ebenso geheimnisvollen Pfaden wie damals, als Ingvar dort zur Grundschule ging. Nach wie vor wird die Stille öfter vom Schrei eines Rehbocks als vom Geräusch eines Traktors oder Autos unterbrochen. Es ist noch ein weiter Weg bis zu dem Land, das „möbliert“ werden sollte, und zu der Welt, in der ein Imperium aufgebaut wurde.

Hier gibt es vorwiegend Sand, Kies und Heide – die Moräne. Hier herrschen Einsamkeit, Stille und Dunkelheit, wenn nicht gerade eine Viehweide durch den Schleier der Hängebirke lächelt. Hier waren die Hütten immer klein, das Überleben nie selbstverständlich, die winzigen Äcker mit Steinen „gesegnet“ …

Hier konnte nur Arbeit die Not vertreiben, allein Einfallsreichtum dem Leben einen schmalen goldenen Saum verleihen. Nur der Gott der Gnade und Luther vermochten die Menschen zu trösten, die zäh, mager und pfiffig waren. Hier hält man es nicht aus, wenn man nicht träumen kann.

In der Stille dieser sandigen Erde, dieser kargen Moränenlandschaft beginnt der Traum von IKEA zu keimen, denn alles braucht seinen speziellen Nährboden. Deshalb muß man hier anfangen, wenn man die Höhe und Kraft eines ganzen Baumes verstehen möchte.

Im Winter 1997/98, als dieses Buch geschrieben wird, spannt IKEA mit seinen mehr als 38.000 Mitarbeitern ein Weltnetz von 137 Möbelhäusern in 29 Ländern auf vier Kontinenten aus. 90 Millionen Katalogexemplare des Unternehmens werden in diesem Jahr mehr als 150 Millionen Menschen dazu verlocken, in die schwedisch geprägten Kaufhäuser zu strömen und für mehr als 50 Milliarden Kronen einzukaufen. Vor Ende des Jahres werden in verschiedenen Ecken der Welt mindestens fünf neue Möbelhäuser aus dem Boden geschossen sein, eins davon im lauten chinesischen Shanghai, gute 20.000 Kilometer von Elmtaryds eindrucksvoller Stille entfernt, ein Beweis dafür, wie weit „Blütenstaub“ fliegen kann; Linné würde lächeln.

Hier begann ein wortblindes Bürschchen, sein Konzept zu schreiben – am Holztor eines Bauernhofs. Wie, das kann nur derjenige richtig beschreiben, der auch erklären kann, wie Begabung entsteht, wie Erfolg geboren wird, wie Ideen der jeweiligen Zeit den Boden bereiten.

Am Anfang war also die Moränenlandschaft, in ihr sollte der erwachsene Mann seine Geschäftsphilosophie verankern. Zur „Milchbank", dem Sprungbrett seiner Thesen, sollten die Manager des Weltunternehmens von morgen wie nach Mekka wallfahren, sollten sie betrachten, über sie nachsinnen, wenn nicht gar bestaunen. Sie sollten auf ihr Holz klopfen, als ob sie sich alle feierlich der Teilnahme an der weiteren Verwirklichung eines Mythos, eines Märchens, einer Legende verschreiben würden und Kraft aus der eigentlichen Quelle schöpfen wollten. Was war die Quelle?

„Aus dem Nichts errichtete er das Imperium", sagt die Legende.

Aber was ist das Nichts?

Zählen Liebe und Ermunterung nicht, zählen angeborene Energie, die Lust zur Revanche, Phantasie, Neugier nicht; zählen glückliche Zufälle und Handicaps, die in Chancen umgewandelt wurden, nicht? Und wie werden bei Fehlschlägen auf dem Weg dorthin Selbstwertgefühl, Rastlosigkeit und der Wille zum Erfolg gemessen?

Zählen die verschlungenen Wurzeln eines Menschen denn nicht, der banale Traum vom Reichwerden oder die Eitelkeit, Vater und Mutter – warum nicht der ganzen Welt – eines Tages zu zeigen, was in einem steckt, obwohl niemand das geahnt hat?

Natürlich zählt das.

Die Hauptperson dieses Buches wuchs mit viel Liebe in einem sparsamen, aber nicht armen Zuhause mit einem bewegten Hintergrund auf, umgeben von Leuten, die sein Einbildungsvermögen und seine Lebensfreude bejahten und spannende Vorbilder boten, zum Teil aber auch in die Irre führten.

Deshalb ist dies kein Buch über einen Mann, der mit leeren Händen begann. Es ist vielmehr eins über einen Mann, der handfeste Träume in Händen hält, mit einem Herz, das von Unzulänglichkeit, Selbstmitleid und einem eigensinnig neugierigen Einfallsreichtum geplagt wird, mit einer merkwürdigen Mischung aus sozialem Wesen und Sonderling; es ist zugleich ein Buch über ein Unternehmen, in dem er im Guten wie im Schlechten all das verwirklichte und auslebte.

Manche kehren vielleicht einer so einfachen Zusammenfassung eines Menschen mit extremer Geschäftstüchtigkeit den Rücken. Oder sie wenden sich von der Veredelung des Werkes eines unverbesserlichen Kapitalisten ab, der von den Verlockungen des

Gewinns und der Macht so besessen ist, daß er mit tausend Tricks seinem Werk ewiges Leben verleihen möchte. Andere wiederum werden sich selbst wiedererkennen, denn wir tragen alle den Keim eines Wunders in uns.

Teil 1

Der Einwanderer und sein Sohn
1894–1943

Die Deutschen im Wald von Småland

„Das sollte ihm zum Schicksal werden."
Vilhelm Mobergs Schlußwort in „Knut Torings Verwandlung"

Es ist ein Drama auf Leben und Tod, das sich im kalten Winter 1897 in den dunklen Wäldern um den Hof Elmtaryd in Agunnaryd zwei Meilen nordwestlich von Älmhult abspielt. Man könnte einen Groschenroman schreiben über das Spiel dunkler Kräfte, eine moderne Fernsehserie über Geld, Macht und Besitz, über isolierte Einwanderer und die Mesalliance zwischen einem unehelichen Mädchen und einem abenteuerlichen jungen Mann von guter Herkunft.

Begonnen hatte es mit einem Postversand.

Achim Erdmann Kamprad und seine Ehefrau Franziska, geborene Glatz, aus Wildenhain bei Lucka in Sachsen, waren 1896 in Trelleborg an Land gegangen. Er knapp 30, sie vier Jahre jünger. Bei sich hatten sie ihre beiden Söhne Franz Feodor, drei Jahre, und Erwin Erich, ein Jahr alt; ihr Erstgeborener war, gerade einige armselige Tage alt, im Oktober 1892 gestorben.

Nun begaben sie sich unverzüglich nach Småland, wo sich Achim bereits im September 1894 auf eine Annonce in einer deutschen Jagdzeitung hin unbesehen ein Waldgrundstück gekauft hatte. In einem Geschlecht, dessen Name eines Tages in der Versandbranche berühmt werden sollte, war dies eine stilgemäße erste und grundlegende Bestellung, allerdings ohne Niedrigpreis und Produktbeschreibung. Für den Gutshof bedingte sich der Verkäufer C. A. Sell einen Preis von 54.000 Reichstalern aus, davon 10.000 für Vieh und Saat „sowie im Speicher befindlichen Roggen".

Am 6. Juni 1895 hatte das Amtsgericht dem deutschen Untertan die Eintragung ins Grundbuch unter der Auflage bewilligt, daß er sich einen ortsansässigen Bevollmächtigten suche, der während seiner Abwesenheit seine Sache vertrete.

Die junge Familie war mit der Eisenbahn nach Älmhult gefahren und von Karl Johansson aus Möcklehult mit Wagen und Pferd abgeholt worden, das sich dann den verschlungenen Weg zu dem Hof in der Gemeinde Agunnaryd suchte. Vielleicht erfreuten sich die Reisenden am Glitzern eines stillen Waldsees, vor allem aber müssen sie die Schwere des Bodens und den ernsten Zug der totenstillen Tannen gespürt haben. Sie konnten kein Wort Schwedisch – bald sollten die Grundbesitzer der Gegend ihr Mißtrauen gegen die Eindringlinge zeigen, es sollte Täuschungsversuche und Intrigen geben.

Das Paar Kamprad forderte das Schicksal heraus.

Der Neuling warf sich als Besitzer eines Hofes von 449 Hektar auf seine neue Aufgabe. Aufgewachsen in einem kleinen deutschen Schloß, hatte er möglicherweise eine größere Schwäche für Jagdhunde als für harte Arbeit; wie auch immer – er stellte rasch einen Kutscher an, der in Ljungby treulich mit der Kalesche vor dem Stadthotel wartete, in dessen Kneipen er sich von Zeit zu Zeit gern begab. Mag sein, daß er im Grunde seines Herzens schon aufgegeben hatte, mag sein, daß er sich früh auf seine tatkräftige, starke Frau zu verlassen wußte, die das meiste zu erledigen schien.

Der Wald, das Holz, das war seine Spezialität, so wie es auch schon die seines Vaters gewesen war – ein Talent, das sich im übrigen auf bemerkenswerte Weise sowohl auf den Sohn als auch auf den Enkel und, vielleicht auch auf die Urenkel vererben sollte. Die Probleme auf dem großen Forsthof wuchsen seinem Besitzer jedoch bald über den Kopf. Den Hof instandzusetzen, erforderte bedeutende Investitionen. Kamprad schmiedete Pläne, doch die schlechten Finanzen verhinderten sie. Etliche Nachbarn versuchten sich den Besitz zu schnappen, als sich das Gerücht von den Schwierigkeiten und der eventuellen Zahlungsunfähigkeit des neuen Besitzers in der Gegend verbreitete.

Im Frühjahr 1897 wurde Achim Kamprad von der Gemeindesparkasse in Agunnaryd ein entscheidendes Darlehen verweigert. Verzweifelt und von bösen Zukunftsahnungen erfüllt, fuhr er nach Elmtaryd zurück, erschoß der Legende nach zuerst seine Lieblingshunde und dann sich selbst. Als wollte sich die Geschichte stets wiederholen, sollte seiner jungen Witwe gut 30 Jahre später eine weitere ähnliche Tragödie widerfahren – da nimmt sich ihr Sohn Erich, jung, weich, suchend und an der Mutter hängend, das Leben, vielleicht aus Trauer darüber, daß er die erträumte Ausbildung und die Frau, die er liebt, nicht bekommt.

Den Schuß im Obergeschoß sollten seine Neffen niemals vergessen, und am liebsten würden sie niemals mehr darüber sprechen.

Aber wir haben 1897, und Fanny Schön – oder wie sie sich mit dem Nachnamen ihrer Mutter ins Kirchenbuch von Agunnaryd einträgt: Franziska Glatz – wird sechs Monate später ihr viertes Kind, ein Mädchen, zur Welt bringen. Als Witwe mit zwei kleinen Jungen an der Hand, einem Kind im Bauch und allein im fremden Land, muß die junge Deutsche das verwickelte Knäuel entwirren, das ihr Mann hinterlassen hat. Daß ihr dies trotz ihrer Verzweiflung gelingt, ist das Ergebnis von zäher Energie und Führungstalent. Sie wird eine respektable, fast gefürchtete „Chefin Ingeborg" mit gebrochenem Deutsch-Småländisch; ihre Isolation in der Gegend ist ebenso groß wie ihr störrischer Eigensinn.

Verbannt in die Fremde und ohne nahe Freunde, fiel es ihr schwer, Gefühle zu zeigen. Nur wenn ein Landstreicher vorbeikam, sagte man, konnte sie die Freigebigkeit selbst sein. Ihr Wille oder die Notwendigkeit, alles und alle zu lenken und zu kontrollieren, ist bezeugt; bis zu ihrem Tod 1945 im Alter von 80 Jahren ist ihre herbe Gestalt von Strenge, Entschlossenheit und Unnahbarkeit umgeben, so als ob sie, in einer feindlichen Umgebung, nie lockerzulassen wagte.

Einzig ihrem Enkel gegenüber sollte sie Zärtlichkeit zeigen können.

Warum waren sie und ihr Mann nach Schweden gekommen?

Wir wissen wenig über die Motive. Vielleicht wollte Achims Mutter Sidonie ihren Taugenichts von Sohn los sein und brachte sie dazu. Sidonie, auf schwedisch: Sedonia – geborene von Bärenstein –, war die Witwe des Gutsbesitzers Zacharias August Kamprad auf dem sächsischen Schloß Wildenhain. Sie selbst kam von dem nahe gelegenen Schloß Neu Podenschau, das im Zweiten Weltkrieg in die Luft gesprengt wurde. Der Sohn hatte zu ihrer Enttäuschung unter seinem Stand geheiratet, und schon das Bewußtsein der mütterlichen Mißbilligung kann ausgereicht haben, das junge Paar dazu zu verleiten, freiwillig das Land zu verlassen.

Fanny/Franziska war die uneheliche Tochter einer Schankwirtin in Grunthal bei Olbernhau in Böhmen-Mähren, die Frucht der unglücklichen Liebesgeschichte ihrer Mutter mit einem gutsituierten, aber leider schon verheirateten Bergingenieur. Er kaufte sich von dem Kind frei, indem er der Mutter Geld gab, womit sie klugerweise für ihre künftige Versorgung ein Wirtshaus oder eine Bierstube kaufte.

Sie wird eine anständige Partie und heiratet irgendwann einen Zöllner, mit dem sie noch drei Kinder bekam.

In dieser Gegend hatte sich Achim Kamprad, Ingvars Großvater, einige Jahre lang an einer Forstschule ausbilden lassen und ein Fräulein Schön kennengelernt. Ebendieser Umstand – Franziskas sudetendeutsche Heimat, ihre Bitterkeit darüber, daß Böhmen-Mähren nach dem Ersten Weltkrieg der Tschechoslowakei zugeschlagen wurde, und ihre gleichermaßen unverfälschte Freude, als Hitler 1938 die Provinz annektierte und dem, was er Großdeutschland nannte, einverleibte –, all das sollte eines Tages eine wichtige Rolle im Leben ihres Enkels spielen und für einige Wochen im Herbst 1994 sein Leben tiefer erschüttern als vieles andere.

Sedonia, die Adlige aus Zechau bei Altenburg, die den 14 Jahre älteren Gutsbesitzer Kamprad geheiratet hatte, brachte eine ganze Reihe Kinder zur Welt. Sie hatte allem Anschein nach einen soliden ökonomischen Hintergrund, sollte deswegen aber nicht von tiefem Schmerz verschont bleiben. Neun (!) ihrer zwölf Kinder starben vorzeitig; sicherlich hatte sie deshalb das besonders starke Bedürfnis, daß ihr überlebender zweiter Sohn Achim im Leben etwas erreichte. Zwar hatte er es nicht zum Forstmeister gebracht, aber er verstand etwas vom Wald und mußte folglich dazu taugen, dort oben in Schweden einen Hof zu bewirtschaften.

In diese Richtung können Sedonias Gedanken gegangen sein. Das Erbe, das der Vater bei seinem Tod 1890 hinterließ, dürfte für den Kauf von Elmtaryd 1894 ausgereicht haben.

Achim mag zwar das schwarze Schaf der Familie gewesen sein, aber für die Mutter bedeutet sein Selbstmord eine gefühlsmäßige Katastrophe. Dennoch übernimmt Sedonia nun die Verantwortung und greift in das Chaos, das über ihre einsame Schwiegertochter hereinbricht, ein. Sie sorgt nicht nur dafür, daß das Geld die Gläubiger fernhält – sie fährt im kritischen Moment persönlich nach Elmtaryd, um Franziska beizustehen, die sie in einem Brief ungerechterweise und verächtlich „die dumme Eselin“ genannt hatte; die Kinder bekommen eine Gouvernante, die ihnen Sprachen und Mathematik beibringt, ehe sie zu gegebener Zeit nach Lund auf das private Internatsgymnasium Spyken geschickt werden. Dort macht Feodor, Ingvars Vater, als Schulkamerad eines künftigen schwedischen Finanzministers, Per Edvin Sköld, und eines ebenso bekannten Erfolgsautors, Fritjof Nilsson Piraten, das Abitur.

Sedonia schlägt auch mit der Faust auf den Tisch, so daß gierige Spekulanten ein für alle Mal begreifen, daß Elmtaryd in Kampradschem Besitz verbleiben wird. Als sie nur drei Jahre nach dem tragischen Tod ihres Sohnes zu Hause in Deutschland stirbt, fällt einer ihrer Höfe Achims drei kleinen Kindern als Erbe zu; er wird verkauft, und Elmtaryd erhält eine weitere dringend benötigte Finanzspritze. Franziska wird jedoch zeit ihres Lebens darüber murren, daß sich „ein jüdischer Makler“ bedient und sie nicht das gesamte ihr zustehende Geld bekommen habe. Vielleicht hätte sie es als eine Art Revanche erlebt, daß ihr Enkel 70 Jahre später den Familiennamen zur deutschen Muttererde zurückbringen, dort mit seinen Ideen den Markt erobern und Häuser errichten sollte, die viel gewaltiger waren als das Schloß, von dem sie einst stammten.

So nimmt sich, stark zusammengefaßt, das Drama der Einwanderer Kamprad aus. Wir wissen wenig über die innersten Triebkräfte im Leben der Menschen, aber vielleicht muß dieser Hintergrund in die Triumphfahrt eines schwedischen Unternehmers auf den Kontinent und in die Welt mit einbezogen werden.

Es handelt sich nur zum Teil um den Kampf einer ausgesetzten Familie mit dem widerspenstigen geistigen Klima und der kargen Natur Schwedens. Es geht auch nicht um Armut, sondern vielmehr um eine früh gefestigte Gewohnheit, sich nicht auf gute Tage zu verlassen, sondern immer bereit zu sein, Widerstände zu überwinden. Vor allem aber geht es um die Rückbesinnung einer Familie auf ihre Wurzeln.

Hin und wieder fährt Franziska mit den drei Kindern in ihre Heimat nach Böhmen-Mähren – währenddessen wird Elmatryd von dem Verwalter Fritz Johansson als dem Treuhänder der vaterlosen Kinder bewirtschaftet. Als ihr ältester Sohn Franz Feodor 25 Jahre alt wird, übernimmt er, noch immer Junggeselle, den Hof. Aber solange sie lebt, wird Franziska wie ein Habicht über ihn wachen und darauf achten, daß das Einstecktuch an seinem bestimmungsgemäßen Platz im Jägeranzug sitzt.

Nur widerstrebend tritt Franziska als Haushaltsvorstand von

Elmtaryd zurück, als Feodor die Geliebte seines Herzens, Berta Nilsson, die Tochter des größten und bekanntesten Landhändlers von Älmhult, heiratet. Sie verhält sich gegenüber der gutherzigen und begabten Frau ihres Sohnes, die selbstsicher genug ist, den Kampf nicht aufzunehmen, demonstrativ kühl.

Allein gegenüber Ingvar Feodor, dem Enkel, zeigt die alte Franziska all die Liebe, Wärme und Schwäche, die sie in ihrem dramatischen Leben als unerwünschte Einwandererin in den Tiefen des småländischen Waldes nicht gewagt hatte, aus sich herauszulassen.

Mein Leben auf dem Hof

„Wir lehrten ihn unten bei der Kirche unter dem tiefen Grün der Eichen zum Grammophon tanzen... Er fing Fische und Krebse, war erfinderisch und kühn. Er steckte die frisch gefangenen Krebse hinten in die langen Unterhosen... So war er."

Ingvar Kamprad erzählt:

Ich wurde 1926 im Entbindungsheim des Weißen Kreuzes in der Gemeinde Pjätteryd genau an der Grenze zu Älmhult geboren, das erste Kind meiner Eltern. In den ersten Jahren wohnten wir auf Majtorp, einem Hof am Ljungbyvägen von Älmhult in Richtung Pjätteryd. Diesen Hof hatte mein Großvater, der führende Kolonialwarenhändler in Älmhult, seiner Tochter Berta, meiner Mutter, zur Hochzeit geschenkt, so, wie er jeder der beiden anderen Töchter ein kleines Anwesen als Vorschuß auf ihr Erbe gab; der Sohn bekam das Geschäft.

Vater fuhr die zwanzig Kilometer zwischen dem elterlichen Gut Elmtaryd, wo Großmutter noch das Regiment führte, und Majtorp mit dem Fahrrad oder nahm Pferd und Wagen. Meine Mutter wollte in den ersten Ehejahren gern auf ihrem eigenen Hof wohnen, vielleicht, um sich Großmutter ein wenig zu entziehen.

1933 zogen wir nach Elmtaryd, das Papa bereits 1918 im Alter von 25 Jahren formell übernommen hatte. Eigentlich wollte er gar nicht Landwirt werden, doch das Wort seiner Mutter war Gesetz und er ihr gehorsames Werkzeug.

Mit Vaters Bruder Erich war es das gleiche. Er hatte ebenfalls in die Welt hinausgewollt, lebte aber immer noch auf dem Hof; er hatte sich in eine Bankkassiererin aus Lund verliebt, doch Großmutter sagte: „Du bleibst zu Hause", und so geschah es denn auch. Er wählte schließlich den gleichen Weg wie sein Vater und erschoß sich 1935. Ich war 9 Jahre alt und erinnere mich noch an die düstere Stimmung damals.

Ich liebte meinen Onkel Erich – er war ein großer Forstmann, Fischer und nicht zuletzt Jäger. Großmutter war keine gute Köchin, aber die Enten, die er schoß, die konnte sie braten.

Meine Mutter, von allen geliebt, bewahrte sich im Schatten ihrer Schwiegermutter ihre Frohnatur. Sie war ein phantastischer Mensch, dem nichts unmöglich zu sein schien. Ich weiß nicht, was sie dachte, aber genau wie Vater schickte sie sich darein, daß Großmutter das Sagen hatte. Da war „die alte Frau", und da war „die junge Frau", und alle wußten um den Machtunterschied.

Meine Mutter entdeckte frühzeitig, daß Vaters Geschäfte schlecht liefen, und begann daraufhin, eine Pension zu betreiben –mit seiner Zustimmung, die er allerdings ohne Enthusiasmus gab. Wir vermieteten an Sommergäste, jedes Zimmer war belegt, außer dem von Mutter und Vater, wo wir uns alle mit hineinquetschten. Mutter vermietete auch einige Zimmer bei Großmutter. Die Gäste bezahlten pro Woche 35 Kronen für Vollpension, Geld, das wirklich gebraucht wurde.

Mama war eine Heldin im stillen. Sie bekam mit noch nicht ganz 50 Jahren Krebs und konnte es nie richtig genießen, auf Elmtaryd endlich Herrscherin zu sein, denn sie verschied viel zu früh mit 53 Jahren. Ich war damals 27 Jahre alt. Ein paar Jahre später legte ich den Grundstein zu einer Stiftung für Krebsforschung, die Mutters Namen trägt und für die die Angestellten in Älmhult an jedem Weihnachten Geld spenden.

Der bloße Gedanke bringt mich zum Weinen.

Als Mutter in Lund in der Klinik lag, wich Vater nicht von ihrer Seite. Er saß Tag und Nacht bei ihr. Sie liebten einander wirklich.

Wir hatten einen Pferdepfleger auf dem Hof, Ture Andersson; sein Sohn Kalle und ich waren die besten Freunde. Es gab nichts Amüsanteres, als bei ihm und seinen Geschwistern zu übernachten, die alle auf einem großen Plüschsofa schliefen – zwei in der einen Richtung und drei in der anderen. Wenn es mir gelang, über Nacht fortzubleiben, kroch ich mit den anderen Kopf bei Fuß ins Bett – ich fand das prima. Ich bin ein typisches „Herdentier" und fühle mich eigentlich nur in Gemeinschaft wohl.

In anderer Hinsicht war ich wohl etwas seltsam und begann früh, Geschäfte zu machen. Meine Tante half mir, in einer Großpackung für 88 Öre die ersten 100 Schachteln Zündhölzer vom 88-Öre-Basar (heute Buttericks) in Stockholm zu erstehen. Sie ließ sich nicht einmal das Porto bezahlen. Ich verkaufte die Schachteln dann einzeln für 2–3 Öre und manchmal bis zu 5 Öre das Stück und konnte also ein bis mehrere Ein-Öre-Stücke dazuverdienen. Da konnte man von Bruttogewinn reden! Ich erinnere mich noch an das angenehme Gefühl. Damals war ich wohl nicht älter als fünf Jahre.

Später verkaufte ich Weihnachtskarten, Weihnachtszeitungen und Wandbehänge, Fische, die ich selbst gefangen hatte und die ich dann mit dem Fahrrad ausfuhr und verkaufte, ich pflückte Preiselbeeren, die mit dem Bus zu einem Aufkäufer in Liatorp geschickt wurden. Als ich elf Jahre alt war, wurden Samen von J. P. Perssons Samenhandlung in Nässjö die große Nummer. Das war mein erstes richtiges Geschäft, damit verdiente ich tatsächlich Geld. Ich konnte das alte Hermes-Fahrrad meiner Mutter gegen ein neues blaues Nordstjernan austauschen, das Rennmodell. Damals kaufte ich auch eine Schreibmaschine.

Landwirtschaft war nicht so meine Sache, aber eines Sommers versorgten ein Freund und ich den Viehstall. Otto Ullman, ein deutsch-jüdisches Flüchtlingskind, kam im Krieg zu uns und wurde einer meiner besten Freunde und zeitweilig auch mein Mitarbeiter.

Ich bin noch immer stolz darauf, daß ich nach wie vor mit der Hand melken und eine Wiese mit der Sense mähen kann.

Verkaufen wurde zu einer Art fixen Idee. Es läßt sich schlecht sagen, was einen Jungen noch antrieb außer der Lust, Geld zu verdienen, und der Verwunderung darüber, daß man Dinge billig kaufen und für ein bißchen mehr verkaufen konnte. Ich erinnere mich jedoch an gemeinsame Spaziergänge mit meinem Vater Feodor – er hatte eine Försterausbildung – über unser Land. Ich war 10 Jahre alt, und wir kamen zu einer Stelle, wo er sagte: „Hier würde ich gern einen Waldweg anlegen, aber das kostet zuviel".

Bald darauf standen wir woanders, und wiederum war es das Geld, das fehlte, um Vaters viele Pläne auszuführen.

Ich erinnere mich, daß ich dachte: Wenn ich Vater nur helfen könnte... Wenn ich nun Geld bekäme, so daß ich... Um etwas auszurichten, muß man offenbar Mittel haben...

So dachte ich. Einmal, als ich mich bei meinen Aktivitäten übernommen hatte, lieh Vater mir 90 Kronen. Das war damals viel Geld. Ekström, der Filialleiter der Skånska Banken in Liatorp, lieh mir ein andermal nur auf mein freundliches Gesicht hin 500 Kronen; es wurde ein Wechsel ausgestellt, so daß ich 500 Füllfederhalter aus Paris bezahlen konnte, ein wahres Vermögen.

Das sind im Grunde die einzigen richtigen „Darlehen", die ich in meinem Leben jemals aufgenommen habe.

Handeln lag mir im Blut. Mama kam aus dem führenden Kaufmannsgeschlecht von Älmhult. Ihr Vater, mein Großvater, war die zweite Generation der C. B. (Carl Bernhard) Nilsson, die Älmhults größten Land- und Eisenhandel betrieb. Valter, Mutters Bruder, übernahm das Geschäft; er war kein so großer Geschäftsmann, dafür aber Jäger, Rotarier und Mitglied des Einzelhandelsverbandes. Er ließ mich für kurze Zeit als Laufbursche arbeiten.

C. B. Nilsson war ein Dorfladen alten Schlags mit vier oder fünf Gehilfen, dem Duft nach Hering, Bonbons und Leder, mit einem großen Hinterhof, wo die Pferde gefüttert wurden, und einem Magazin, wo es alles zwischen Himmel und Erde zu kaufen gab, sogar Dynamit. Ich war noch ein Knirps und erledigte Botengänge – wenn ich wollte. Großvater verlangte nie etwas von mir, obwohl ich manchmal ganze Tage im Laden zubrachte.

Großvater hatte eigentlich nur eine große Liebe auf der Welt, das war ich. Er wurde mein bester Spielkamerad. Ich lebte in jenen Jahren mit zwei Phantasiefiguren – das waren Kamfert und Schane, zwei Indianer, die mich überall in meiner Welt, was immer ich tat, treu bewachten. Dazu kam der GROSSVATER.

Wir vier erdachten zusammen Märchen und bauten uns Schlösser. Zusammen mit mir krochen er – groß und korpulent – und Kamfert und Schane beim Abendessen unter den Tisch, und alle drei mußten dann mit hinaus und Auto fahren. Großvater beherrschte die Kunst des Spielens, er akzeptierte meine Phantasie, darin war nichts unmöglich.

Unglücklicherweise war er im Geschäftsleben wohl ebenso nett wie in meiner Phantasiewelt. Es fiel ihm einfach schwer, sich bezahlen zu lassen.

Das Geschäft C. B. Nilsson gibt es nicht mehr, aber das Schicksal wollte es, daß IKEA es in gewissem Sinn übernehmen sollte. Eines Tages, in den 60er Jahren, als es für Valter soweit war, den Laden aufzugeben, erwarb ich die gesamte Anlage mitsamt dem Grund ringsum. Auf dem Fundament des Hauses errichteten wir das jetzige Gasthaus.

Dank dieses Grunderwerbs – und noch weiterer von der Kommune – konnten wir genau an dem Ort expandieren, wo wir mit IKEA einst angefangen hatten: gegenüber dem Bahnhof von Älmhult, auf der anderen Seite der Gleise. Deshalb werden auf ihre Art die Wurzeln beider Geschlechter im Unternehmen repräsentiert – die Seite meiner Mutter ebenso wie die meines Vaters. Auf dem Fundament des Dorfladens ist ein Möbelhaus entstanden, aus dem Holz des Waldes machten wir die Möbel.

Großmutter und ich

„Es war die allerbeste Zeit, und es war die allerschlimmste. Es war die Zeit der Weisheit und die Zeit der Unvernunft.“

Charles Dickens in „Eine Geschichte aus zwei Städten“

Meine Großmutter Franziska oder Fanny, wie sie genannt wurde, beeinflußte nicht nur mich, sondern die ganze Familie sehr, sehr stark.

Sie war eine tüchtige Frau, in einfachen Verhältnissen aufgewachsen. Das Geschlecht des Großvaters väterlicherseits, das wir bis ins 18. Jahrhundert zurückverfolgen konnten, war eher großbürgerlich. Urgroßvater Zacharias August heiratete eine von Bärenstein, die Kamprads selbst waren jedoch nicht adlig. Ein Rätsel gibt uns ein ererbtes Schwert auf – das ich noch besitze – in dessen Griff der Leitspruch der englischen Königin für den Hosenbandorden eingraviert ist: „Honi soit qui mal y pense“ („Verachtet sei, wer Arges dabei denkt“). Niemand weiß, woher diese Waffe kommt.

Auf einer Polenreise entdeckte ich auf einem Grabstein einmal den Namen Kamprad. Es gibt tatsächlich beinahe überall Kamprads, einen Zweig in Holland, andere, die von Sachsen in die Ukraine, genauer gesagt nach Odessa gingen. Einmal tauchte ein älterer Gentleman aus Finnland auf und wollte mit mir sprechen – seine Familie schrieb sich mit dt am Ende. Ich habe mir nicht die Mühe gemacht, das Geschlecht bis in seine tiefsten Wurzeln zu verfolgen, aber mein Sohn Jonas hat Interesse gezeigt, diese Sache zu erforschen.

Der Urgroßvater väterlicherseits war Forstmeister auf einer größeren Domäne in Polen, und auch der Großvater hatte eine Forstausbildung, als er in den Norden flüchtete. Es gab andere aus der Familie, die auf einer höheren Lehranstalt in Österreich ausgebildet worden waren, von der die Rede ging, daß niemand aufgenommen werde, der seine Ahnenreihe nicht bis ins 12. – 14. Glied zurückverfolgen könne.

Die Kamprads waren also „feine Leute", und meine Großmutter kannte den Unterschied zwischen sich und „denen" sehr genau. Daß ihr Mann sich in eine Frau aus einer niedrigeren Gesellschaftsschicht verliebt und meine Großmutter dann gegen den Willen der Familie geheiratet hatte – dieser Gedanke, glaube ich, beschäftigte sie zeit ihres Lebens.

Sie hatte nach dem gewaltsamen Tod des Großvaters einen harten Kampf ums Überleben zu führen. Sedonia, Vaters Großmutter, war eine Zeitlang eine Stütze und engagierte einen Hauslehrer, der alle drei Kinder unterrichtete – meinen Vater, seinen Bruder Erich und seine Schwester Erna. Papa besuchte zeitweilig eine katholische Klosterschule – was ihn fürs Leben prägen sollte. Später durften alle das private Internatsgymnasium Spyken in Lund durchlaufen, und Großmutter wohnte in dieser Zeit bei ihnen.

Der harte Anfang in Schweden hinterließ bei Großmutter Spuren – das Leben verlief nicht so, wie sie es sich vorgestellt hatte. Als Alleinverantwortliche war sie „der Mann im Haus". Auf dem Hof Elmtaryd waren zu der Zeit ein Pferdepfleger und zwei Knechte: Ture Andersson sowie Hilding Sjöström und Anders Collén. Ich erinnere mich an das allabendliche Ritual, wenn in zwei oder drei Eimern die Milch aus dem Kuhstall heraufgebracht und in Großmutters Küche im Haupthaus, wo sie bis zu ihrem Tod lebte, auf die Bank gestellt wurde. Zuerst nahm sie eine Portion für sich, dann bekam unsere Familie ihren Teil, danach die Knechte und der Pferdepfleger und schließlich die Kleinbauern in der Nähe, die bei uns Milch kauften. Sie dankten der Großmutter artig und gingen dann nach Hause.

Zwei- dreimal im Jahr war großes Schlachten. Großmutter überwachte die Zerlegung. Das frische Fleisch, das Großmutter „Wellfleisch" nannte, mußte sofort verbraucht werden. Sie sorgte dafür, daß sie selbst und meine Tante einen Leckerbissen bekamen, der Rest, den wir erhielten, sollte gepökelt werden, er stand dann monatelang in einem großen Bottich im Keller. Das Schweinefleisch wurde mit der Zeit blaugrün.

Großmutter verlangte, daß man, selbst wenn geschlachtet wurde, erst von dem frischen Fleisch essen durfte, wenn das alte ganz aufgegessen war. Mutter bekam oft die ältesten Stücke. Sie legte das Schweinefleisch dann für mehrere Tage, womöglich Wochen, ins

Wasser, damit es auslaugte, aber wenn wir es aßen, war es trotzdem noch fürchterlich salzig.

Zwischen Großmutter und meiner Mutter gab es ständig Spannungen. Vater war sehr der „Sohn seiner Mutter“ und half ihr viel. Jeden Morgen heizte er in aller Frühe sämtliche Kachelöfen ein, damit Großmutter nicht fror, wenn sie aufstand. Sie war eine dominante und von großem Respekt umgebene Person, aber sie mochte mich sehr. Im Gegensatz zu den meisten anderen auf dem Hof hatte ich nie unter ihrer diktatorischen Veranlagung zu leiden.

Da fällt mir eine Episode ein: Mama besaß Küken, die frei umherliefen. Ich wurde von meinen Eltern normalerweise nie bestraft, aber einmal hatte ich so ein armes Küken erwischt und ihm den Hals umgedreht. Das gefiel Papa gar nicht. Nun ging es im Laufschritt über den Hof, Vater hinter mir her, während Großmutter auf der Küchentreppe stand, sich auf die Schenkel schlug und rief: „Schnell, schnell, Ingvar, schnell!!!“

Vater war nur noch ein paar Meter hinter mir, als Großmutter mich zu fassen bekam und ihrem Sohn drohte: „Untersteh dich, meinen kleinen Jungen anzufassen!“

Kein Wunder, daß ich für meine Großmutter Sympathie hegte. Sie schützte mich nicht nur vor der Umwelt, sie wurde auch, als ich im Alter von nur fünf Jahren mit dem Kaufen und Verkaufen anfing, meine treueste Kundin. Unabhängig davon, ob sie etwas brauchte, kaufte sie mir jedesmal etwas ab – wenn auch nicht viel. Das machte mir Mut, in einem nächsten Schritt zu den Nachbarn zu gehen und auch dort zu verkaufen. Als sie von uns ging, fanden wir einen ganzen Karton voller Sachen, Stifte und so, die sie ihrem Enkel abgekauft hatte...

Es war in den frühen 30er Jahren – ich war höchstens an die neun Jahre alt –, als Großmutter zu erzählen begann, wie schlecht es ihren Verwandten zu Hause im ehemaligen Sudetenland (sprich Böhmen-Mähren) ergehe, das 1919 im Frieden von Versailles tschechisch geworden war. Ich erinnere mich, daß sie weinte, wenn sie daran dachte. Jeden Monat schickte sie ihnen ein Kleiderpaket, und zu Hause auf dem Hof gab es immer eine Jagd nach alten Kleidungsstücken. Man durfte damals auch einige wenige Lebensmittel schicken, u. a. ein halbes Kilo Kaffee. Auf der Post gab es eine Liste, in der der Inhalt eines jeden Pakets genau aufgeführt werden mußte.

Mutter schickte ebenfalls Pakete an unsere Verwandten, die es offenbar sehr schwer hatten.

Großmutter wurde aus leicht einsehbaren Gründen eine große Bewunderin von Hitler und seinen Plänen von einem Großdeutschland. Sie fühlte sich mehr als Deutsche denn als Schwedin, oder vielmehr fühlte sie sich genau als die Sudetendeutsche, als die sie geboren war, und absolut nicht als Tschechin. Auch wenn sie jetzt Staatsangehörige eines anderen Landes war, schlug ihr Herz für ihre Landsleute, die aus ihrem Land vertrieben worden waren. Vor dem Ersten Weltkrieg, als ihre Kinder noch klein waren, fuhr sie oft in ihre sudetendeutsche Heimat, während der recht heruntergekommene Hof zu Hause vom Verwalter bewirtschaftet wurde.

Nach dem Ersten Weltkrieg änderte sich viel. Da konnte sie nicht mehr nach Deutschland fahren – die Verwandten wohnten ja nun in der Tschechoslowakei. Großmutter schilderte, wie die Deutschen, die im Sudetenland geblieben waren, von ihren neuen tschechischen Herren behandelt wurden, und ich lauschte voller Mitgefühl. Großmutter, die 1945, gleich nach dem Ende des Zweiten Weltkriegs, starb, sollte die Versöhnung in unserer Zeit nicht mehr erleben, als Tschechen und Deutsche, repräsentiert von Václav Havel und Helmut Kohl, einander um Vergebung für begangenes Unrecht baten. Sie litt bis zum letzten Moment mit ihren Landsleuten. Der glücklichste Tag in ihrem Leben – den sie mit einer Kaffeetafel für alle aus der nächsten Umgebung feierte – war und blieb der Tag, an dem Hitler 1938 im Sudetenland einfiel und das, was Deutschland verloren hatte, annektierte.

Vater wurde in dieser Hinsicht ebenfalls stark von Großmutter beeinflußt. Politisch hatte er als junger Mensch für den Sozialismus geschwärmt, wurde aber mit der Zeit immer konservativ-nationaler und ein ausgesprochener Antibolschewist. Auch er fühlte sich als Deutscher und war genauso empört über alles, was Großmutters Verwandte angeblich durchmachten. Seine Bewunderung für Hitler, der die Sudetendeutschen „gerettet" habe, war sehr ausgeprägt, wenn auch nicht ganz so fanatisch. Wer konnte denn etwas gegen einen Mann haben, der Deutsche mit Deutschen vereinen wollte?

In unserer Gegend wurde Vater von vielen als purer Nazi oder, wie man hinter vorgehaltener Hand sagte, als „Nazischwein" betrachtet. Ich kann diese Auffassung verstehen, bin mir aber fast sicher, daß er nie Mitglied war, weder bei den Lindholmern noch bei den Neuschweden (Anm.: schwedische Rechtsgruppierungen, aber keine Parteien).

Ich selbst war noch ein Kind und liebte sowohl meine harsche Großmutter als auch meinen Vater. Ich hörte ihre Geschichten, und es ist klar, daß ich indoktriniert, „verdeutscht", wurde.

Es kam eine Menge Propagandamaterial aus Deutschland auf den Hof. Darin waren heitere Bilder von fröhlichen, schönen jungen Leuten in Uniform an Lagerfeuern, und da stand, daß sie dabei seien, Großtaten zu vollbringen. Großmutter zeigte mir eine farbenfrohe Illustrierte, die hieß Signal. Auch darin wurde beschrieben, wie wunderbar es die jungen Leute nun hätten. Meine kindliche Reaktion war natürlich, es prima zu finden, daß „Onkel Hitler" so viel für Großmutters Angehörige und speziell für Kinder und junge Leute tat.

Vermutlich war ich leichter zu beeinflussen als die meisten anderen. Zeremonien und dergleichen ergreifen mich oft. Ich erinnere mich, wie feierlich mir zumute war, wenn Onkel Erich – der, der sich später erschoß – bei Festen auf dem Hof die Flagge hißte. Ich mußte immer weinen. Ebenso, wenn wir in der Schule die Nationalhymne sangen. Das hat mich mein Leben lang verfolgt; ich bin zum Teil noch heute so. Man kann es eine Art tiefer Sentimentalität oder Weinerlichkeit nennen.

Mir kommt eine Erinnerung aus meinem Erwachsenenleben, wahrscheinlich erst aus den achtziger Jahren. Mein guter Freund und Vertrauter, der langjährige Wirtschaftsprüfer von IKEA, Sigurd Löfgren, und ich saßen im Keller der Hauptverwaltung in Humlebæk in Dänemark, wo wir einen Partyraum eingerichtet hatten. Sigurd deklamierte Dan Andersson, wir hielten einander an der Hand, und die ganze Zeit über kämpfte ich gegen die Tränen.

Der enge Kontakt mit Großmutter war – das kann man jetzt im nachhinein sagen – verhängnisvoll. In der Tat führte er bei mir zu einem Denken, das unerwartete Konsequenzen für mein Leben haben sollte. Lange nach den politischen Verirrungen meiner Kindheit und Jugend unter nazistischen und faschistischen Vorzeichen und Jahrzehnte, nachdem ich endlich aus der Ahnungslosigkeit des jungen Mannes aufgewacht war, sollte mich dieser deutsche Einfluß in meinem reifen Alter teuer zu stehen kommen.

Aus ebendiesem Blickwinkel hat in meinem Leben vielleicht niemand eine so große und so traurige Rolle gespielt wie meine alte Großmutter Fanny. Sie, die mich so sehr mochte.

Teil 2

Der Unternehmer, der Emporkömmling
1943–1953

So wurde ich Möbelhändler

„Junger Mann, sagte er, Sie werden nie ein Geschäftsmann...“

„Mutter war besorgt, wenn er so viel einkaufte, um es zu verkaufen. So viele Leute, die all die Bleistifte und Radiergummis kaufen konnten, gab es doch gar nicht! Aber in jedem Haus wohnten damals Leute, und er blieb starrköpfig. Hatte er sich etwas in den Kopf gesetzt, so führte er es auch durch.“

Ingvar Kamprad erzählt:

Im letzten Jahr auf der Realschule glichen meine noch ziemlich kindlichen Geschäfte allmählich immer mehr einem richtigen Unternehmen. Im Internatszimmer in Osby hatte ich unterm Bett stets einen braunen Karton voller Gürtel, Brieftaschen, Uhren und Stifte.

Im Frühjahr 1943 war ich 17 Jahre alt geworden und wollte im Sommer, bevor ich mit der höheren Handelsschule in Göteborg anfing, etwas Eigenes eröffnen. Weil ich aber noch nicht volljährig war, mußte ich um die Einwilligung meines Vormunds bitten. Ich radelte die sechs Kilometer ins Kirchdorf von Agunnaryd zu Johansson in Bankaboa und erklärte Onkel Ernst, daß ich ein Geschäft eröffnen wolle. Er war etwas schwer von Begriff, ließ aber seine Egge auf dem Feld stehen, setzte sich mit mir in die Küche, redete mit mir und fragte: „Aber was willste denn damit, kleiner Freund?“

Ich erklärte es ihm, so gut ich konnte, und so setzte er ein Schreiben auf, das ich mit einem Zehner an die Kreisverwaltung schickte. Damit war in Onkel Ernsts nach Kaffee duftender Küche die Handelsfirma **Ikea Agunnaryd** *gegründet.*

Die Zeit als höherer Handelsschüler in Göteborg wurde in vielerlei Hinsicht zu einem Wendepunkt. Einer meiner Lehrer – Pro-

fessor der Nationalökonomie Ivar Sundbom – weckte mein Interesse für die größeren Zusammenhänge. Dort begann ich gewisse Dinge zu verstehen, und von dieser Zeit an wurde der Vertrieb zu einer fixen Idee. Die Frage, wie man am einfachsten und schnellsten die Ware von der Fabrik zum Kunden brachte, war das A und O, wenn man ein guter Geschäftsmann werden wollte.

In der Schulbibliothek fand ich Handelszeitungen mit Export- und Importannoncen und schrieb in holperigem Englisch an einen ausländischen Hersteller, dessen Generalagent für Stifte ich dann wurde. Direktimport war eine Möglichkeit, den niedrigstmöglichen Preis zu erzielen.

Ich ging ins Schuhgeschäft in der Kungsgatan in Göteborg und sah, wie altertümlich man sich dort beim Verkauf einer Ware anstellte. Weiße Kartons waren bis unter die Decke in Regalen gestapelt, die Verkäufer stiegen Leitern herauf und holten braune und schwarze Schuhe herunter... Das war nicht rationell, sondern kostete nur Zeit und Geld.

Füllfederhalter waren der erste größere Posten des Sortiments, das ich nun in meiner Firma aufbaute. Ich konnte zu einem niedrigen Preis jeweils 500 Stück importieren, fuhr dann mit der Bahn an verschiedene Orte in Südschweden und stattete zu Hause rings um Älmhult den Tabakläden einen Besuch ab, des weiteren schaltete ich Bestellanzeigen und lieferte per Post. Die Spielwarenfirma **Brio** *in Osby kaufte einiges. Ich importierte Feuerzeuge aus der Schweiz, während Kugelschreiber, eine ungarische Erfindung, erst später dazukamen und anfangs sündhaft teuer waren – bis zu 60 Kronen das Stück. Sie verkauften sich schlecht, bis der Preis sank und ich Tausende von Kugelschreibern per Postversand unter die Leute brachte.*

1945, als ich beim Waldbesitzerverband in Växjö Kontorist wurde, erhielt ich vom Leiter der Finanzabteilung die Chance, meinem Arbeitgeber Archivordner zu verkaufen. Es wurden mehrere hundert Ordner. Sie kamen per Bahn nach Växjö, ich lieh mir eine Karre und transportierte sie nach Hause. Ich glaube, ich habe pro Stück 90 Öre bekommen und selbst 65 Öre dafür bezahlt. Bei einem Lohn von 150 Kronen und in einer Zeit, da drei Mahlzeiten am Tag im Monat 80 Kronen kosteten, trugen diese Archivordner mehr zu meinem Lebensunterhalt bei als mein festes Einkommen.

Ein Jahr später, nach einer Zeit in Hultsfred bei der Holzhausfabrik der Waldbesitzer, leistete ich beim Kronobergs Regiment in Växjö den Militärdienst ab. Der Oberst gab mir extra Nachturlaub, und so konnte ich für meine Firma im Keller eines Einfamilienhauses in der Riddargatan ein Büro mit Telefon mieten. Ich bekam mehr Post als der Regimentschef!

Es war 1948, als ich zum ersten Mal ein Möbelstück annocierte. Bis dahin hatte ich Kurzwaren, Weihnachtskarten, Samen, Füllfederhalter, Brieftaschen, Fotorahmen, Tischläufer, Uhren, Schmuck, Nylonstrümpfe und dergleichen verkauft. ***Gunnars Fabriker*** *in Alvesta, meine ärgste Konkurrenz, machten ebenso wie* ***Nilssons Möbel*** *in Råshult schon lange in Möbeln. Ich las im Verbandsblatt der Landwirte, das Vater zu Hause hatte, ihre Annoncen und beschloß, es auf der gleichen Schiene zu versuchen.*

Damals gab es rund um den Möckeln-See eine Menge kleiner Möbelschreinereien, deshalb war es also ein leichter Schritt.

Ich probierte es damit, daß ich einen Sessel ohne Armlehnen, einen sogenannten Stricksessel, aus Liatorp und einen von ***Lundbergs Polstermöbeln*** *in Möckeln sowie einen Couchtisch aus Öljehult annoncierte. Der Sessel erhielt den Namen* ***Rut*** *– ich tat mich schwer, mir Warennummern zu merken, und Möbeln Namen zu geben, wurde später bei IKEA ganz selbstverständlich.*

Die Resonanz war groß. Wir verkauften diese „Probemöbel" ungeheuer gut. In der kleinen Broschüre – ***Neues von Ikéa*** *–, die ich nun herausgab und früheren Kunden schickte, legte ich mit einer Bettcouch von* ***Elfs Möbeln*** *in Älmhult nach, ich erinnere mich auch noch an einen Kronleuchter aus Örsjö an der Grenze von Blekinge und Småland. Es ging alles weg.*

Damit kam die Sache ins Laufen. Die Leute bestellten bei uns mit Kupons, und die Fabriken lieferten. Kurzwaren wurden gleich auf dem Hof verpackt, und dann kam morgens um zehn vor sieben Gustaf Fredriksson mit dem Milchwagen und transportierte sie weiter zur Bahn. Die Möbel wurden immer wichtiger, und die Abende vergingen mit dem Zuschneiden von Stoffen für die Polster. Die Stoffe kaufte ich unter anderem bei ***Gösta Svensson*** *in Göteborg und bei* ***Karlstads Spinnerei und Weberei.***

Ikéa (wir schrieben es noch mit Kleinbuchstaben) konnte jetzt nicht mehr länger als Einmannbetrieb geführt werden. Es reichte nicht, daß mir meine Eltern und andere bei den Geschäften halfen, Waren einpackten und so. 1948 stellte ich meinen ersten Mitarbeiter, Ernst Ekström, ein, der mir viele Jahre lang treu blieb und die Buchführung erledigte. Ein paar Jahre später war die Firma auf sieben, acht Mitarbeiter angewachsen, darunter eine wunderbare Haushälterin, die für uns alle kochte.

Mehr oder minder aus einer Laune heraus, der Idee, die Konkurrenten nachzuäffen, wurde die Möbelbranche zu meinem Schicksal. Über keinen anderen Zufall in meinem Leben bin ich so froh wie über den, dort gelandet zu sein. Mein Interesse war anfangs rein kommerziell: so viele Möbelstücke wie möglich so billig wie möglich zu verkaufen. Erst die Reklamationen machten deutlich, daß es an der Qualität haperte. (Eines Tages sollte ich gezwungen sein, daraus Schlüsse zu ziehen und einen neuen Weg zu wählen.)

Ein Jahr zuvor hatte ich mit meinem unmittelbaren Mitbewerber – **Gunnars** *in Alvesta – eine Begegnung, aus der ich etwas fürs Leben lernte. Ich hatte als Kadett auf der Offiziersschule von Karlsberg meine Geschäfte weiterbetrieben, mir in der Bredgränd in Gamla Stan ein kleines Büro verschafft und war als Generalagent für einen großen Füllfederhalter- und Kugelschreiberhersteller,* **La Société Evergood** *in Paris, ordentlich ins Geschäft gekommen. Zu meinen Kunden gehörte damals* **Pennspecialisten,** *heute* **Ur & Penn.** *Ein paar Jahrzehnte später sollten der Gründer Erling Persson, der* **Hennes & Mauritz** *ins Leben gerufen hat, und ich gute Freunde werden. Sein Sohn Stefan sitzt heute im Aufsichtsrat von IKEA.*

Damals verkaufte ich auch Uhren an verschiedene Uhrmacher in Stockholm. Es herrschte Importverbot, aber **Gunnars** *in Alvesta hatte mir versprochen, aus ihrem Lager kaufen zu dürfen, also fuhr ich dorthin.*

Gunnar Jansson war ein Mann von 50 Jahren. Er bot mir gut zwanzig Uhren für 55 Kronen das Stück an. Das könne ich mir nicht leisten, erklärte ich und appellierte ein bißchen an seine Sympathie – ich war jung, wollte gern genau wie er Geschäftsmann werden und brauchte Hilfe. Er sagte schließlich: „All right, Bürschchen, du bekommst sie für 52 Kronen."

„Da bleibt nicht viel übrig", sagte ich, „aber abgemacht."

Gunnar meinte, wobei er seine dicke Zigarre aus dem Mund nahm: „Junger Mann, du wirst nie ein Geschäftsmann. Wenn du zuerst sagst, daß du 50 bezahlen kannst, wenn ich 55 sage, dann kannst du nicht 52 akzeptieren, ohne vorher versucht zu haben, 50 Kronen und 50 Öre zu bieten. Denn eines mußt du bei den Geschäften lernen: daß zehn Öre auf den Preis alles bedeuten können."

„Ich verspreche, das niemals zu vergessen", erwiderte ich artig, und dieses Versprechen habe ich gehalten. Ich suche selbst heute noch an unserem Schweizer Wohnort den Wochenmarkt auf und ergreife, bevor sie zusammenpacken, die Gelegenheit und frage, ob ich es nicht etwas billiger haben könne. Meine Frau ist das ziemlich leid.

Aber damals, im Zug nach Hause, bereute ich zutiefst, es nicht wenigstens mit einem Gegenangebot von 51 Kronen versucht zu haben.

***Gunnars** waren groß im Postversand, sie zogen dann nach Nässjö und später nach Linköping, bekamen aber Probleme mit der Nachfolge. Gunnar selbst nahm seinen Wohnsitz in Liechtenstein, wo er auch starb.*

*Ab 1949 gab ich ab und zu in der Gesamtauflage vom **Verbandsblatt der Landwirte** – der jetzigen Zeitschrift Land – eine Beilage heraus. Dort verfaßte ich etwas großspurig eine Art Aufruf mit der Überschrift **An das Landvolk.** Es war eine Konzentration der Kräfte in 285.000 Exemplaren, zum ersten Mal richtete ich mich an ein Massenpublikum. In meiner Philosophie sollte ich das später so nennen: „den vielen Menschen" etwas bedeuten.*

In meiner überregionalen Werbung schrieb ich unter anderem:

Sicherlich haben Sie gemerkt, daß es nicht leicht ist, Geld zu strecken. Worauf mag das beruhen? Sie produzieren ja selbst Waren unterschiedlicher Art (Milch, Getreide, Kartoffeln usw.) und bekommen wahrscheinlich nicht zuviel dafür bezahlt. Nein, sicherlich nicht. Aber trotzdem ist alles so ungeheuer teuer.

Das liegt in großem Ausmaß an den Zwischenhändlern. Vergleichen Sie das, was Sie selbst für ein Kilo Schweinefleisch bekommen, mit dem, was man im Laden dafür bezahlen muß. Auf verschiedenen Gebieten ist es leider so, daß eine Ware, die in der Herstellung beispielsweise eine Krone kostet, im Verkauf 5, 6 und mehr Kronen kostet.

Wir haben in dieser Preisliste einen Schritt in die richtige Richtung unternommen, indem wir Ihnen in größtmöglichem Ausmaß

zum selben Preis Waren anbieten, für die Ihr Händler sie kauft, in einigen Fällen sogar noch günstiger.

In dem Aufruf plädierte ich für einen Direktkauf ohne Zwischenhändler, und die Broschüre listete unter vielem anderem ein paar Möbel auf: eine Kommode in Ulmenfurnier, einen höhenverstellbaren Säulentisch, eine Kombination aus Stuhl und Treppenleiter und einige „gediegene Bücherregale".

Die massenhaft verbreitete Beilage ähnelte dem Werbeblatt ***Neues von Ikéa,*** *das ich früher herausgegeben und „Organ der Verkaufsorganisation von Import-Ikéa" genannt hatte. (Die Organisation, das war ich!)* ***Neues von Ikéa*** *bot in der Ausgabe von 1949–50 als Hauptattraktion den Füllfederhalter Admiral Osmia an (Ladenpreis 28 Kronen, Partie netto 11,20 bei Abnahme von mindestens 10 Stück). Zuoberst stand:* ***Ärzte, Wissenschaftler, Militärs, Kontoristen, Landwirte, Forstleute, Seeleute, Schüler - ALLE brauchen die Füllersensation des Jahres 1948.***

Während sich Neues von Ikéa an Wiederverkäufer wandte, richtete sich mein Aufruf an die breite Öffentlichkeit, in diesem Fall an die Leute auf dem Land. Er stellte sozusagen die Geburt jenes Gedankens dar, der sich sehr bald zu unserem ersten Katalog von 1951 entwickeln sollte – so wie er noch heute, fast ein halbes Jahrhundert später, in der ganzen Welt verteilt wird.

Im Frühjahr 1951 besetzte ich den vielleicht wichtigsten Posten in meinem Unternehmen, auch wenn mir das damals noch nicht klar war. Nach einem Einstellungsgepräch, das 36 Stunden (!) dauerte – zuerst unterhielten wir uns im Garten, dann gingen wir in die Küche und saßen die ganze Nacht über dort –, wurde Sven Göte Hansson Kontorist bei IKEA. Nur zwei Jahre später wurde er Chef der neu eröffneten Möbelausstellung in Älmhult und in den Pionierjahren Mitglied der kleinen Führungsgruppe, die alles entschied. Dort wurde er z. B. der große Experte im Festsetzen von Preisen.

Sven Göte trat zu dem Zeitpunkt in mein Leben, als IKEA an einem Scheideweg stand. Die Versandkonkurrenz hatte sich bis an die Grenze des Unerträglichen verschärft, was sich mit einem einfachen Beispiel illustrieren läßt:

Das Bügelbrett ***Mellby*** *wurde von* ***Harbo****/Åsljunga hergestellt und von uns eine Saison lang für 23 Kronen an die Kunden abgege-*

ben. Da senkte **Gunnars** *den Preis auf 22,50, wir zogen mit 22 Kronen nach, und so ging die Spirale weiter.*

Schritt für Schritt ging dieser Preiskampf zu Lasten der Qualität des Bügelbretts, das immer einfacher, aber auch immer schlechter wurde. Für die Möbel galt dasselbe, die Reklamationen häuften sich, und ich sah, welches Ende das nehmen würde: Die Versandbranche riskierte, allmählich in Verruf zu geraten, und IKEA würde auf Dauer so nicht überleben. Das Kernproblem des Versandgeschäfts bestand ja darin, daß der Kunde die Ware nicht anfassen konnte, sondern sich auf die Beschreibung in der Annonce oder im Katalog verlassen mußte. Der Verbraucherschutz war nur gering entwickelt, man konnte leicht geprellt werden.

Wir standen vor einer Schicksalsfrage. Es ging darum, ob IKEA sterben würde oder ob wir eine neue Art finden könnten, das Vertrauen der Kundschaft zu behalten und trotzdem Geld zu verdienen.

In langen nächtlichen Gesprächen mit Sven Göte über die Frage, wie wir aus dem Teufelskreis „niedrigere Preise – schlechtere Qualität" herauskommen könnten, entstand die Idee, es vielleicht mit einer Dauerausstellung unserer Möbel zu versuchen. Die Leute könnten dorthin fahren, die Möbel an Ort und Stelle in Augenschein nehmen und die Qualität der unterschiedlichen Preislagen vergleichen.

Zu der Zeit sollte Albin Lagerblads Schreinerei in Älmhult stillgelegt werden. Für die, wie ich fand, schwindelerregende Summe von 13.000 Kronen erstand ich den recht schäbigen Bau. Zum Vergleich: ein modernes Möbelhaus kann heute bis zu einer Viertelmilliarde Kronen kosten. Die Entscheidung war konsequent:

Im Frühjahr 1952 erschien als Zeitungsbeilage die letzte Ausgabe von **Neues von Ikéa;** *wir verschleuderten unser gesamtes Kurzwarenlager (wenn ich zu Hause im Keller auch noch einige Dutzend eingetrocknete Füllfederhalter und Hunderte von Weihnachtskarten habe. Falls jemand etwas haben möchte…). Wir teilten unseren Kunden mit, daß wir in Zukunft nur noch Möbel und Einrichtungsgegenstände verkaufen würden. Auf der Rückseite der Broschüre konnte man sich den ersten richtigen Möbelkatalog bestellen.*

So kam es, daß ich Möbelhändler wurde.

Im Herbst 1952 produzierten wir den Katalog, der rechtzeitig zur

Eröffnung der Möbelausstellung am 18. März 1953 erschien. Titelblatt und Rückseite des Kataloges waren gelb, der Innenteil auf gestreiftem Papier gedruckt – die Hauptattraktion war ein Sessel namens **MK.** *Den habe ich immer noch in der guten Stube auf dem Hof bei Älmhult.*

Wir hatten Lagerblads Gerümpel ausgeräumt, alten Leim weggekratzt, neue Fenster eingesetzt und Hartfaserplatten an die Wände genagelt. Dann stellten wir auf zwei Ebenen unsere Möbel aus. Jetzt konnten wir endlich die billigen Bügelbretter neben denen, die 5 Kronen mehr kosteten und von guter Qualität waren, präsentieren. Und die Leute taten, was wir erhofft hatten: Sie wählten klugerweise das teurere Brett.

In diesem Augenblick wurde das Fundament des modernen IKEA-Konzepts gelegt, das im Prinzip nach wie vor Gültigkeit hat:

Erstens, als Grundlage also, ein Katalog, der die Leute in eine Ausstellung lockt, heute unsere Möbelhäuser. „Kommen Sie uns in Älmhult besuchen, und überzeugen Sie sich selbst, daß...", schrieben wir auf die Rückseite unseres ersten Katalogs.

Dann, zweitens, ein großes Haus, wo die Leute mit dem Katalog in der Hand umhergehen, einfache Einrichtungsbeispiele ansehen, und die Möbel, die sie kaufen wollten, anfassen und danach eine Bestellung aufgeben konnten, die dann über die Fabriken per Post ausgeführt wurde.

Versand und Möbelhaus in einem. Meines Wissens wurde eine solche Geschäftsidee sonst nirgendwo praktiziert. Wir waren die ersten. Das war praktisch Sven Götes und meine Erfindung.

Der Erfolg stellte sich umgehend ein und legte den Grundstein für das künftige Möbelhaus fünf Jahre später. Aber noch nie in meinem ganzen Leben hatte ich derart Angst wie damals bei der Eröffnung, als wir die Schlange vor Lagerblads sahen – da standen mindestens tausend Leute! Ich traute meinen Augen nicht! Im Obergeschoß der Fabrik gab es für die Kunden neben den Möbeln auch Kaffee und Wecken, und wir wußten nicht, ob der Fußboden halten würde!

Wir hatten überdies noch ein ärgeres Problem – nämlich, genügend Wecken herbeizuschaffen. Das war prekär, denn wir hatten den Eröffnungskunden Kaffee mit Gebäck versprochen.

Aber der Fußboden hielt, und die Wecken wurden im Schnell-

verfahren gebacken. Die Zeit danach habe ich als einen einzigen Rausch von ständiger und lustvoller Arbeit in Erinnerung. An den Wochenenden ein Massenansturm auf unsere Möbelausstellung, in den Nächten stellten wir in dem klitzekleinen Büro, wo wir alle um einen Schreibtisch herum saßen, Frachtzettel und Rechnungen aus. Zehntausende von Menschen aus ganz Schweden sollten in den ersten Jahren in das entlegene Älmhult fahren. Manche hatten uns schon einmal bei Ausstellungen in Stockholm, Göteborg und andernorts gesehen, aber die meisten lernten uns durch den Gratiskatalog kennen, der in einer Auflage von knapp hunderttausend Exemplaren an den Kreis derer, die in unserem kleinen Kundenregister standen, hinausgegangen war.

Während das Landleben zu Ende ging – die berühmte Holzbank, von der sonst die Milch abgeholt wurde, stand plötzlich unbenutzt da, nahm IKEA als Unternehmen richtig Gestalt an. Viele unserer ungeschriebenen Gesetze wurden bereits in jener Zeit geschrieben. Man kann sagen, daß wir ganz einfach den Familiengeist aus Elmtaryd, nämlich Hilfsbereitschaft, Sparsamkeit und ein starkes Verantwortungsgefühl, übertragen hatten. Mir fällt eine kleine Episode ein:

Eines Morgens entdeckte ich, daß unsere Kassiererin eine Rolle Briefmarken auf dem Tisch hatte liegen lassen. Ich war ärgerlich, rechnete aus, wieviel die Briefmarken wert waren, und legte die entsprechende Summe – vielleicht 15 Kronen – auf den Tisch. Sie kam mit rotem Kopf an und erzählte, daß jemand für die Briefmarken, die sie vergessen habe einzuschließen, Geld auf den Tisch gelegt habe.

Das hat sie nie mehr vergessen, es war ihr eine Lektion über den Wert von Dingen. Der war leichter zu begreifen, wenn dort statt der Briefmarken Geld lag. Wir versuchen bei IKEA heute noch, alles in einen einfachen Preis zu übersetzen und diesen deutlich zu nennen. Auf einer Reklamebroschüre von uns ist auf der Vorder- oder Rückseite angegeben, was die Herstellung kostet. Oft ein Hinweis, daß wir nicht vergessen wollen, daß es letzten Endes die Kunden bezahlen müssen, wenn wir verschwenderisch sind.

Das Kostenbewußtsein, das IKEAs hohes Lied werden sollte, wurde also in einer umgebauten Schreinerei geboren. Wir sparten an der Schnur (knüpften tatsächlich Reste zusammen...), am Papier und an den Kartons. Aber auch anderes wurde in dieser ersten Pionier-

etappe „geboren" – wie etwa die Idee, Kaffee und Wecken anzubieten. Man kann sagen, daß die sich im weiteren Verlauf zu unseren heute recht bekannten Restaurants entwickelten, die zusammengenommen 1,6 Milliarden Kronen Umsatz machen. Diese gibt es in unseren Möbelhäusern aus demselben Grund, aus dem wir in Älmhult Wecken anboten: Hungrige Mägen kaufen keine Möbel, mit nüchternem Magen macht man keine guten Geschäfte... Zu jener Zeit wagte man in Schweden nicht zu sagen, wie es ist, daß nämlich erst ein Schnaps ein Geschäft mit Erfolg krönt... (In unseren Restaurants haben wir jedoch das Ausschankrecht, im Ausland kann man im Schwedenshop an den Ausgangskassen Schnaps kaufen. Die Zeiten ändern sich.)

In Älmhult war die Essensfrage besonders akut. Die Leute kamen, wie gesagt, aus dem ganzen Land angereist. IKEA war die Touristenattraktion von Älmhult geworden – ein Tick mehr noch als Linnés Hof „Stenbrohult" (Anm.: Carl von Linné, Naturforscher, 1707-1778, Gründer des Linnéschen Systems). Reisen war teuer, aber wir handelten mit den Schwedischen Staatsbahnen Rabatte aus, und denjenigen, die ihre gesamte Einrichtung bei uns kauften – wir nannten sie Hausstandskunden – boten wir zeitweilig im **Neuen Hotel** *in Älmhult ein Abendessen.*

Der Druck auf Älmhult wurde immer größer. Nachdem wir 1958 dort unser erstes Möbelhaus eingeweiht hatten, dauerte es nicht lange, bis wir auf dem Grundstück außer einem Restaurant auch noch ein Gasthaus mit Hotel und Pool einrichteten. Wenn Großvater das hätte ahnen können! Es steht nämlich an der Stelle seines alten Dorfladens. So führten manchmal ursprünglich einfache Beobachtungen und Erfahrungen durch Improvisation in bescheidenem Maßstab zu letztendlich großen Entscheidungen. Schritt für Schritt formten wir, ohne uns dessen direkt bewußt zu sein, den Kern einer durchdachten Geschäftsphilosophie, die sich auch in großen Zusammenhängen als sinnvoll erweisen sollte.

Die Familie als Unternehmen – das Unternehmen als Familie

„Das Leben auf Elmtaryd war Arbeit, ungeheuer viel Arbeit. Wir aßen um 18 Uhr zu Abend, um 19 Uhr schloß das Fernsprechamt, dann konnte man weder anrufen noch angerufen werden. Man arbeitete so lange weiter, wie man etwas zu tun hatte, denn es gab ohnehin nichts anderes zu tun. Sonntags fischten wir und sammelten Pilze ... Das brachte mir Ingvar bei. Wir waren uns sehr ähnlich. Ich war ebenfalls geizig, noch schlimmer als er. Das könnte ein Grund dafür sein, daß wir einander fanden..."

Wenn Ingvar Kamprad heute zu den Angestellten des Unternehmens spricht, ist es der Vater, der zu seinen Kindern und Kindeskindern spricht. „Liebe IKEA-Familie, seid alle umarmt" – so leitet er seine Weihnachtsansprache ein.

„Da konnte den Tränen kein Einhalt geboten werden" – so beginnt er einen Brief in der internen Zeitung, worin er sich 1994 im Zusammenhang mit der Naziaffäre für die Unterstützung durch die Angestellten bedankt.

Wenige bekannte Großunternehmer kommunizieren mit ihren Mitarbeitern so direkt, so intim. In Schweden ist die Zeit der Patrone längst vorüber. Bei IKEA dagegen steht, neben *Hennes & Mauritz*, dem modernen Großkonzern, das Patriarchalische in voller Blüte. Es gibt Momente, in denen Ingvar Kamprad an einen ehrwürdigen afrikanischen Unabhängigkeitskämpfer erinnert, der mit einer Mischung aus Demut und dem selbstverständlichen Stolz eines Anführers seinem Volk nach der Befreiung gegenübertritt. Da sind Gefühle, da sind Tränen, Lachen, Erinnerungen, Erziehung – und da gibt es Tadel, wenn die Familie den schmalen Pfad der Sparsamkeit verlassen und im Flur „das Licht nicht ausgemacht hat".

Ingvar Kamprad nimmt sich in unserer Zeit höchst untypisch aus – paradoxerweise scheint aber gerade der Anachronismus seine Stärke zu sein. Von einem besonderen Managementstil zu sprechen hieße, die Gedanken in die falsche Richtung zu lenken. Dergleichen hat Ingvar Kamprad nie gelernt, er ist einfach so. Er betrachtet sein Unternehmen buchstäblich als eine Art Familie, und er ist der Vater.

Wie kam das?

Man kann sich kaum eine Person vorstellen, die stärker von der Familie abhängig ist. Es geht um ein Gefühl, das weit über den engsten Kreis der Angehörigen hinausgeht: Ingvar Kamprad ist jeden Moment bereit, Außenstehende in die Familie zu integrieren. Zur aufrichtigen Verzweiflung seiner Frau liebt er es, selbst wenn es anders geplant war, einen Fremden spontan an den gedeckten Tisch zu bitten, es gehört zu seiner Freude und Neigung, mit anderen das Brot zu brechen.

In der Obhut der Familie wurde er in jungen Jahren Unternehmer, während gleichaltrige Jungen sich auf dem Tanzboden herumtrieben. Seine ersten Kunden waren die Verwandten: Mutter, Vater, Großmutter und Tanten. Dank dieses inneren Kreises konnte er, während der Betrieb wuchs, jederzeit mit einer helfenden Hand rechnen, falls rasch ein Versandpaket gepackt, ein Telefongespräch entgegengenommen oder eine Reklamation notiert werden mußte. Das Zuhause war sein Kontor, das Kontor sein Zuhause, man räumte das Hauptgebäude aus, so daß zwar nicht der Hof, aber immerhin der Junge expandieren konnte, Papa führte das Journal und wurde Aufsichtsratsvorsitzender, Mama kochte Kaffee.

Die Familie wurde sein Unternehmen – kein Wunder, daß er für alle Zukunft das Unternehmen als eine Familie betrachten sollte.

Damit schuf er auch die vorzüglichste Metapher für seine Art der Führung, sie steht für gegenseitige Hilfsbereitschaft, Treue, Zusammenhalt, Einfachheit in der Lebensführung, „man räumt auf hinter sich“, „man nimmt sich nicht mehr, als man essen kann“ usw. Die ersten Angestellten wurden ganz selbstverständlich in diesen Kreis einbezogen. Als Sven Göte Hansson, der legendäre Pionier bei IKEA, nach Elmtaryd kam, wurde er sofort Teil der Familie. Er erzählt:

„Ich wurde im Sommer 1952 als Kontorist eingestellt. Damals handelte es sich nur um einen Versand. Es war schon ein Kontorist da. Wir arbeiteten im Hauptgebäude und wohnten schräg gegenüber im Pächterhaus, wo man auf dem Dachboden zwei Zimmer eingerichtet hatte – eins für ihn, eins für mich.

Im übrigen gab es außer Ingvar, seiner Frau und einer Haushälterin noch Vater Feodor und Mutter Berta, die im Steinhaus wohnten. Freizeit war Mangelware. Wir arbeiteten abends so lange, wie es zu tun gab.

Im ersten Herbst fuhr ich nur ein einziges Mal nach Hause zu meinen Eltern.

Ingvar Kamprad hatte am Gattertor ein kleines Schutzhäuschen gebaut, in dem die abzuholenden Sendungen gelagert wurden. So mußte er nicht aufstehen, wenn der Milchwagen, der auch die Post mitnahm, kam. Aber im Winter reichte das Häuschen für die vielen Waren nicht aus. Da mußten wir trotzdem aufstehen...“

Auf einem Bild im *Aftonbladet* von 1957 steht Ingvar Kamprad vor seinem Personal, an die 70 Personen, die sich gerade, auf Einladung des Unternehmens, auf den Weg nach Mallorca machen. 14 Tage lang wird er selbst eine Gruppe begleiten, während die anderen zu Hause in Älmhult die Stellung halten. Dann fliegt seine Frau Kerstin mit den Daheimgebliebenen hinunter, und das Flugzeug kehrt mit der ersten Gruppe zurück.

Das sind Vater-Mutter-Kind beim Ausflug. Und folgerichtig wird das Bild eines Tages ins Familienalbum kommen.

Paradoxerweise setzte dieser zutiefst familienverbundene Mensch seine eigene Familie zum Vorteil des Unternehmens hintan. Einer seiner Lieblingssprüche in diesen frühen Pionierjahren lautet: „Wenn wir das erst gemacht haben, dann wird es besser.“ – „Hast du nicht gesagt, daß es besser wird, wenn wir das erst gemacht haben?“ erinnert ihn dann seine Frau, aber „besser“ wurde es nie – es kamen immer neue Dinge, die er „erst mal“ tun mußte, bevor es besser würde... Ja, immerzu sollte es besser werden.

Der Familienvater war besessen davon, Geschäfte zu machen, damals und auch später. Es sollte ein Teil seines Kummers und seiner Selbstprüfung werden, daß die Geschäfte ihn dazu brachten, auch seine drei Söhne, während sie heranwuchsen, hintanzustellen. Er hat alles getan, um das wiedergutzumachen, aber alle, die Kinder haben, wissen, daß eine Kindheit sich im Nachhinein nicht mehr korrigieren läßt.

Während sein Vater Feodor ein eher würdevoller Patron war und meinte, daß alle Ingvar mit „Chef" ansprechen sollten, trat der Sohn genau umgekehrt auf. Seine Anspruchslosigkeit wurde beispielhaft, es sollte sich für andere nie lohnen, besondere Forderungen zu stellen. Diejenigen, die es versuchten, blieben nicht lange, hörten von sich aus auf. Sven Göte Hansson drückt das so aus: „Ingvar wurde gewissermaßen immer einfacher... In den späten 60er Jahren kam die saloppe Kleidung. Ich erinnere mich noch an das erfrischende Gefühl, zum ersten Mal in einem Polohemd, ohne Krawatte, zur Arbeit zu gehen.

Die Duz-Reform wurde per schriftlichem Dekret von Ingvar eingeführt. Wir waren nicht die ersten in Schweden, aber manche in der Geschäftsleitung waren dagegen."

Anfangs kannten alle einander und zogen am selben Strang. Viele Pioniere sind durch IKEA aufgestiegen. Mit der Zeit erreichten sie eine Position, die sie sonst nicht erreicht hätten. Alle hatten sie von der Pike auf gelernt, kaum jemand besaß eine Hochschulausbildung.

So wurde das Unternehmen als eine Art Familie Ingvar Kamprads größter Stolz, und der IKEA-Geist – später Gegenstand einer Doktorarbeit – sollte sogar Harvard-Professoren dazu veranlassen, tiefsinnige Analysen zu schreiben.

Schwierigkeiten bereitet dem Gründer der Übergang von der Nähe Elmtaryds zur Distanz des Großunternehmens. Genau genommen hat er sie nie akzeptiert, im Grunde seines Herzen betrachtet er die Mitarbeiter als Kinder, Geschwister, Verwandte, selbst wenn es jetzt bald 40.000 sind.

Die Umstellung auf die neue Wirklichkeit vollzog sich stufenweise, anfangs war sie kaum spürbar. Der Schritt von Elmtaryd in Agunnaryd zur alten Schreinerei in Älmhult war groß, aber die Familie blieb auf dem Hof wohnen, denn Ingvar Kamprads erste Frau zog es, nachdem die Adoptivtochter in ihr Leben getreten war, vor, nicht mit in den größeren Ort zu ziehen.

Noch im Katalog von 1955 stand als Postanschrift für jegliche Korrespondenz Agunnaryd, und telefonisch war Ikéa, wie es noch geschrieben wurde, über Elmtåsa zu erreichen. Es gab erst eine einzige Leitung zu Ikéa unter dem Anschluß Tjurköby Nr. 6B. Auf Geschäftspapieren stand die Durchwahl „Lager" und die Durchwahl „Direktion", aber das Telefon war dasselbe.

Die zwanzig Kilometer pendelte Ingvar Kamprad jeden Morgen gegen sechs und spätabends zuerst mit einem alten Studebaker, dann mit einem Citroën und noch später mit einem weißen Porsche.

Aber eigentlich – im Grunde seines Herzens – wohnt er immer noch auf Elmtaryd. Er selbst beschreibt das so:

Wenn ich von der IKEA-Familie spreche, ist es das Leben auf dem Land, an das ich denke – damals, als Ikéa noch nicht IKEA geworden war. Dort wurden meine Gedanken über Gemeinschaft, über die gegenseitige Abhängigkeit aller geboren, dort lebten wir unsere eigene Botschaft in einer überschaubaren Mikrowelt.

Diese erste wundervolle Zeit intensiver Arbeitsgemeinschaft in einem Kreis von Leuten, die ich alle persönlich kannte, ließ mich den törichten Träumen nachhängen, daß es immer so bleiben möge. Ich nährte den falschen Glauben, daß sich das totale Wir-Gefühl auch dann bewahren lasse, wenn wir groß würden. Für die Gewerkschaften waren wir deshalb lange Zeit ein großer, schwarzer Klecks im Protokoll – oder ein weißer Fleck auf der Landkarte; bei IKEA mischte sich weder der Gewerkschaftsbund LO noch der Arbeitgeberverband SAF in den Betrieb ein. Ich unterlag jedoch einer gewaltigen Fehleinschätzung, und es war eine große Enttäuschung, daß sich dies nicht beibehalten ließ.

Ende der 50er Jahre wurde ich im Möbelhaus zu einer Betriebsversammlung gerufen. Viele Mitarbeiter waren zusammengekommen, und sie fragten mich, ob ich der Meinung sei, daß sie der Gewerkschaft beitreten sollten. Ich geriet in große Verlegenheit und antwortete, daß es genaugenommen ja nicht zu dem paßte, wie wir es bei IKEA hielten. Auf der anderen Seite hatte ich keine andere Wahl – wenn die Mitarbeiter sich gewerkschaftlich organisierten, so mußten sich meine Geschäftsleitung und ich wohl oder übel dem Arbeitgeberverband anschließen, denn so sind nun mal die Spielregeln.

So faßten sie einen Beschluß und gingen in die Gewerkschaft, und IKEA wurde Mitglied des SAF. Natürlich war ich niedergeschlagen, aber sonst gab es nur wenige Konflikte. Den größten Ärger gab es mit Dingen wie z. B. einer zentral beschlossenen Verweigerung von Überstunden. Eines Tages kam ein Gewerkschaftsboß zu mir und sagte: „Du, Ingvar, du mußt wissen, daß wir in der Gewerkschaft drei Höllen haben. Die eine besteht aus all den Unzufriedenen, die im Verhältnis zu dem, was sie schaffen, oft überbezahlt sind.

Die zweite Hölle ist die Zentrale, die uns Vorlagen schickt und uns bittet, zu den merkwürdigsten Dingen Stellung zu nehmen – wie z. B. zur Frage der Besteuerung von Freizeitbooten. Was, zum Teufel, haben wir denn damit zu tun?

Die dritte Hölle sind die Tarifverhandlungen. Da verbringen wir Nächte mit zähen Verhandlungen, ein Abgrund trennt uns voneinander, und wir kommen weder vor noch zurück, aber dann ist eines Tages alles vorbei und wir reichen einander die Hand, und dann ist wenigstens diese Hölle vorbei. Die beiden anderen bleiben jedoch bestehen.

Ich gehörte einmal der Delegation an, die in Stockholm verhandeln sollte. Da wurde mir klar, daß ich zu sehr Wir-Mensch bin, als daß ich an einem solchen Spiel teilnehmen wollte. Nur verstandesmäßig begreife ich, daß Gewerkschaften vielleicht nützlich sind, vorausgesetzt, sie sind nicht militant und arbeiten auch zum Besten eines Unternehmens.

Die Zeit des Familienidylls war damit vorbei. Der IKEA-Geist lebt, wenn auch auf neue Weise. Doch die Anfangszeit zu Hause auf dem Hof, als IKEA wirklich noch eine Familie war – die ist und bleibt die beste Erinnerung.

Heute lebt der Begriff IKEA-Familie im Geschäftskonzept weiter, das im Ausbildungsprogramm IKEA WAY vermittelt wird. Dem Versprechen gemäß, das die Teilnehmer am Ende des Seminars abgeben, wird er im Alltag auch umgesetzt – egal zu welchem der Häuser in der Welt die Ikeaner fahren (allein der schwedische Part reist für 80 Millionen Kronen im Jahr). Überall wird man betreut. „Da funktioniert die Familie noch“, sagt die junge Chefin des Reisedienstes, Ann Christin Hallström.

Der Familienbegriff lebt aber auch noch in „Family“, so der Name des „fan-clubs“, der regelmäßig mit Spezialangeboten in mehrere Länder geht. Die 800.000 schwedischen, besonders anhänglichen Stammkunden von „Family“ bekommen dreimal jährlich eine Zeitung dieses Namens. Das ist eine durch und durch kommerzielle Sache, sie gründet jedoch auf einer Geschäftsphilosophie, die Worte wie „sich kümmern“, „einander helfen“, „zusammensein“, „alle sind gleich wichtig“ ernst nimmt. Die Familie als Unternehmen, das Unternehmen als Familie.

Niemand hat so viele Niederlagen erlitten wie ich

„Nur wer schläft, macht keine Fehler."

Ingvar Kamprad erzählt:

Ich habe nach wie vor viel Spaß daran, Geschäfte machen zu können. Noch schöner ist es, auf neue Ideen zu kommen und andere davon zu überzeugen, daß sie durchführbar sind. Das habe ich wohl von der Seite meiner Mutter mitbekommen. Vielleicht ist es letzten Endes das, was sowohl mich als auch den Betrieb selbst in Gang hält – ein besonderes Lustgefühl, eine Art Sucht, keine Chance zu verpassen – und bewirkt, daß ich nie aufhören kann, darüber nachzudenken, ob etwas vielleicht ein Geschäft werden könnte. Dieses Gefühl treibt mich auch auf Flohmärkte.

Am schönsten aber sind die Siege, bei denen es keine Verlierer gibt. Leider habe ich selbst schweren Verlusten nicht ausweichen können. Zur Geschichte des Unternehmens gehören sowohl Niederlagen als auch Triumphe.

Das beste Geschäft meines Lebens machte ich als junger Geschäftsmann, als ich aus Paris 500 Füllfederhalter, das Stück für 1 Krone inklusive Fracht und Zölle, importierte. Beim Weiterverkauf an ***Ur & Penn*** *erhielt ich 4,50 Kronen. Das geschah im Schatten von Importrestriktionen – man brauchte eine Lizenz. Dieses Geschäft ergab einen extrem hohen Gewinn, eine enorme Marge – 500mal 3,50 Kronen auf einen Schlag!*

Das ließ mich als Geschäftsmann Blut lecken.

Gleich darauf machte ich mein vielleicht dümmstes Geschäft, es war die erste von vielen Niederlagen. Ich wurde von einem österreichischen Geschäftsmann in Göteborg geprellt, der die Firma, die immer noch ***Ballograf*** *heißt, gegründet hatte und mit dem ich auf eine Annonce hin Kontakt aufgenommen hatte. Er zeigte mir einen einfachen, aber guten Kugelschreiber, den er für 2,50 Kronen verkaufen wollte, das war sensationell – der nächste Konkurrent nahm 10–15 Kronen. Ich bestellte tausend Exemplare und annoncierte sie für 3,95 Kronen, was genauso sensationell war.*

Es kamen umgehend an die fünfhundert Bestellungen. Ich steck-

te das Geld ein und fuhr damit nach Göteborg, um die Kulis zu holen. Da erklärte mein Lieferant – ich erinnere mich noch an sein gebrochenes Schwedisch, als er sein Bedauern ausdrückte –, daß ein Fehler unterlaufen sei, er könne mir auf keinen Fall für 2,50 liefern, sondern nur für 4 Kronen, also 5 Öre über meinem Abgabepreis.

Meine Verzweiflung war groß, die Firma hatte mir den Lieferpreis ja zugesichert, und ich flehte ihn an, mir zu helfen. Aber nichts da!

Ein weinerlicher Ingvar setzte sich mit ein paar hundert Kulis, die er zu dem neuen Preis abnehmen mußte und denjenigen schickte, die als erste bestellt hatten, in den Zug nach Hause.

Diesmal rettete ich mein Gesicht dadurch, daß ich den anderen Kunden eine etwas andere Stiftsorte zuschickte, aber dann stand ich nahezu blank da. Kurz darauf erlitt ich meinen nächsten Rückschlag. Ich hatte bei einer chemotechnischen Firma in Älvsjö eine Partie Mückenschutzöl gekauft und per Annonce angeboten, doch die Lieferung erfolgte nie.

Wieder mußte ich eine Lösung finden. Ich jammerte, ertrug keine Widrigkeiten. Ich kann nämlich ebensosehr schwarzsehen, wie ich sonst alles in hellem Licht sehen kann.

Das Traurige ist, daß ich aus diesen frühen Fehlschlägen nicht sonderlich viel gelernt habe – im Gegenteil, sie sind mir wieder passiert. Vater sagte immer: „Du bist zu gutgläubig, Ingvar, aus dir kann nichts werden."

Und es ist immer noch wahr: Es fiel mir lange Zeit schwer, Menschen nicht zu trauen. Erst in fortgeschrittenem Alter bin ich gegenüber Leuten im allgemeinen etwas vorsichtiger und wachsamer geworden. Mitarbeitern dagegen vertraue ich in der Regel hundertprozentig. Aber ihnen allen sage ich heute (und denke dabei an meinen Kulilieferanten in Göteborg): „Trefft keine mündlichen Absprachen, verlaßt euch nicht nur auf einen Handschlag, sondern seht zu, daß alles schriftlich niedergelegt wird." Bei einem bloßen Handschlag kann kein Jurist der Welt dir aus der Patsche helfen.

Mein ganzes Leben lang mußte ich immer wieder Niederlagen einstecken.

Die schwerste war vielleicht mein Engagement als Teilhaber einer Fernsehfabrik in Helsingborg. Die Marke hieß Prinsen. Das war in den 60er Jahren, und es kostete IKEA in fünf Jahren 25–30 Prozent des damaligen Unternehmensvermögens oder, auf heute umgerechnet, alles in allem zwischen 30 und 50 Millionen Kronen. Ich setzte den Mann einer Verwandten in die Geschäftsleitung. Aber sowohl er als auch der Geschäftsführer dieses Unternehmens waren vor allem daran interessiert, mit dem Flugzeug herumzureisen. Meine unverzeihliche Niederlage besteht darin, daß ich zwar sah, welches Ende das nehmen würde, aber trotzdem nicht mutig genug war, das Ganze rechtzeitig zu beenden.

Danach – so kann man andererseits sagen – wurde das Hauptprinzip aufgestellt, daß IKEA niemals bei IKEA kaufen darf. Produzieren sollen andere für uns. Wir wollen im Prinzip keine Herstellungsbetriebe besitzen, denn Besitz zieht sofort eine zusätzliche Verantwortung nach sich: nicht nur zu verkaufen, sondern auch die Produktionsanlagen auszulasten. Allerdings hat die Regel, daß der Schuster bei seinem Leisten bleiben solle, viele Ausnahmen erfahren, manche davon sind betrüblich.

In neuerer Zeit – in den 90er Jahren – ist das Engagement in Rußland ein Paradebeispiel für mein Talent zu Niederlagen. Jan Aulin, der hinter dem großen Europaengagement stand, und seine Mitarbeiter hatten qualifizierte Untersuchungen darüber angestellt, wie wir im fernen Uralgebiet Wald pachten, ein Sägewerk betreiben und damit für lange Zeit unseren Holzbedarf sichern könnten. Wir pachteten also hunderttausend Hektar samt Abholzungsrecht für 99 Jahre, kein schlechtes kleines Gehölz, um es ein ganzes Jahrhundert lang zu bewirtschaften.

Wir kauften in Norrland ein Sägewerk, montierten es ab, bauten es in Rußland auf, stellten als Projektleiter einen Forstmeister ein und legten los. Zum Hintergrund gehörten aber Japaner, die, aus der anderen Richtung kommend, den Wald abholzten, ohne einen Gedanken an die Wiederaufforstung zu verschwenden. Unsere Absicht war, ein rationelles Modell sowohl ökologischer Verantwortung als auch schwedischer holztechnischer Kenntnisse vorzuführen.

Später wollten wir außer dem Sägewerk noch Fabriken bauen, um die Rohware für unsere Möbel zu veredeln.

Der Plan war gut. Aber unsere eigene Ungeschicklichkeit führte in Kombination mit der Einmischung der russichen Mafia und einer unendlichen Bürokratie sowjetischen Zuschnitts dazu, daß alles fehlschlug. Unser Verlust belief sich letztendlich auf 60 Millionen Kro-

nen. Bezieht man aber alles, was wir an Zeit und Arbeitskraft investiert haben, ein, betrug der Verlust sicherlich 100–125 Millionen Kronen.

Als einzelne Katastrophe ist dies wohl das schlimmste Beispiel, doch in Rumänien traf uns ein weiterer Fehlschlag, der uns an die 50 Millionen Kronen kostete.

Wir investierten in die Modernisierung einer Fabrik in Codlea, technisch perfekt, umweltgerecht und mit westlichem Management. Trotzdem haben wir uns wiederholt Kritik eingehandelt (gelegentlich auch Lob, z. B. von Staffan Heimerson im Rundfunk); die Produktion auf ein rationelles Niveau hochzutreiben mißlang. Wir verfügten über keinen eigenen Besitztitel, hatten aber als Sicherheit Aktien bekommen. Die waren plötzlich völlig wertlos.

Zusammengenommen hat IKEA viele hundert Millionen Kronen bei solchen Projekten verloren, wofür ich selbst eine beträchtliche Verantwortung trage – ja, eine halbe Milliarde reicht vermutlich nicht. In Thailand bauten wir zusammen mit einem Partner vor Ort eine große Stuhlfabrik auf. Ebenfalls eine Niederlage, von der wir uns noch heute freikaufen müssen. In Malaysia steuern wir in Zusammenarbeit mit einem örtlichen Konglomerat – es handelt sich um eine Möbelfabrik – auf eine weitere Niederlage zu, die Endsumme ist erklecklich, steht aber leider immer noch nicht ganz fest. Solcherart sind meine Niederlagen, man könnte eine lange Liste aufstellen. Die rein persönlichen Mißerfolge – eine unglückliche Personalpolitik, die später große Enttäuschungen brachte, oder das Scheitern von Liebesverhältnissen und Freundschaften, habe ich dabei noch gar nicht berücksichtigt. Auf sowohl persönlicher als auch geschäftlicher Ebene war meine Verbindung zu den rechtslastigen Lindholmern und der neuschwedischen Bewegung die Niederlage, der am meisten öffentliche Aufmerksamkeit zuteil wurde.

Während einiger schwerer Wochen im Herbst 1994 und im Frühjahr 1998 brachte das, was ich bereits angedeutet habe, den Boden unter meinen Füßen zum Schwanken.

So war es damals

„Nachdem das Deutsche Reich unter zielstrebiger Führung seine Großmachtstellung wiedergewonnen hat, hat es ... die Zeit für reif erachtet, sein außenpolitisches Programm zu realisieren. Abgesichert durch das Bündnis mit dem unter Mussolinis kraftvoller Führung aufgerüsteten Italien konnte Deutschland ohne Schwertstreich ... die deutschsprachigen Teile der Tschechoslowakei besetzen."

Aus dem Jahresbericht von Stockholms Enskilda Banken

im März 1939

Vielleicht werden wir alle irgendwie in einer Umbruchszeit geboren, vielleicht ist es die Voraussetzung jedes Menschen, daß nichts selbstverständlich ist, daß die einzige Garantie des Daseins seine Unsicherheit ist. Aber für einige wenige sind gerade die Unruhe, die Veränderung und der Systemwechsel die Lebensluft, in der sie ihre Träume verwirklichen können; sie erblicken gerade in schweren Zeiten ihre Chancen und bauen, blind für mögliche Fehler, eine neue Welt. In der Ungewißheit sehen sie die besten Chancen und ergreifen sie schnell.

Das gilt für Individuen, das gilt auch für Unternehmen, denn hinter jedem wachsenden Unternehmen stehen immer eine oder mehrere individuelle Persönlichkeiten.

Vielleicht kann man daher behaupten, daß die Hauptperson dieses Buches im richtigen Moment geboren wurde. Vielleicht kann man behaupten, daß ihr Unternehmen ein begnadetes Produkt der frohen und hektischen Rastlosigkeit ihrer Zeit ist, das Ergebnis des gewaltigen sozialen und ökonomischen Drucks, der sich aus der Veränderung ergab.

In Europa bot die Zeit von 1914 bis 1945 ebenso große wie tragische und umstürzende Veränderungen, so wie es nach dem Zweiten Weltkrieg eine beispiellos friedliche materielle Entwicklung geben sollte. In jener Zeit sollten unterschiedliche Kulturen aufeinanderstoßen und sich versöhnen, Rassenideologien erblühen und später in die Rumpelkammer des Vergessens befördert werden. Die 30er Jahre: Nach dem Krieg wollte Schweden gern verdrängen, daß es ein Land war, das seine Bildungswurzeln im Germanischen suchte; die Schwärmerei fürs Deutsche war beträchtlich, erst heute erfahren wir allmählich, wie Regierung, Industrie, Organisationen, führende Finanzleute – siehe das Zitat von Enskilda Banken – mit den Nazis unter einer Decke steckten.

Es waren nicht nur die alte Großmutter und ihr Sohn, der Bauer auf dem Hof Elmtaryd, die Hitler als Wohltäter empfanden. Doch nach dem Krieg sollte die Nation rasch das Lager wechseln – nun blickte man sehnsuchtsvoll nach Westen, wir Schweden wurden in Europa am meisten amerikanisiert, die Impulse aus den USA sollten für Kultur und Wirtschaft wegweisend sein, die Schulkinder tauschten glücklich die deutsche Grammatik gegen das Englisch der Filme und der Unterhaltung aus.

So offensichtlich dieser sowohl kulturelle als auch ökonomische Umschwung ist, so deutlich ist auch, daß kein anderes Land der Welt als Schweden sich größere Chancen ausrechnete, das Projekt Moderne anzugehen. Verschont von zwei Weltkriegen, war das Land ethnisch und kulturell homogen; Extremismus und soziale Unruhen waren so gut wie unbekannt; Schweden erlebte den Frieden mit einem unangetasteten Produktionsapparat, während größere Teile der Industrie auf dem Kontinent in Ruinen lag.

Ingvar Feodor Kamprad wurde 1926 geboren, einige Jahre vor der großen Depression, die in den ersten beiden Jahren der 30er Jahre mit Macht auch über Schweden hereinbrach. Der kleine Junge hörte früh von dem Großindustriellen Ivar Kreuger; er wuchs in einem fürsorglichen und sicheren, vom Trott der Landwirtschaft geprägten Milieu mit dem Duft nach Pferdeäpfeln im ländlichen Idyll auf. Als er zum ersten Mal den Mut faßte, sich an eine breitere Öffentlichkeit zu wenden – seine erste *Konzentration der Kräfte,* ein Begriff, den er noch lieben sollte – war es das Landvolk, das er bat, ihnen seine Waren verkaufen zu dürfen, und er tat dies aus einem einfachen Grund: Das war der Kundenkreis, der ihm vertraut war und den er kannte, er wußte um dessen Bedarf an Melkfett und Korseletts, an Pendülen, Doppelottomanen und fertig gebundenen

Krawatten, denn er war selbst in dieser einfachen Wirklichkeit aufgewachsen. Zu dieser Zeit war er in erster Linie ein besserer Hausierer, der gleichwohl ahnte, daß im Handel die Revolution vor der Tür stand. Auf seiner ersten Beilage sausten ein flotter Lastwagen, ein Flugzeug, ein Frachtschiff heran, unterwegs mit unbekanntem Ziel...

Als junges Bürschchen sah er vom Gespenst der Arbeitslosigkeit wenig. Auf dem Land hatte man alles Lebensnotwendige, wie es in der Stadt zuging, war etwas anderes. Aber während der 30er Jahre wirkte sich nach und nach auf die gesamte Bevölkerung die aktive Stabilitätspolitik aus, die die Räder immer schneller zum Rollen brachte. Es wurden immer mehr Straßen gebaut und immer mehr Eigenheime und Sozialwohnungen errichtet. Die Urbanisierung steckte noch in den Kinderschuhen, aber die Industrie nahm Fahrt auf, und die Investitionen im Wohnungsbau erhöhten sich ab 1933 beträchtlich. Aber erst in den 50er Jahren, als Ingvar Kamprad 25 Jahre alt und schon ein selbstbewußter Unternehmer war, nahm die Expansion volle Fahrt auf. Mit der Korea-Inflation im Rücken, hätte er in der Tat keinen besseren Augenblick wählen können, um sich mit seiner bemerkenswerten Geschäftsidee auf den großen schwedischen Markt zu wagen.

Die Abwertung der Krone um ganze volle 30 Prozent 1949 verlieh der vom Krieg unzerstörten Exportindustrie einen Riesenschub; von 1950 bis in die ersten 70er Jahre betrug die Wachstumsrate des schwedischen Bruttosozialprodukts jährlich nahezu 4 Prozent, sie unterschritt in keinem Jahr 2 Prozent. Zwischen 1960 und 1965 lag die Zunahme bei fast 6 Prozent. Von nun an konsolidierte sich das schwedische Modell. Auf dem Arbeitsmarkt herrschte Optimismus, Arbeitslosigkeit war eine bittere, aber zunehmend ferne Erinnerung, die Regierungen waren jedoch ewig die gleichen – im Prinzip sozialdemokratisch.

Dies war die Glückssträhne der Volksherrschaft, die Verwirklichung der Träume. Für Schweden lief alles gut, und die Welt rief nach schwedischen Waren und Ideen. Es sollte sich auch zeigen, daß Ingvar Kamprad nicht als einziger Geschäftsmann die Gunst des Augenblicks zu nutzen verstand, indem er sich an die breite Öffentlichkeit wandte, so wie es auch ein Josef Anér mit EPA tat oder ein Åhlén in Insjön.

Nun stand die Erntezeit der Reformen an; es kamen die Rekordjahre. Schweden wurde bei der fieberhaften, friedlichen Modernisierung eine der führenden Nationen der Welt. Allein in den 60er Jahren verdoppelte sich die Anzahl der Autos von einer auf zwei Millionen. Die ländlichen Gebiete entvölkerten sich rasch – es lohnte sich für den jungen Unternehmer in Älmhult nicht mehr, Leute anzusprechen, die Schweinefleisch verkauften, jetzt waren seine Kunden junge, desorientierte, zukunftshungrige Städter, die auf kleinem Raum mit wenig Geld ihr Heim möblieren mußten.

Allein in den 50er Jahren wurden 50.000 Höfe aufgegeben, im folgenden Jahrzehnt waren es doppelt so viele. Innerhalb von 30 Jahren nahm die Beschäftigung in der Landwirtschaft um 75 Prozent ab, rings um die Großstädte schossen die Vororte wie Pilze aus dem Boden.

Die Bautätigkeit, die einen so großen Einfluß auf IKEA – oder vielmehr: den Bedarf an IKEA-Produkten – erhalten sollte, brach ebenfalls Rekorde. In den ersten zwanzig Jahren nach Kriegsende wurden eine Million neuer Wohnungen gebaut. Als IKEA Mitte der 60er Jahre in die Region von Stockholm einzog, war das Milieu typisch nachkriegsschwedisch. Zur gleichen Zeit, als IKEA bei Kungens Kurva das Möbelhaus auf Lehmboden baute, wurde am Abhang auf der anderen Seite der E 4 ein ganzer Vorort mit Tausenden kauflustiger Mieter und einem Shoppingcenter hochgezogen.

Subventionen und Darlehen heizten das Tempo an. Es folgten reihenweise wohnungspolitische Initiativen; Wohngeld gab es schon seit Mitte der 30er Jahre, doch nun wurden Kreiswohnungsämter geschaffen, und ab 1954 gab die zentrale Behörde eine Normschrift mit dem Titel „Gute Wohnung“ heraus. Darin wurden Regeln für Minimalflächen aufgeführt und eingehend jedes einzelne Zimmer erörtert, ja, jeder Teil der Wohnung, die Naßzelle, die Küche, der Flur...

Der Gedanke vom Volksheim schloß alles und alle in seine regelnden Arme, der Staat erteilte Ratschläge zu Möbeln, zum Leben und zur Gesundheit. Es wurde auch erörtert, wie das Land in Zeiten konjunkturellen Niedergangs trotzdem den Konsum aufrechterhalten könnte; Möbel, Betten, Stühle, Tische wurden als die wichtigsten Waren dargestellt. Sozialhilfesysteme entstanden. Sie blieben, solange das Land für sein Wachstum nicht Kredite aufnehmen mußte, bestehen und wurden einen Teil ebendieses dynamischen Modells.

Was all dies auch immer mit der schwedischen Gesellschaft und ihren Bürgern machte – die Industrie und die Wirtschaft profitierten bei ununterbrochener Rationalisierung ihrerseits von dieser Entwicklung. Gegenüber Unternehmen verhielt sich die Politik ambivalent. In dieser Zeit nach dem Krieg wurde schließlich die heilige Bruderschaft zwischen Gewerkschaften, Großunternehmen und Staat gefestigt. Gesetze, Verordnungen sowie Löhne und Gehälter wurden tariflich festgelegt. Ebenfalls in dieser Zeit nahm aber auch „Gnosjö"(Anm.: Ein schwedischer Ort, dessen Bewohner als besonders erfinderisch und strebsam gelten) als Idealbeispiel für das Kleinunternehmertum Gestalt an, und es ist immer noch ziemlich leicht, ein Unternehmen zu gründen.

Bevor das System der sozialen Sicherheit ausgebaut und der Kündigungsschutz perfektioniert wurden und bevor die Debatte über Unternehmen das politische Gespräch beschäftigte, schafften es eine Menge spektakulärer neuer Unternehmen, Furore zu machen. Viele Unternehmer wurden durch Verkäufe gewinnbringender Gesellschaften reich, während sie gleichzeitig durch die Vermögenssteuer belastet wurden, die man aus dem arbeitenden Kapital ermittelte.

Trotzdem kann man über die reiche Flora, die nach dem Zweiten Weltkrieg in Schweden sproß, nur staunen: *Kapp Ahl, Buketten, Dafgårds, Rune Svensson, Bodés Möbler, Ur & Penn, Hennes & Mauritz, Bergendahl & Son, Rejmes Bil, Indiska Magasinet, Biltema, Lundbergs, Gambro, Tetra Pak...*

Alle waren sie mit Ingvar Kamprads Versandfirma verschwistert, viele wurden zunächst in der engeren Umgebung stark, wo sie erst ganz die kommerzielle Infrastruktur beherrschten und dann den Schritt hinaus in die weite Welt und das Leben jenseits von Älmhult, Liatorp und Elmtaryd machen. Alle hatten eine Geschichte davon zu erzählen, wie sie einst klein gewesen und groß geworden sind, wie sie den Weg aus einfachen, fast ärmlichen Verhältnissen zu hochentwickelten Geschäften, zu Ehre und Reichtum geschafft haben. Elegant befreiten sie die unternehmerische Kultur von den engen staatlichen Regelungen des Volksheimes.

Das war, in groben Strichen, die Zeit, in der IKEA zur Welt kam.

Das Unternehmen hielt Schritt mit der Entwicklung, die es seinerseits beschleunigte. Ohne das Wohnungsbauprogramm, ohne die Demokratiereformen, ohne die Urbanisierung und die Zunahme von Autos und Straßen, ohne die wachsende Anzahl berufstätiger Frauen, ohne soziale Reformen in Heim, Familie und Wohnungen, ohne die Zunahme der Verbraucherinteressen wäre es schwierig zu erklären, wie IKEA so schnell so stark und so problemlos von breiten Schichten akzeptiert werden konnte.

Vor diesem Hintergrund konnte der Unternehmer Kamprad agieren. Mit Fingerspitzengefühl reagierten er und sein Unternehmen auf den Zeitgeist – Ingvar Kamprad brachte die Duz-Reform ins Rollen, er machte die vollständige Produktbeschreibung zu seiner Sache, er schuf „das demokratische Design", betonte das typisch Nordische des Unternehmens und verwandelte IKEA in einen Standardbegriff, in das, was die Amerikaner „household word" nennen.

Und von der småländischen Moräne brachte er die Tugenden mit, die das Unternehmen in die Zukunft führen sollten: Einfachheit, Sparsamkeit, Demut, Energie, Pfiffigkeit, Sturheit und „listandet", d. h. die Fähigkeit, mit den Mitteln, die man hat, Auswege aus bedrängten Lagen zu finden.

Das Neue, das er pflanzt, wird im selben Humus gezüchtet, der das Alte welken sah. Aber die Erde wird auf neue Art bereitet, die Blumen haben andere Farben, die Düfte wechseln.

Der gute Naturforscher Linné hätte genug zu tun gehabt, dieser ganzen Vielfalt, die jetzt aus dem Boden zu sprießen begann, Namen zu geben.

Teil 3

Der schwierige Kapitalist
1953–1973

Boykott, Scheidung und Erfolg

„Anfang der 60er Jahre sollte uns ein norwegischer Unternehmensberater, Hans Bernhard Nielsen, dabei helfen, in Älmhult ein bißchen zu rationalisieren. Am Abend des ersten Tages kam er ins Büro und sagte, daß er von dem Auftrag entbunden werden wollte. Er erklärte warum: Wenn ihn jemand gefragt hätte, ob man in einem so gottverlassenen Nest mit einem Möbelhaus Gewinn einfahren könne, dann hätte er vor der bloßen Idee gewarnt. Das würde nie gehen!
„Aber“, sagte er, „das läuft hier ja wie geschmiert. Mit anderen Worten, ich kann dir keinen Rat geben. Ich fahre nach Hause.“
Er fuhr zurück nach Norwegen. Der Witz an der Sache ist, daß ich für diesen ersten Tag nicht einmal bezahlen mußte. Die Unternehmensberatung Vercosen bot in ihrem Prospekt nämlich einen Tag kostenloser Beratung an.“

Es war in der alten Lagerbladschen Schreinerei in Älmhult, wo das IKEA-Rezept während fünf turbulenter Jahre verwirklicht wurde. Ein schrittweise instandgesetzter, zweistöckiger alter Holzbau, dessen getünchte Wände man anfangs mit Hartfaserplatten verkleidete, wurde letztlich das Labor für das Neue, das geschaffen werden wollte. Hier wurde eine Werkstatt eingerichtet, in der man mit Hilfe eines Katalogs, mit Fingerspitzengefühl und der Besessenheit dessen, der immer genau das Gegenteil von dem tut, was alle anderen tun, lernte, die perfekte „Verkaufsmaschine“ zu bauen.

Als 1958 in Älmhult das erste Möbelhaus eröffnet wurde, war es, als ob das Unternehmen den Schritt aufs Möbelgymnasium getan hätte. „Wie wollen wir das alles voll kriegen?“ fragten sich Ingvar Kamprad und sein angehender Möbelhauschef Sven Göte Hansson und blickten leicht verzweifelt auf die 6.700 leeren Quadratmeter, die ein paar Tage später Europas größte Möbelausstellung beherbergen sollten.

Es war erst 15 Jahre her, seit eine Milchbank als Vertriebslager ausgereicht hatte, und fünf Jahre, seit Albin Lagerblad sein Haus für 13.000 Kronen an IKEA verkauft hatte. Das Möbelhaus zu bauen, kostete 600.000 Kronen, die Firma war auf dem Weg zum Großunternehmen. Die Hürde der ersten Million Kronen wurde wie im Flug genommen, der Verkauf lief großartig, 1954 erreichte der Umsatz 3 Millionen Kronen und im Jahr darauf bereits das Doppelte! Aber noch 1956 gab es erst 30 Angestellte, man kannte jeden persönlich.

Die Familie wuchs, aber das Prinzip von Nähe funktionierte nach wie vor. Hunderttausende von Schweden besuchten die erste Möbelausstellung im Lagerbladschen Gebäude, bereits 1955 ging der Katalog mit einer halben Million Exemplaren hinaus. Ikéa schrieb sich nach wie vor mit Akzent, und als Adresse war, wie gesagt, Agunnaryd angegeben, der Besitzer wohnte ja dort auf dem väterlichen Hof.

Vieles im Leben hat die Tendenz, gleichzeitig zu geschehen. Auch privat änderte sich für Ingvar Kamprad in jenen Jahren das Leben radikal. Seine Mutter war 1956 an Krebs gestorben, seine Ehe mit Kerstin Wadling ging 1960 in die Brüche, und er vermißte seine Adoptivtochter, die Vater Feodor auf den Armen umhergetragen und stolz als „diejenige, die Ingvars Nachfolge antreten wird“ präsentiert hatte:

Wir hatten früh geheiratet. Meine Frau arbeitete beim Rundfunk als Sekretärin für Lars Madsén und abends für Povel Ramel. Wir hatten einige wenige glückliche Jahre. Es stimmt, daß Kerstin mir während der Zeit auf dem Hof sehr geholfen hat. Aber es gefiel ihr nicht, daß ich mich so auf die Arbeit und das Unternehmen konzentrierte. Sie hatte sich ein anderes Leben erträumt.

Ich hatte nicht gerade einen Achtstundentag und war viel auf Reisen. Wollte sie mitkommen? Nein, meistens blieb sie zu Hause. Langsam, aber sicher lebten wir uns auseinander. Wir glaubten, es komme daher, daß wir keine eigenen Kinder hatten, obwohl wir so gern welche haben wollten.

Wir hatten ein kleines Mädchen adoptiert, in der Hoffnung, daß uns dies wieder einander näherbringen würde. Aber das half nur eine Weile. Als wir schließlich beschlossen, uns scheiden zu lassen, erlebte ich dies als persönliche Niederlage, und mit so etwas komme ich nicht gut zurecht. Bei der Arbeit kann ich Fehlschläge hinnehmen, das gehört dazu, aber nicht privat. Die Trennung nahm mich sehr mit, und ich vermißte die Kleine.

Bei der Scheidung verlangte meine Frau so viel, daß sogar ihr Anwalt staunte. Wir einigten uns schließlich auf eine angemessene Summe, aber es blieb doch ein bitterer Nachgeschmack. Kerstin wurde später sehr krank und starb vor einigen Jahren an den Folgen einer Tbc, die sie in jungen Jahren bekommen hatte.

Ich durfte meine Tochter lange Zeit nicht sehen und sehnte mich nach dem Kind. Heute haben wir wieder Kontakt. Sie hat einen tüchtigen Mann, der in einer Baufirma arbeitet; wir sehen uns einmal im Jahr und haben ein sehr gutes Verhältnis zueinander. Bei IKEA ist sie jedoch nicht engagiert.

Meine Ex-Frau und ich konnten uns vor ihrem Tod noch aussöhnen. Aber die ganze Angelegenheit schmerzt mich, es tut noch immer weh. Ich hielt mich für einen richtigen Mistkerl. Gab ich wirklich alles, was ich konnte, oder waren wir vielleicht von Anfang an zu verschieden?

So waren die 50er Jahre für Ingvar Kamprad eine Zeit sowohl des persönlichen Schmerzes als auch des wirtschaftlichen Erfolges, der unternehmerischen Wachstumsschmerzen, der Euphorie wie der persönlichen Suche nach neuer Harmonie. Die sollte sich schließlich finden, als Kamprad auf einer Italienreise mit Arbeitskollegen der jungen Lehrerin Margaretha Stennert begegnete. Sie heirateten 1963, und 1964 wurde Peter, ihr erstes Kind, geboren.

Ingvar Kamprad galt zu dieser Zeit nicht mehr nur als småländisches Wunderkind. Er hatte sich in einen gefürchteten Geschäftsmann verwandelt, dessen Methoden manchmal mit Verachtung und Unwillen betrachtet wurden. Jetzt kämpfte man nicht mehr primär um den Versandmarkt, sondern der gesamte schwedische Möbelhandel bekam die Bedrohung durch den Niedrigpreisanbieter aus dem Wald von Småland schmerzlich zu spüren.

Ingvar Kamprad wappnete sich zum Gegenangriff, wie eine mutige Maus gegen eine Elefantenherde. „Wunschzuhause zum Wunschpreis“ stand 1955 auf dem Umschlag des noch sehr schlichten Katalogs. Ein Konkurrent hatte in der Smålands-Posten eine Annonce aufgegeben mit der Überschrift: „Wenn aus Ihrem Wunschnest zum Wunschpreis ein Elsternest zum Überpreis wird, dann kommen Sie das nächste Mal zu uns".

Heute kann Kamprad über diesen Scherz lachen, damals jedoch nicht. Da wurde er von den Konservativen der Branche gejagt, die um nahezu jeden Preis seinen Vormarsch stoppen wollten. Sie riefen nach Verboten, wollten sein Emporkommen verhindern und griffen zu verschiedenen Methoden des Boykotts.

Lieferanten wagten plötzlich nicht mehr, mit dem jungen Unternehmen noch irgendwelche Geschäfte zu machen, manche lieferten weiterhin, schickten die Möbel aber ohne Absender in Autos ohne Eigenreklame, damit nicht deutlich wurde, wer die Lieferung bestellt hatte. Wieder andere stellten zwar Möbel her, aber nur, wenn deren Design deutlich verändert war, denn es hieß, daß die Händler sich weigern würden, bei denjenigen einzukaufen, die auch mit Kamprad im Geschäft waren.

Auf den Messen hatte IKÉA (die Schreibweise variierte) bereits um 1950 herum die ersten Hausverbote bekommen. Selbst als Privatperson wurde Ingvar Kamprad der Zutritt zu bestimmten Fachmessen verweigert, und wie immer unter Druck und wenn ihm der Wind ins Gesicht blies, reagierte er mit einer Mischung aus Selbstmitleid, Trotz und Einfallsreichtum. Er gründete eine große Anzahl von Firmen und Gesellschaften, um in mehreren Rollen sowohl als Verkäufer als auch als Einkäufer auftreten zu können. Da gab es bereits 1951 *Svenska Silco* (versuchte, Möbel zu exportieren), 1953 *Svenska Royalimporten* (vor allem Teppiche), und 1955 die neben IKEA bekannteste Firma: *Svenska Sencello* – berühmt für Schaumgummimatratzen – mit einem gut besuchten Laden in der Drottninggatan in Stockholm, dessen erster Name *Skumbaren,* die Schaumbar, lautete. Ein weiteres Unternehmen war die Versandfirma *Hemservice,* das spätere Fundament des Sortiments von *Accenten.*

Die Fachmessen waren in den 50er Jahren wichtige Präsentationsflächen für das Neue der Zeit; die erfolgreichste, die St. Eriksmesse, öffnete ihre Pforten schrittweise auch der Öffentlichkeit; die Reihen der Aussteller versuchten jedoch den Vormarsch von IKEA zu sabotieren. In Göteborg wurde Ingvar Kamprad im Laderaum eines Volvo Duett auf eine Messe geschmuggelt – ein guter Freund und Teppichhändler warf einen Wilton-Teppich über ihn, so daß er die Schranke unbesehen passieren konnte. Als er zwischen den Ständen hervorkam, hatte niemand die Courage, ihn vor die Tür zu setzen.

Ein anderes Mal wurde er wegen des Verkaufs von Teppichen auf der Kristianstadsmesse 1954 zu 25 Tagessätzen à 20 Kronen verurteilt. In Stockholm war er gezwungen, in der Nähe der St. Eriksmesse eigene Räumlichkeiten anzumieten, um trotz allem an Ort und Stelle zu sein. Natürlich gab es einen großen Andrang – die Leute haben etwas übrig für einen Kämpfer, besonders wenn er zu günstigen Preisen verkauft; eine Leserbriefdebatte steigerte das Interesse für die „Smålandmöbel“ noch. Gleichzeitig wurde bestimmten Lieferanten durch ein Rundschreiben des Landesverbandes der Möbelhändler ein Ultimatum ausgesetzt: „Verkauft ihr an IKEA, kaufen wir nicht mehr bei euch!“

Einige Fabrikanten gaben auf, sie wagten nicht, sich zu widersetzen, und im nachhinein kann Ingvar Kamprad sie sogar verstehen: Es ging um ihr Überleben. „Ich hätte vielleicht genauso gehandelt.“ Andere Fabrikanten widerstanden aus Prinzip oder weil sie stark genug waren. Ein solch treuer Lieferant war *Henriksdals Gummifabrik* auf Lidingö – die spätere Firma *Overmans* in Tranås –, der Schaumgummimatratzen herstellte. Das Unternehmen war im Besitz von Bonniers. Deshalb hielt sich lange das Gerücht, daß Bonniers Miteigentümer von IKEA wäre.

Der sich ausweitende Boykott verursachte kostspielige Mißlichkeiten, das Unternehmen sah sich immer öfter mit der Peinlichkeit konfrontiert, nicht liefern zu können, was im Katalog angeboten wurde. Solange es Ersatzware gab, war dies auf kurze Sicht zu ertragen. Aber auf Dauer hätte es für das jetzt sprunghaft wachsende Unternehmen verheerend werden können.

Die Lieferanten, die mutig und loyal weiterhin den Geschäftskontakt pflegten, tricksten mit Scheinadressen. Älmhult wurde manchmal durch Killeberg und andere Orte als Empfangsadresse ersetzt. Bei manchen Fabriken traute man sich nicht, die Ware bei Tageslicht abholen zu lassen; es gab eigenartige Nachtfahrten, als ob es sich um illegale Schnapstransporte in Al Capones Prohibitionswelt gehandelt hätte. Dabei ging es nur um einfache Holzbänke ...

Die Stimmung wurde immer schlechter. Ingvar Kamprad sagt, er habe viele schwere Nächte gehabt, in denen er wach lag und darüber grübelte, wie er das Problem lösen sollte. Höchst konkret ging es zum Beispiel damals darum, daß Tausende von Stühlen fehlten.

1957 schenkte das damalige Staatliche Preis- und Kartellamt samt Gewerbefreiheitsrat (die heutige Wettbewerbsbehörde) in einem Sonderbericht den Vorgängen seine Aufmerksamkeit. Im nachhinein ist es eine erheiternde Lektüre darüber, wie mächtige, monopolistisch ausgerichtete, etablierte Kreise über die Stockholmer Handelskammer und ein spezielles Amt, das die St. Eriksmesse ausrichtet, versuchten, die Teilnahme von IKEA an Messen zu vereiteln, oder zu verhindern, daß die günstigen Preise des Unternehmens publik wurden.

IKEA hatte sich ab 1949 mit bescheidenen Mitteln an Messen beteiligt, das erste Mal lediglich mit Schreibwaren von *Evergood,* von 1950 an jedoch fast ausschließlich mit Möbeln und Einrichtungsartikeln. Oberflächlich betrachtet ging der Streit darum, ob Messeaussteller auch an Besucher verkaufen durften – was IKEA tat – oder nur an den Großhandel. Genauer betrachtet ging es darum, einen Emporkömmling aus dem Rennen zu werfen.

Es gab anonyme Briefe und kritische Zeitungsartikel. Ingvar Kamprad beklagte sich in einem frühen Brief an die Messeleitung über Schimpfworte seitens konkurrierender Möbelhändler, die zu einer gespannten und peinlichen Situation am Stand geführt hätten.

Jahr für Jahr gab es dieselben Klagen über IKEA. 1952 trieb man die Restriktionen so weit, daß Aussteller nicht einmal Bestellungen aufnehmen durften, und der junge Direktor Kamprad wurde von der Handelskammer zum „Verhör" bestellt. Ein Jahr später zwang der Möbelhändlerverband die Messe dazu, IKEA zu untersagen, die ausgestellten Waren mit Preisen auszuzeichnen.

Es entwickelte sich nun ein aus heutiger Perspektive nahezu lächerliches Spiel, in dem ein erstarrtes konservatives Verkaufsdenken gegen eine neue, freche Preispolitik stand. IKEA bekam ein Verbot nach dem anderen auferlegt, fand aber stets Mittel und Wege, sie zu umgehen. Durfte man nicht selbst in Erscheinung treten, ließ man ein anderes Kamprad-Unternehmen oder einen zuverlässigen Lieferanten von IKEA ausstellen. Oder man verwies alle Interessenten z.B. auf *Skumbaren,* die Schaumbar in Stockholm – der

Name des Ladens von *Sencello* gab Anlaß zu bizarren Vermutungen ... (Anm: im Schwedischen bedeutet *skum* nicht nur „Schaum“, sondern auch „dunkel, zwielichtig“.)

In einem Brief des Möbelhändlerverbands wurde IKEA mit einem siebenköpfigen Ungeheuer verglichen: „Schlägt man einen Kopf ab, wächst sofort ein neuer nach.“

IKEA wurde nun von Direktoren, die sonst auf die Vorteile der Markt- gegenüber der Planwirtschaft ein Loblied sangen, im Namen des freien Unternehmertums der offene Kampf angesagt. Man schaltete die Europäische Warenversicherungsgesellschaft (!) ein und versuchte so, „diesen Verkaufsformen Einhalt zu gebieten“, man sprach herablassend vom „florierenden Einzelhandel“. IKEA schlug zurück, jedesmal geschickter. Am ärgsten wurde Kamprad das Fell gegerbt, als er spezielle Messepreise festsetzte – heutzutage eine Selbstverständlichkeit.

Was immer die Konkurrenz auch anstellte – IKEA war stets zur Stelle, in Kristianstad, Helsingborg, Göteborg, Skellefteå, Örebro, Östersund – überall, wo Messen veranstaltet wurden. Wenn man nicht mit der Mutterfirma zugegen war, dann mit einer der Tochtergesellschaften oder mit einem Lieferanten aus Småland, dem IKEA die Werbeplakate stellte, alles bezahlte und ihn auf Älmhult verweisen ließ.

Die St. Eriksmesse, mit der mächtigen Lobby der Kaufmannschaft im Rücken, reagierte damit, daß sie das öffentliche Besuchsrecht auf vier statt sonst sechs Tage einschränkte. Die Anzahl der Besucher nahm ab, und nun murrten auch andere Aussteller gegen den Boykott. Die destruktiven Kräfte bissen sich allmählich selbst in den Schwanz.

Der Streit über die Messeteilnahme, der im Grunde nur einem einzigen Punkt galt – den niedrigen Preisen des Emporkömmlings –, ebbte schließlich ab. Nicht, weil jemand seine Auffassung geändert hatte, auch nicht, weil die Preis- und Kartellbehörde eingriff (das wollte Kamprad nicht!), sondern vor allem deshalb, weil IKEA trotz allem mit Rekordgeschwindigkeit wuchs und sich in den drei wichtigsten Städten des Landes eigene Ausstellungsflächen beschaffte. Um diese Streitigkeiten konnten sich die IKEA-Leute in Älmhult nicht kümmern. Dort war man vollauf mit dem Geschäftserfolg beschäftigt.

Was IKEAs Fabrikeinkauf von Möbeln betraf, so gingen die Schikanen weiter. Kamprad fragte an, ob er Ware beziehen könnte, und kleine Fabriken antworteten, daß sie sich „nicht trauten". Andere lieferten trotz Drohungen, aber per LKW anstatt mit der Bahn, von der man annahm, daß dort leichter spioniert werden könnte.

In einem der Briefe, über den das Staatliche Preis- und Kartellamt in seinem Bericht 1957 Rechenschaft ablegte, hebt ein Fabrikant den Unterschied zwischen IKEA und anderen einzelnen Möbelhändlern hervor. IKEA bezahlte innerhalb von zehn Tagen mit einem Abzug von 3 Prozent Skonto. Andere bezahlten erst nach drei, vier Monaten, zogen aber das gleiche ab. Seine Lieferanten pfleglich zu behandeln ist eine von Kamprads Maximen, was oftmals eine Zusatzbelastung, aber ebenso auch eine Notwendigkeit war:

Ich persönlich habe die meisten Unannehmlichkeiten aus den Tagen des Boykotts verdrängt. Ich zog daraus folgenden Schluß: ***Es lohnt sich niemals, negativ zu agieren.*** *Das war der Fehler der Kollegen: Sie handelten negativ, sie versuchten zu bremsen und zu verbieten, anstatt in einen positiven Wettbewerb zu treten und uns Konstruktives entgegenzusetzen. Wer weiß, ob wir so erfolgreich gewesen wären, wenn sie uns einen ehrlichen Kampf geboten hätten, ob uns nicht etwas hätte aufhalten können. Der Boykott stärkte nur unseren Zusammenhalt. Es war eine Krise, die zum Auftrieb wurde, weil wir ständig neue Lösungen fanden.*

Tatsächlich sollte sich dieses Prinzip für IKEA auch draußen im Ausland bewähren. In mehreren Ländern, z.B. in Deutschland, reagierte die Branche negativ auf uns – und dank dessen blies uns auch dort der Wind in die Segel.

In die Geschäftsphilosophie von IKEA sollte die Sache als goldene Regel eingetragen werden: jedes Problem als eine Chance zu betrachten. Neue Probleme erzeugten neue schwindelerregende Möglichkeiten. Als wir nicht die gleichen Möbel wie andere kaufen konnten, waren wir gezwungen, eigene zu entwerfen. Dadurch entwickelten wir einen eigenen Stil, eine eigene Formwelt. Und aus der Notwendigkeit, die Lieferungen an unsere Kunden zu sichern, boten sich Möglichkeiten, die uns ihrerseits eine völlig neue Welt eröffneten. Diese Chance sollte Polen heißen.

So entstand das erste Möbelstück zur Selbstmontage

„Mensch, da reißen wir die Beine raus und legen sie darunter", sagte Gillis. Und es war verrückt, was für ein kleines und handliches Paket das wurde ...

Für die breite Masse ist IKEA ein Unternehmen, das Möbel verkauft, die man selbst nach Hause schaffen und dann, meist mit einem kleinen merkwürdigen Schlüssel, selbst zusammenbauen muß. Darüber sind Sketche entstanden, und Tausende von Diskussionen haben sich in maßlosen Beschreibungen vom Kampf mit der Montageanleitung und fehlenden Schrauben und diesem Schlüssel, der nicht richtig paßt, ergeben.

Heute sind selbstmontierbare Möbel auch bei erfolgreichen Konkurrenten eine Selbstverständlichkeit. Bei IKEA erhalten die Mitarbeiter nach 25jähriger Betriebszugehörigkeit einen goldenen Schlüssel, den sie sich ans Revers heften können. Wer zehn Jahre dabei ist, bekommt einen aus Silber.

Preise bereits in der Fabrik zu drücken hatte Ingvar Kamprad von seinem großen Vorbild Josef Anér gelernt – ein Meister, wenn es darum ging, die Nebensaisons der Hersteller auszunutzen und dadurch niedrige Preise herauszuschlagen. Ingvar Kamprad ging in die gleiche Richtung, aber noch einen Schritt weiter: Er begab sich mit selbst zu montierenden Möbeln direkt in die Fabrikation und änderte mal hier, mal dort, schnitt einen Zentimeter hier, einen Millimeter dort weg, alles mit dem Ziel, Material zu sparen und den Preis zu senken.

Trotzdem läßt sich vielleicht sagen, daß es Glücksfälle und zufällige Begegnungen mit begabten Mitarbeitern sowie die immer schärfere Konkurrenz waren, die zu dem anfangs so verrufenen selbstmontierbaren Möbelstück sowie zu dem produktionsgesteuerten Unternehmen führten, das heute der Stolz seines Gründers ist.

Hier folgt Ingvar Kamprads eigener Bericht, wie es dazu kam:

Als einer der ersten IKEA-Kataloge fertig werden sollte, gerieten wir zeitlich in Bedrängnis und brauchten jemanden, der schnell die Grundlage für die Druckunterlagen zeichnen konnte. So kam ich mit einem jungen Zeichner namens Gillis Lundgren von der Werbeagentur **Gumaelius** *in Malmö in Kontakt.*

Er wurde mit der Zeit einer unserer treuesten Mitarbeiter, auf längere Sicht ein naher Freund der Familie, der Gestalter unzähliger Produkte und vieler unserer Bestseller. Ohne ihn wären wir nie so schnell mit selbstmontierbaren Möbeln in Gang gekommen, mit dem, was sowohl Stempel, Ruf und grundlegende Idee von IKEA wurde.

Bei einer Zusammenkunft hielten wir uns bei **Elfs Möbeln** *auf, einer Fabrik in Älmhult, die uns belieferte. Sie hatten viel Platz, den wir als primitives Atelier nutzten, wenn wir Waren für unseren Katalog fotografieren wollten. Gillis kam angereist; er hatte eine gebrauchte Rolleiflex erstanden, stellte ein paar Lampen auf und baute mit mir zusammen das eine oder andere schlichte Einrichtungsbeispiel auf.*

Er war der Ansicht, daß wir Blumen in eine Vase stellen sollten. Also eilte ich in die Stadt und kaufte fünf Tulpen. Am nächsten Morgen hatte die erste schon schlappgemacht, am fünften Tag ließ auch die letzte den Kopf hängen. Gillis steckte einfach eine Nadel in den Stiel und richtete die Tulpen wieder auf, dann pinselte er als Vase eine Pilsnerflasche schwarz an – dieses Bild kam in den Katalog und sah ganz professionell aus.

Nachts verfaßte ich eigenhändig die Texte.

Es war die Zeit der Improvisation, der Freude und spontanen Einfälle. Wir probierten so lange, bis etwas klappte, strandeten, probierten wieder etwas und landeten ...

Es stellte sich heraus, daß Gillis sehr erfinderisch und geschickt war. Oft kamen wir gemeinsam auf Ideen, aber ich habe nie einen Strich zeichnen können. Gillis dagegen hatte eine unglaubliche Gabe, zu konkretisieren, was ich meinte. Manchmal ging es darum, ein Möbelstück so zu ändern, daß die Konkurrenten nicht behaupten konnten, der Hersteller verkaufe uns die gleichen Möbel wie den anderen. Der Boykott gegen uns wurde allmählich auf der ganzen

Linie spürbar. Wir und unsere Lieferanten wurden von den Konkurrenten regelrecht überbewacht. Gillis machte dann eine Skizze und sagte zu dem Fabrikanten: „Mach das doch einfach mal so, dann wird es ein neues Modell."

Das war der Auftakt zu unserem eigenen Möbeldesign, das sich im Grunde also aus der Notwendigkeit heraus entwickelte, den Boykott und die damit verbundenen Probleme zu umgehen. Es war ebenfalls Gillis, der einmal, nachdem wir einen Tisch fotografiert hatten und ihn hinterher verpacken wollten, etwas brummelte wie: „Mensch, wieviel Platz der braucht – wir reißen die Beine raus und legen sie unter die Tischplatte."

So hatten wir eines schönen Tages – es mag auch eines Nachts gewesen sein – unser erstes flaches Paket, und damit lösten wir eine Revolution aus. Bereits im Katalog von 1953 war **Max***, der erste selbstmontierbare Tisch zur Selbstmontage, dabei. Ihm folgten rasch andere Möbel. Schon 1956 war das Konzept in ein mehr oder weniger perfektes System umgesetzt.*

Vielleicht kann man sagen, daß die Umstände uns dazu gezwungen haben, denn wir hatten einen besorgniserregend hohen Prozentsatz an Transportschäden – gebrochene Tischbeine und dergleichen. Die Europäische Versicherungsgesellschaft begann schon zu murren. Je mehr zerlegbare Ware wir produzieren konnten, desto weniger Transportschäden gäbe es und desto weniger Frachtkosten.

Gillis begann mit mir zu den Fabriken zu reisen. Er sah, wie die Produkte hergestellt wurden, machte blitzschnell eine Skizze und fragte, ob sie es nicht einfach mal so machen könnten... So kamen nach und nach auch selbstmontierbare Bücherregale, Stühle, Betten usw. dabei heraus.

Schon 1949 im „Aufruf an das Landvolk" hatte ich über den teuren Zwischenhandel geschrieben und die Leute aufgefordert, über uns direkt ab Fabrik zu kaufen. Aber erst Mitte der 50er Jahre und in den Jahren, bevor das erste richtige Möbelhaus eröffnet wurde, waren wir soweit, daß wir Design, Funktion und Preis kombinieren konnten. Wir fuhren umher und kontrollierten unangemeldet die Qualität in den Fabriken, immer auf der Jagd nach Einsparungen, die sich dann auf den Endpreis auswirkten.

Was Ideen betrifft, hatte ich eine Art Erwachen, als ich die Mailand-Messe und einen großen Teppichlieferanten besuchte. Durch ihn bekam ich italienische Wohnungen zu sehen, Arbeiter- oder Angestelltenbehausungen. Was ich da sah, erstaunte mich – dunkle, schwere Möbel, eine einsame kleine Glühbirne über einem wuchtigen Eßtisch. Zwischen all der Eleganz auf der Messe und dem, was ich in den Wohnungen der vielen Menschen sah, tat sich ein Abgrund auf.

Es ist schwierig zu sagen, ab wann sich im Kopf eines Menschen eine Philosophie entwickelt. Ich möchte meine Hellsichtigkeit nicht übertreiben, aber ich glaube, daß mir Mailand einen Stoß in Richtung dessen gab, was der künftige Marketingchef Lennart Ekmark treffend als „demokratisches Design“ bezeichnete. Damit meinten wir eine Formgebung, die nicht nur ansehnlich, sondern von Anfang an maschinengerecht und somit billig zu produzieren war. Mit einem solchen Design und der Möglichkeit zur Selbstmontage würden wir bei der Herstellung sowie beim Transport viel Geld sparen und die Abgabepreise niedrig halten können.

Ich werde oft gefragt, wann die grundlegenden Konzepte in meinem Kopf entstanden. Es ist nicht leicht, das ehrlich einzukreisen. Aber ich kann nicht älter als 10–15 Jahre gewesen sein, als ich schon über den enormen Unterschied zwischen dem Fabrik- und dem Ladenpreis nachzudenken begann. Ich konnte beim Grossisten Olov Gustafsson japanische Bleistifte für einen halben Öre pro Stück kaufen, wenn ich en gros bestellte. Kaufte ich sie in Agunnaryd in Rickard Magnussons Gemischtwarenladen, kostete ein Stift in den 40er Jahren bereits zehn Öre.

Für einen Jungen war dieser Preisunterschied verwirrend.

Ich fragte mich später immer öfter: Wenn es möglich ist, billig herzustellen, warum verteuert sich dann alles, sobald es das Fabriktor passiert hat? Warum läuft in der letzten Phase zum Verkauf alles so umständlich, wenn man in der Produktion so rationell sein kann? Der Vertrieb stellte sich, je mehr ich in anderen Bereichen vorankam, als der kostenträchtigste Faktor heraus.

Nicht einmal ein solches Geschäftsgenie wie der Sohn Jönköpings, Josef Anér, mit seinen populären EPA-Läden hatte damals Kassen am Ausgang. Schuhgeschäfte waren, wie ich schon erwähnte, ausgezeichnete Beispiele für einen verschlafenen Vertrieb: Die Jagd auf glänzende Kartons mit Seidenpapier und Schuhen in verschiedenen Größen war ein einziges Auf und Ab auf Leitern entlang der Wand.

Eine gewaltige Menge Arbeit für einen ziemlich kleinen Laden. Das konnte nicht die rentabelste Verkaufsweise sein. Ich erinnere mich, daß ich auf der höheren Handelsschule in Göteborg in dieser Richtung dachte. Das hatte ich nicht von einem Betriebswirtschaftler – das waren meine eigenen Schlußfolgerungen.

Es fiel mir nicht schwer, die Vorteile selbstmontierbarer Möbel und die Überlegenheit flacher Pakete zu erkennen. Sie ersparten enorme Lager- und Frachtkosten, und auf lange Sicht sollten sie die Voraussetzung für den nächsten Schritt darstellen, nämlich daß der Kunde das Paket mit dem großen Möbelstück selbst nach Hause tragen konnte. Aber davon waren wir noch ziemlich weit entfernt.

Trotzdem waren wir mit der Grundidee nicht die ersten. Die Nordiska Kompaniet, ein großer Kaufhauskonzern in Schweden, hatte bereits eine Serie mit sogenannten „Knock-down"-Möbeln (Anm: Möbel zur Selbstmontage). Ihnen war nur nicht klar, welch kommerziellen Sprengstoff sie bargen. IKEA konnte – dank des Dialogs, den ich später mit innovativen Gestaltern führen konnte – als erstes die Idee programmatisch entwickeln.

Inspirator dieser Entwicklung war, neben Gillis, Erik Wörts, der als Designer in den NK-Einrichtungswerkstätten in Nyköping arbeitete. Zusammen mit Bengt Ruda, der ebenfalls für NK in Nyköping tätig war, wurden sie die größten etablierten Möbelkünstler von IKEA, die den konventionellen Herstellern und der Verachtung der Kollegen für den neuen Geschmack zu trotzen wagten und für uns zu arbeiten begannen.

Man darf nicht vergessen, daß es bis dahin unmöglich war, einen schwedischen Innenarchitekten dazu zu bewegen, etwas für IKEA zu tun. Das Mißtrauen gegen uns war groß, und Gillis war ja trotz allem eigentlich „nur" ein Werbezeichner, der in Älmhult auf „Abwege" geraten war und Nähnadeln in schlappe Tulpen zu stecken verstand ...

Gillis Lundgren, geboren 1929, der Mann, der eines Tages meinte, man könne „die Beine rausreißen“ und sie unter die Tischplatte legen, damit Geschichte machte und mit IKEAs vermutlich erstem flachen Paket eine Vertriebsrevolution in Gang brachte, ist ein Beispiel für Ingvar Kamprads Talent, energische und äußerst kreative Menschen an sich zu binden.

Kamprad und Lundgren trafen, 27 und 23 Jahre alt, zusammen, als das Layout für den Katalog 1953 mißlang. Einen ganzen Tag und eine ganze Nacht sprachen sie miteinander, der Unternehmer aus Elmtaryd legte seine Visionen dar, der jüngere Lundenser lauschte interessiert, denn es war, als ob er einem Bruder und einer Philosophie nach seinem Geschmack begegnet wäre.

Gillis selbst hatte den Blick und die Handfertigkeit vom Großvater mütterlicherseits, einem Schreiner, vom Großvater väterlicherseits, einem gelernten Schmied, und von der Mutter, die Schuhe entwarf. Einfachheit und Sparsamkeit gehörten zu seinem sozialen Hintergrund (der Vater war Automechaniker) – ganz typisch für viele IKEA-Pioniere. Er hatte auf dem Technikum in Malmö zeichnen gelernt und anschließend in Gumaelius' Werbeagentur in Malmö mit Layout, Fotografie, Copy und Drucksachen zu tun gehabt.

Die Begegnung mit Ingvar Kamprad in Landskrona 1952 war schicksalhaft. Er hat mindestens 400 Möbelstücke und andere Einrichtungsgegenstände für IKEA entworfen, und niemand weiß, ob er damit schon am Ende ist. In Schweden hat er keinen großen Namen (doch international ist er bekannt!), aber dafür kennt man das Namenszeichen hinter Bestsellern wie dem Bücherregal *Billy* und dem seinerzeit meistverkauften Sessel, *Mila.*

Gillis ist ein Meister in allem. Er war mehr als 15 Jahre lang für den Katalog verantwortlich, fotografierte, richtete Räume ein, überwachte den Druck, war zuweilen sowohl Presse- als auch Werbechef und eine Zeitlang verantwortlich für das gesamte Sortiment und dessen Produktionschef. Und dazu mit dem IKEA-Chef befreundet, Modell Pech und Schwefel. „Läuft es für mich gut, wird es auch dir gutgehen“, sagte Ingvar Kamprad, als er ihn per Handschlag einstellte, und bis heute hat Gillis Lundgren keinen anderen schriftlichen Vertrag. „Ich bin mehr als belohnt worden.“

Sie fuhren zu Hunderten von Fabriken. Allein in Tibro gab es 125 potentielle Lieferanten, die meisten Betriebe nicht größer als eine Garage. Hier und dort wurden sie buchstäblich rausgeschmissen – der Preis des Boykotts war hoch. Andere ließen sich von

IKEA inspirieren, und profitierten lange davon.

Gillis Lundgren wurde unfreiwillig der erste Vollzeit-Designer („Einer Verpackung oder einem Stuhl Form zu geben, ist in etwa dasselbe"), es waren jedoch andere Namen als seiner, die IKEAs Ruhm verbreiten sollten. Schon im Katalog des Jahres 1961 paradiert der schwedische Designer Bengt Ruda an der Spitze von vier fähigen dänischen Kollegen – Preben Fabricius, Erik Wörts, Arne Wahl Iversen und T. Herlev – im Bild. Der begabte Ruda hat wahre Zivilcourage an den Tag gelegt, indem er Nordiska Kompaniet verließ und sich im Wald von Småland in den Dienst von IKEA stellte.

Die säuerliche Kritik von Kollegen ließ nicht auf sich warten. Das üblichste war, IKEA des Plagiats zu beschuldigen – was noch heute geschieht, mitunter mit vollem Recht, wie 1977, als das Unternehmen ein sogenanntes Labyrinthspiel vorlegte, hergestellt in Fernost, zu Kamprads Bestürzung aber im großen und ganzen eine Kopie des berühmten Spiels von Brio.

Gillis Lundgren, mittlerweile seit einem Dutzend Jahren in der Schweiz ansässig, aber immer noch für IKEA tätig, meint, daß „jedes Design von anderem Design lernt" und daß in Bezug auf Möbel die Grenzen dessen, was mehr oder weniger kopiert ist, fließend seien: „Manchmal liegt eine neue Form in der Luft, und es kommen mehrere Designer gleichzeitig auf eine ähnliche Lösung, ohne von der Existenz des anderen zu wissen."

Hin und wieder führten die Plagiatsbeschuldigungen zu geschäftlichen Kontroversen, aber weder Gillis noch Kamprad können sich daran erinnern, daß auch nur ein Fall vor den Schranken des Gerichts endete. „Dux wollte uns wegen Verletzung des Urheberrechts für das 'einzigartige' Kopfende eines Bettes verklagen, das von Bruno Mathsson entworfen und von unserer Designerin Karin Mobring angeblich kopiert worden sei. Unser Jurist war sehr besorgt. Da fand ich ein ähnliches Kopfende, das ich selbst ein paar Jahre früher gezeichnet hatte, und die Sache endete damit, daß IKEA versprach, Dux nicht wegen Verletzung des Urheberrechts zu verklagen."

Schlimmer war es, als das Gespann Kamprad/Lundgren auf einer Kopenhagen-Messe ein Sofa sah, von dem Gillis sich rasch inspirieren ließ. Was IKEA dazu veranlaßte, sich letztlich von der Idee zurückzuziehen, war Kamprads lyrischer Text zum Möbelstück: „Wie ein frisches Lüftchen von der anderen Seite des Sunds ist das Sofa Helsingör..."

Da wurde IKEA gleichsam auf frischer Tat ertappt.

Polen, „die andere Frau“

„Wir saßen mit Ingvar zusammen und wollten abschließend die Bedingungen für mehr als zweihundert verschiedene Artikel festlegen, stritten um jede einzelne Öre und hatten, ohne uns zu einigen, bis elf Uhr nachts verhandelt und waren völlig erschöpft. Da sagte ich: „Jetzt unterbrechen wir und gehen in den studentischen Nachtklub!“ Dann tanzten wir bis in den frühen Morgen. Am Tag danach setzten wir die Verhandlungen fort, und am nächsten Abend waren wir uns einig. Uns ging es vor allem darum, so viele Devisen wie möglich zu bekommen. Ingvar aber darum, den Preis zu drücken ...“

Wenn Elmtaryd Agunnaryd das Unternehmen taufte, Älmhult es konfirmierte und Deutschland es im Sturm mit Europa traute, so steht Polen in der mythenreichen Geschichte von IKEA für eine Kombination aus „anderer Frau“, gleichwohl Abenteuer und Wendepunkt.

Ein kommunistisches Land, in den frühen 60er Jahren nach wirtschaftlichen und normalen mitmenschlichen Kontakten hungernd, nahm den schwedischen Kapitalisten mit offenen Armen auf und wurde zum Retter in der Not, als die Lieferungsverweigerungen seinem Unternehmen den Boden unter den Füßen wegzuziehen drohten.

Außerdem lernte Ingvar Kamprad die russische Sitte, Leuten auf die Wange zu küssen – nein, nicht Frauen, sondern Männern ...

Polen sollte jedoch noch mehr werden: eine Brücke hinaus in die Welt für das blau-gelbe Möbelhaus, das anderthalb Jahrzehnte später den Kontinent und nach und nach andere Erdteile erobern sollte. Die Möbelindustrie der sowjetischen Satellitenstaaten wurde zu einem technisch-kommerziellen Trainingsinstitut für eine Firma, die bis dato gut auf småländisch zurechtgekommen war, jetzt aber auf einmal die deutsche Grammatik hervorholen und erstaunt entdecken mußte, daß es ein Universum südlich von Osby gab, das noch bessere Geschäfte in Aussicht stellte und wo ebenfalls „Småländer" lebten, wenn auch ausländische.

Doch vor allem ging es bei IKEAs Vorstoß nach Polen um das Bedürfnis, auf zwei Stühlen zu sitzen, genauer gesagt, auf Sprossenstühlen sowohl aus Schweden als auch aus einem anderen Land.

Gegen Ende der 50er Jahre begann die Lieferblockade des regulären Möbelhandels gegen IKEA Wirkung zu zeigen. Einige wenige Hersteller waren stark genug, IKEA beizustehen – z. B. *Stockaryds Stuhlfabrik,* die einzige, die Sprossenstühle zu liefern wagte, damals gerade der Verkaufsschlager Nummer eins. IKEAs Ansprüche waren jedoch sowohl hinsichtlich der Qualität als auch der Quantität drastisch gestiegen. Kurz vor 1961 wurde der Bedarf an Sprossenstühlen mit 40.000 veranschlagt – die einheimische Produktion konnte jedoch nur die Hälfte bereitstellen. Schweden reichte nicht aus, IKEA brauchte neue Lieferanten.

Kamprad und sein gerade eingestellter Mitarbeiter im Möbeleinkauf, der erfahrene Wirtschaftsingenieur Ragnar Sterte, suchten händeringend nach neuen Möglichkeiten. Sie gingen zuerst nach Dänemark und bauten ein Lieferantennetz auf. 1960 las Ingvar Kamprad im *Svenska Dagbladet,* daß der polnische Außenhandelsminister, Trampczynski, der Stockholmer Handelskammer einen Besuch abstatten werde, um sich um eine Zusammenarbeit mit schwedischen Unternehmen zu bemühen. Kamprad schrieb dem hohen Herrn einen Brief, worin er sein Interesse bekundete. Monate später traf die Antwort ein: Willkommen in Polen!

So kam es, daß Kamprad, sein Vater Feodor (der Herr Papa war stets dabei!) und Ragnar Sterte am 21. Januar 1961 mit einer SAS Metropolitan in Warschau landeten. Ihr Besuch, der eine Woche dauerte, kann noch heute fast Schritt für Schritt in den Dokumenten, die die polnische Geheimpolizei anlegte, verfolgt werden.

Sie wurden von einer Delegation der Paged, der Exportorganisation der Möbelindustrie, empfangen. Der Delegation gehörte neben Stefan Zgorzelski auch der junge Marian Grabinski, Holztechniker, Architekt, Designer und künftiger Diplomat, an. Zwanzig Jahre später sollte er gleich nach dem Fall der Berliner Mauer von IKEA als Seniorberater und Vermittler in schwierigen Fällen in Warschau eingestellt werden. Mit nostalgischer Zärtlichkeit verwahrt er noch immer Faksimiles der Dokumente, aus denen hervorgeht, wie exakt die Staatsicherheitsbehörde des Regimes wußte, was die småländischen Gäste trieben, wie diese im Grand Hotel wohnten, wie sie deren Gespräche aufzeichnete und ihnen gegen die Regel ein Sondervisum ausstellte, mit dem sie die Hauptstadt verlassen und eine Möbelfabrik auf dem Land besuchen konnten.

Mit demselben Eifer legt Grabinski Statistiken vor, die die verblüffenden Konsequenzen von Kamprads Einfall, einen Brief zu schreiben, zeigen – von Januar 1961 an bis 1998 wuchs IKEAs Einkaufsvolumen von einer kläglichen Stuhlbestellung in Höhe von 69.000 Kronen auf eine Größenordnung von fast zwei Milliarden Kronen. Hinzu kamen Investitionen und örtliche Geschäftsbetriebe in Milliardenhöhe.

So wandelte sich Polen von einem Rettungsanker/Lieferanten zu einem Paradebeispiel dessen, was Ingvar Kamprad als die revolutionäre Sprengkraft „des guten Kapitalisten“ bezeichnet.

1961, mitten im Kalten Krieg, wurde ein Verhältnis eingeleitet, das manchmal einer Mischung aus Aufbruch und Versöhnung glich und das noch lange nicht zu Ende ist. Im Gegenteil: Es wird noch intensiviert werden. Heute macht man den Sprung von Polen als reinem Einkaufsland zum osteuropäischen Mustermarkt mit IKEA als Importeur, Einzelhändler, Produzent und Exporteur.

Schon der erste Besuch endete also mit einer Bestellung: Die drei Musketiere – wie Grabinski Kamprad, Feodor und den für die Polengeschäfte später so unentbehrlichen Sterte nannte – unterschrieben bereits am Tag nach ihrer Ankunft die erste Möbelbestellung. Danach fuhren sie mit der Bahn nach Posen, um sich die Fabrikation anzusehen. Heute hat IKEA genau dort ein großes Möbelhaus, ebenso wie zwei in Warschau und je eins in Danzig und Breslau. Sechs bis sieben einfache Herstellungsbetriebe sind durch ein hochentwickeltes Netz von 160 produktionsgesteuerten Lieferfirmen plus einer bedeutenden Einkaufsorganisation in Janki vor den Toren der Hauptstadt ersetzt worden. Dort gräbt sich das Einkaufszentrum von IKEA immer erfolgreicher in den Kartoffelacker.

Doch damals, als sich dies zutrug, ging es in erster Linie darum, ob Polen IKEA aus der Lieferklemme helfen und, bildlich gesprochen, das Unternehmen „auf zwei Stühlen" gleichzeitig sitzen lassen könnte. Kamprad erzählt heute:

Als wir im Büro der Paged die ersten miserablen Fotos ihrer Produkte sahen und die Preise erfuhren, und als sie darüber hinaus andeuteten, daß wir Warschau nicht einmal verlassen dürften, um die Hersteller zu besuchen, erklärte ich, daß wir definitiv nicht interessiert seien. Wir waren drauf und dran, unsere Koffer zu packen und nach Hause zu fahren.

Die Krise wurde behoben, und die Delegation fuhr in die Provinz, wo sie auf eine müde, schmutzige, planwirtschaftlich orientierte Volksrepublik traf. Jedoch hatten nicht einmal zentral gesteuerte kommunistische Bürokraten das traditionelle Gespür der Polen für Möbel und Holz vernichten können. Und die Preise! Die Preise waren superniedrig. „Ich bezahlte selten mehr als 50 Prozent der entsprechenden Herstellungskosten in Schweden", sagt der Ruheständler Ragnar Sterte und holt mit demselben Respekt, als handele es sich um eine Schriftrolle vom Toten Meer, sein abgegriffenes damaliges Einkaufsjournal hervor.

Für die Polen hatte bis dahin nur Quantität gezählt, die Russen nahmen alles in Beschlag; der Hunger Moskaus schien trotz Tausender von Bahnladungen unstillbar zu sein. Qualität – Ragnar Stertes Steckenpferd – war ein im Prinzip unbekannter Begriff, und es dauerte lange, bis der Verbraucherschutzgedanke polnische Wurzeln schlug. Kamprad fährt fort:

In der ersten Zeit betrieben wir gezielten Schmuggel. Wir führten illegal Werkzeug wie z.B. Feilen, Maschinenreserveteile und sogar Kohlepapier für uralte Schreibmaschinen ein – die armen Kontoristen mußten dort eine Rechnung zwölfmal schreiben, weil sie keine Kopien machen konnten.

Wir kauften Nasen- und Mundschutzvorrichtungen, wenn wir sahen, daß die Luftverschmutzung allzu stark war, wir demontierten in einem Betrieb in Jönköping eine ganze Anzahl gebrauchter Maschinen und installierten sie statt dessen in Polen.

Wir arbeiteten jenseits aller Bürokratie, getrieben von einer Mischung aus Profitgier, Mitgefühl und einer schnell entstandenen Sympathie für die polnischen Freunde, so effektiv wie die Sida, die schwedische Internationale Entwicklungsbehörde, nur eben auf privater Ebene. Langsam und mit wiederholten Rückschlägen halfen wir, dort eine moderne Möbelindustrie aufzubauen.

Schon die schlechte Infrastruktur verursachte enorme Schwierigkeiten. Es konnte einen Tag dauern, bis man ein Telefonat aus Warschau zustande brachte. Es gab keine normalen Nachrichtenblätter – aber dafür morgens, mittags und abends reichlich Wodka. Das Holz, das gelegentlich noch Schußschäden aus dem Krieg aufwies, machte Probleme – die Kugeln steckten in den Baumstämmen fest und bewirkten beim Kontakt mit Säge und Hobel Katastrophen. Aber es gab reichlich Eichen, was in Schweden zu einem Verkaufsanstieg führte, genau wie etwas später die helle Kiefernholzwelle, die jedoch mit Lieferungen aus der Tschechoslowakei begann.

In den Fabriken ging es manchmal seltsam zu: Mitten in der Fließbandproduktion wechselte man zu purem Handwerk. Den Polen fehlten die Mittel, den Schritt zur vollen Modernisierung zu vollziehen. Und doch – in diesem Milieu wurden einige der größten Verkaufsschlager von IKEA produziert.

Der Geschäftsführer von *Wielkopskie Fabryki Mebli,* Jerzy Pawlak, zeigt mit offenkundigem Stolz die *Orrefors*-Vase, die er von IKEA bekam, als die Wronki-Fabrik die Millionengrenze von *Tore*-Schubladenelementen überschritten hatte (das ist aber nur die Hälfte dessen, was unter dem Namen *Tore,* der ja ständig in neuer Gestalt auftaucht, produziert wurde). Aus Polen sind auch zwei Millionen *Billy*-Regale und drei Millionen *Ivar*-Regale geliefert worden sowie wagenweise *Ingo*-Tische – noch heute werden mit dem Sofa *Klippan* (und anderen) pausenlos Rekorde aufgestellt. Die Liste läßt sich beliebig verlängern; unzählige schwedische Wohnungen sind auf diese Weise mit polnischen Möbeln ausgestattet, ohne daß die Inhaber es wissen.

Der Stuhl *Ögla* wurde aus gebogenem Buchenholz bei *Fameg* hergestellt, der bald hundertjährigen legendären Thonet-Fabrik in Radomsko. Hierher war die erste Bestellung gegangen, *Ögla* sollte in einer Million Exemplaren hergestellt werden, ehe Kunststoff die Oberhand gewann. Aber es ist noch heute ein faszinierendes, fast vorindustrielles Erlebnis, die Produktion dort zu verfolgen. In der heruntergekommenen Werkstatt mit heißen Öfen, in denen das Buchenholz erhitzt wird, biegen starke Männer in klassischer Manier allein mit Muskelkraft den runden Stab zu Armlehnen und Stuhlrücken.

Gleich daneben befinden sich hypermoderne Anlagen, die täglich 5.000 Stühle produzieren, einen großen Teil davon für IKEA. Ausgerechnet *Ögla* sollte nur vier Jahre nach Beginn der polnischen Zusammenarbeit in einem berühmten Testbericht der Zeitschrift *Allt i Hemmet* zum Sinnbild von IKEA-Qualität zum Niedrigpreis werden. *Ögla* erwies sich als ebenso guter Stuhl wie derjenige, den die Leute für viel Geld im „ersten Haus am Platz" – um Leon Nordins Ausdruck in einer viel beachteten Anzeigenserie zu verwenden – kaufen konnten.

„Es gab zwei, drei offenkundige Vorteile, die IKEA von anderen ausländischen Interessenten unterschieden", hebt Sylvia Lukasik, noch heute an leitender Stelle in der mittlerweile privatisierten Paged (und diejenige, die sich noch an den Nachtklubbesuch in Posen erinnert) hervor. „Der erste war die Entscheidungsfreudigkeit, es waren immer One-man-decisions, und man konnte sich auf das, was beschlossen wurde, verlassen. Der andere war das wichtigste: die Langfristigkeit. Wir bekamen langfristige Verträge, wir konnten in aller Ruhe planen, und sehr schnell wurden wir oft so etwas wie der Hauptlieferant. In den 60er Jahren wurden einmal auf mehr als der Hälfte der Katalogseiten polnische Waren angeboten. (Heute besteht der Katalog in Polen zu einem Drittel aus polnischen Fabrikaten.)

Ein dritter Vorteil war, daß IKEA eine neue Technik einführte. Revolutionär war z.B. die Art der Oberflächenbehandlung des Holzes. Dazu interessierte man sich für die Produktion und bewies seine Meisterschaft im Einsparen von Kosten."

Später sollte sich der großzügige Export der Technik als riskant erweisen. IKEA hatte in einer Fabrik – in Mosina – an die 5,5 Millionen Dollar in Maschinen für die Herstellung von Bücherregalen investiert. Nach dem Fall der Berliner Mauer hielten die Polen bereits unterzeichnete Abkommen nicht ein. Die Maschinen wurden zwar irgendwann bezahlt, fortan aber für Fremdproduktionen eingesetzt. Die Schweden waren tief enttäuscht und gezwungen, gewaltige Preiserhöhungen zu akzeptieren.

Die Voraussetzung für die langfristigen Verträge waren natürlich niedrige Preise gewesen. Manche kurzsichtigen Funktionäre in der Paged begannen, IKEA-Produkte mit dem zu vergleichen, was Deutsche und andere bezahlten, und sie beschlossen, hart zu verhandeln. Eine Schlüsselfigur wurde Ende der 70er Jahre der höchste Möbelchef von Paged, Jan Bandurski, ein Mann ohne ausreichendes marktwirtschaftliches Gespür; die Verhandlungen zwischen ihm und Ingvar Kamprad scheiterten endgültig, als die Polen die Preise erneut erhöhten. IKEA zog sich zurück, orientierte sich mit der üblichen Flexibilität in andere Richtungen und wandte sich an nach wie vor preisgünstige osteuropäische Lieferanten. Zwischen 1978 und 1984 wurden die Beziehungen zu Polen immer schlechter. Der Bestellwert ging rapid in den Keller – innerhalb eines Jahres von 100 auf 50 Millionen Kronen; andere Länder übernahmen gern die Rolle des Großexporteurs an IKEA.

Einkäufer aus Deutschland und England kauften in sogenannten „Spottgeschäften" kleine Serien und waren bereit, für schnelle Lieferungen einen hohen Preis zu bezahlen. IKEA dagegen schloß seine Mehrjahresverträge über große Volumen zu Niedrigpreisen ab. Manchmal kaufte das Unternehmen ganze Lager von Artikeln auf, nur um seine Abmachungen zu halten.

Das Modell von IKEA paßte perfekt zur polnischen Planwirtschaft, bei der viel Zeit zur Umstellung gebraucht wurde und bei der neue Dimensionen Kopfzerbrechen bereiteten. Der Konflikt – letzten Endes ein Streit zwischen antiquierten Konzepten ohne Verbindung zur Realität und radikaler Marktwirtschaft – war drauf und dran, den gesamten geduldig aufgebauten Betrieb, in den IKEA seit 1961 investiert hatte, zu torpedieren. Erst als die tüchtige Barbara Wojciechowska die Leitung bei Paged übernahm, löste sich der Knoten, und die Beziehungen verbesserten sich.

Der Versöhnung folgte sogleich eine Feuerprobe. Als die Berliner Mauer fiel, waren in ganz Osteuropa die staatlich gestützten Industrien vom Kollaps bedroht. Über Nacht wurde der auf den Rubel bezogene Zloty nahezu wertlos, bevor er an den Dollar gebunden wurde. Die Preise in den Verträgen waren jedoch in alten Devisen festgelegt; polnische Hersteller riskierten Verluste von mindestens 40 Prozent, in der Praxis oft den Konkurs.

Sylvia Lukasik erinnert sich an die dramatische Situation und erzählt, wie eine Delegation, der sie angehörte, umgehend nach Lausanne (Ingvar Kamprad wohnte mittlerweile in der Schweiz) reiste und sich im Haus der Familie Kamprad mit Ingvar zusammensetzte, um einen Ausweg zu finden. „Für Ingvar galt, niemals von den

Preisen, die IKEA einmal in den Katalog gesetzt hatte, abzurücken, sie würden ein Jahr lang gelten, das war Teil der Geschäftsidee, der er heute noch treu ist. Uns ging es darum, eine totale Katastrophe zu verhindern.

Ich erinnere mich, daß Ingvar mitten in den Verhandlungen das Gespräch unterbrach, in die Küche ging und für ein feines Essen sorgte. Wir aßen, und dann faßte er seinen Entschluß:

IKEA übernahm Kostensteigerungen bis zu 40 Prozent, hielt aber dennoch die Katalogpreise. Wir fuhren nach Hause und hatten sowohl unsere Unternehmen als auch unser Gesicht und die Geschäftsbeziehung gerettet. Solcher Dinge wegen liebten wir ihn und IKEA."

Der Fall der Mauer löste bei IKEA eine wichtige Kursänderung aus, und das nicht nur in Polen.

Das Unternehmen hatte seit der Ankunft der „drei Musketiere" in Warschau die niedrigen Preise nicht nur der polnischen, sondern später auch die anderer osteuropäischen Länder geschickt ausgenutzt. Ein knappes Fünftel des Einkaufsbedarfs von IKEA wurde in kommunistischen Ländern befriedigt. Der Ankauf ging zentral vonstatten. Hatte man erst einmal gelernt, damit umzugehen, hatte das seine Vorteile.

Nun brach dieses System zusammen. Alles versank im Chaos. Alte Potentaten wurden vertrieben, Moskau kaufte nichts mehr, neue Chefs fühlten sich nicht mehr an alte Abmachungen gebunden, sondern nutzten die Maschinen, an deren Bereitstellung IKEA in hohem Maße beteiligt gewesen war, voll aus, aber nun zugunsten anderer Kunden.

Sowohl Kamprad als auch sein Nachfolger, der jetzige Konzernchef Anders Moberg, sahen ein, daß sich das Unternehmen eine neue Art von Sicherheit schaffen mußte, die sich nicht mit hohen Preisen kaufen ließ: Man konnte sich auf den bisherigen Produktionsapparat nicht mehr verlassen. Kurz gesagt: Man mußte sein eigener Hersteller werden.

Niemals, so hatte man stets gesagt, sollte IKEA an IKEA liefern – so lautete in den 60er Jahren die Lehre aus der Niederlage mit dem Fernsehapparat Prinsen. Dadurch, daß man mit verschiedenen Lieferanten verhandelte, hatte man sich all die Jahre über maximale Freiheit erhalten.

Der Zusammenbruch des Kommunismus machte dieses Prinzip zunichte.

So kam es, daß IKEA 1991 das småländische Unternehmen *Swedwood* mit Filialen in Kanada und Dänemark kaufte. „Das vermittelte uns eine wichtige Erkenntnis", kommentiert Anders Moberg. „Einkaufsgeschick kann nicht mit Produktionsgeschick verglichen werden, das sind zwei grundverschiedene Dinge. Auf dem ersten Gebiet waren wir ausgezeichnet, auf dem anderen unerfahren."

Mit *Swedwood* baute IKEA die Managementkompetenz auf, um einzukaufen und die Fertigung zu betreiben. Man stieg in Polen, später in der Slowakei, in Ungarn, in der Ukraine und in Rumänien ein, kaufte und modernisierte ehemals staatliche Unternehmen.

Bei der Niederschrift dieses Buches hat *Swedwood* bereits eine Milliarde Kronen investiert und setzt ein paar Milliarden um, binnen fünf Jahren vielleicht das Doppelte. Außerdem hat man Rohware nach Schweden schicken können und damit einen einheimischen Preisdruck erzeugt.

„Zuerst war es, als hätte man einen Fremdkörper in die Firma aufgenommen, jetzt, acht Jahre später, funktioniert alles. Wir können jetzt Synergieeffekte besser ausnutzen, kommen den Lieferanten noch näher, sehen uns selbst mit deren Augen, können Forderungen und Fragen stellen: Vielleicht können sie direkt an die Möbelhäuser liefern, vielleicht für die Lagerhaltung aufkommen? Entscheidungen in dieser Richtung können unsere Preise bis zu 20 Prozent senken."

Heute ist also die Bedeutung Polens für IKEA größer denn je. Seit 1990 sind dort fünf Möbelhäuser und weitere Einkaufsbüros eröffnet worden. Aber das wirklich Neue ist die Eigenproduktion unter der Regie der Tochterfirma *Swedwood.* Fünf Säge- und ein paar Möbelwerke sind in rascher Folge mit modernster Technik ausgestattet worden. Das Ziel ist, bei einer bestimmten Möbelherstellung technisch absolut an der Spitze zu liegen. Beispielsweise setzt man auf das sogenannte „board-på-ram" (BPR), eines von Kamprads persönlichen Steckenpferden und einst von Gillis Lundgren angeregt.

Schon vor zehn Jahren träumte Ingvar Kamprad in einem langen Brief an Håkan Eriksson, dem Produktionsverantwortlichen, davon, BPR zu „einem Riesenprojekt“ zu machen. Das Ziel war eine Musteranlage, die IKEA für lange Zeit eine hohe Lieferkapazität garantierte. Jetzt hat Ingvar Kamprad den Traum im Prinzip verwirklicht.

BPR läuft darauf hinaus, daß massives Holz durch Span- bzw. Hartfaserplatten ersetzt wird, die wie eine Art Sandwich-Element auf einen Rahmen aufgezogen werden. Ingvar Kamprad nennt dieses Phänomen „Dickwand“. Die meisten Innentüren in Schweden werden nach diesem Verfahren gebaut. Diese Methode spart viel Holz und Gewicht, vermittelt jedoch das Gefühl von Kompaktheit und Stärke. Es ist ein typischer IKEA-Erfolg geworden. Heute produzieren die Tochterfirmen *Lacktischfabriken Zbaszyb-Babimost* in Westpolen und *Lubava* im Nordosten mit dieser Technik pro Jahr anderthalb Millionen Tische in fröhlichen Farben und mit Birkenfurnier. Die Herstellung ist in weniger als einem Jahr stark verbessert worden. Der Verkauf von BPR-Produkten, zum großen Teil in Polen hergestellt, soll 1999 einen Umsatz von anderthalb Milliarden Kronen erreichen.

Swedwood hat in seine verschiedenen Fabriken in Polen bisher mehr als 250 Millionen Kronen investiert, die Zahl der Angestellten übersteigt 2.500 Leute. 98 Prozent der Produktion gehen in den Export. Zum industriellen Engagement gehört die weitere vertikale Integration – in Richtung Rohmaterial Holz, Wald und dessen Pflege.

So wurde Polen nicht nur „die andere Frau“ in IKEAs Leben – die Mutter wacht noch immer in Älmhult –, sondern auch ein zweites Zuhause. Hier fanden die Emigranten das småländische Naturell wieder, eine ähnliche Mentalität – die Einfachheit, Sparsamkeit und den Unternehmungsgeist. Der ehemalige polnische Handelsminister Andrzey Olechowsky weist darauf hin, daß unmittelbar nach der Loslösung von Rußland wie aus dem Nichts plötzlich zwei Millionen einheimische Kleinunternehmer da waren. Pfiffigkeit und Hartnäckigkeit vom Schlage Kamprads paßten zu einem Naturell, das während der kommunistischen Oberhoheit gelernt hatte, erfinderisch zu sein, um ständiger Unterdrückung auszuweichen.

IKEAs einfache, offene Führungsstruktur war für ein Volk, das sich an staatliche Hierarchien gewöhnt hatte, ein Traum. Junge, gut ausgebildete Akademiker fühlten sich von dem privaten Unternehmen angezogen. „Das ist ja gerade der Unterschied im Vergleich zu anderen fast militärisch geführten multinationalen Konzernen", sagt Olechowsky. „IKEA ist ein Beispiel für eine Führungsstruktur ohne Barrieren." Das Angebot des Möbelhauses entsprach dem aufgestauten Bedürfnis einer Bevölkerung, die es sich jahrzehntelang nicht leisten konnte, ihren Alltag zu verschönern, die extrem beengt lebte und deshalb IKEAs clevere Lösungen liebte. „In Polen einzusteigen war äußerst sinnvoll. Die Leute sind positiv, blicken optimistisch in die Zukunft. Sie haben das Finstere hinter sich gelassen", hebt Marian Grabinski hervor.

Dem sei ein weiterer strategischer Vorteil hinzugefügt: Polens fortdauernde Niedriglohnpolitik, die auf Arbeiterebene, verglichen mit Schweden, noch immer höchstens einem Viertel des Lohns entspricht.

Aber auch intern bot Polen Möglichkeiten, viele Ikeaner konnten nun „die Welt entdecken", wie der Pionier Ragnar Sterte sagt. Spannende Karrieren boten sich, wie z. B. für Håkan Eriksson, den Mann, der die polnische Produktion aufgebaut, die munteren Lacktische zum Erfolg geführt und IKEA beim BPR in Europa an die Spitze gebracht hat.

Vor dem Hintergrund all dessen ist es kaum verwunderlich, daß Polen nicht zuletzt für Ingvar Kamprad sowohl einen Wendepunkt als auch ein Abenteuer symbolisierte. Die Polen bescherten ihm einen Preisvorsprung, den der schwedische Möbelhandel niemals aufholen konnte. Der Versuch, den Emporkömmling aus Älmhult zu sabotieren, endete ironischerweise damit, daß er dadurch stärker wurde.

Heute ist Polen der natürliche Brückenkopf in Richtung Rußland. Im Herbst 1997 wurden im Aufsichtsrat etliche Investitionsentscheidungen getroffen, bei denen es um Milliarden von Kronen ging; langfristig zielt man darauf ab, auch den russischen Markt zu erobern. Unter diesen Umständen kommen auch die großen Waldgebiete, die IKEA samt Abholzungsrecht in Lettland gepachtet hat, der Firma sehr zupaß. In dem Projekt „Unkraut des Waldes" werden Experimente bezüglich Holzarten durchgeführt, die in der Möbelwelt bislang als nicht verwendbar erachtet werden und deshalb noch billig sind, wie z.B. Espe. Osteuropa ist IKEAs Versuchslabor geworden.

Ohne die Erfahrungen in Polen, ohne dessen Niedrigpreise, ohne die Gewohnheit, unter primitiven Umständen und in einem Land mit ganz anderem Denken zu arbeiten, hätte IKEA nicht mit so großer Treffsicherheit weiter in Europa einsteigen können.

Das funktionierte auch aus anderen Gründen.

Håkan Eriksson mit 20 Jahren Polenerfahrung: „Es wurde jungen Menschen Verantwortung übertragen, es war erlaubt, sowohl Phantasie als auch gesunden Menschenverstand einzusetzen, das Unternehmen blieb weiterhin der Ansicht: „Wenn nicht wir besser werden, wird es jemand anders. Also strengen wir uns an."

Und von Ingvar Kamprad wird stets die gleiche Frage gestellt, die die Entwicklung in Gang hält: „Wie können wir das ein bißchen billiger machen? Was meinst du? Das geht doch?"

So reifte die Leidenschaft zu aufrichtiger Liebe und gegenseitiger Dankbarkeit heran, und das in einer Zeit, in der Osteuropa sich anschickt, die Wachstumsregion des 21. Jahrhunderts zu werden.

Andererseits zwingt IKEA „durch lange, ein Jahr im voraus bestellte Serien zur Disziplin", so Adam Burda, der Geschäftsführer von *Polskie Mebli* in Posen. „Es gab Einheiten, die zeitweise 80 Prozent der Produktion an die Schweden lieferten." Die Industrie eines verarmten kommunistischen Landes bekam von einem „guten" Kapitalisten Starthilfe zu künftigem Wohlstand.

Nebenbei lernte Ingvar Kamprad, den Leuten so heiß die Wange zu küssen, wie der polnische Borschtsch serviert werden muß.

Die Zeitung, die IKEA salonfähig machte

„Ich liebe die Pressefreiheit – gäbe es sie nur nicht für die verdammten Zeitungen ...“

Winston Churchill

„Wir waren wahrscheinlich kindisch, aber wir sahen uns selbst als eine Art Ausbilder der Nation.“

Marianne Fredriksson

Als im Oktober 1997 bei einer Testfahrt für die Zeitschrift *Teknikens värld* der von Mercedes mit einer großen Kampagne eingeführte Kleinwagen umstürzte, ging das in die Automobilgeschichte ein.

Der Ruf des prestigeträchtigen Herstellers wurde schwer erschüttert. Mercedes stand seit jeher für Qualität und Sicherheit. Nach Versuchen, mit diversen Ausflüchten den Schaden für das Renommee des Unternehmens zu begrenzen, wurde der Verkauf gestoppt, der Wagen umgebaut. Es erforderte Milliarden, um Status, Ehre und Reputation zu retten.

Es ist nur schwer vorstellbar, daß IKEA eine ähnliche Pleite erleben könnte. Aber um die Wahrheit zu sagen, war es kurz davor. Als im umweltsensiblen Deutschland 1993 Berichte erschienen, daß die Bücherregale von IKEA Formaldehyd enthielten, das in den Wohnungen gefährliche Gase freisetzte, ging auch durch den Möbelriesen ein Beben. Blitzschnell reagierte man mit einem Maßnahmenpaket:

Der Verkauf des gesamten aktuellen Sortiments wurde gestoppt, die Kunden bekamen alles ersetzt, jegliche Herstellung mit Spanplatten, die den gefährlichen Stoff enthielten, wurde verboten. Nach kurzer Zeit war alles vergessen, und IKEA mußte so gut wie keine Umsatzeinbußen hinnehmen.

Ein ums andere Mal ist IKEA ähnlichen mehr oder weniger

ernsthaften Attacken ausgesetzt gewesen, bei denen es um die Möbelqualität, um Designdiebstähle oder um die vermeintliche Gefährlichkeit verkaufter Produkte ging. Der Geschäftsleitung ist es mit schnellen, sachlichen und direkten Maßnahmen stets gelungen, den Sensationen die Spitze zu nehmen. Bisher hat IKEA das Vertrauen der Verbraucher immer zurückerobert. So scheint es auch bei den im Herbst 1997 vielbeachteten Fernsehberichten über Kinderarbeit bei ostasiatischen Lieferanten von IKEA der Fall gewesen zu sein.

Dennoch besteht das Verhältnis von IKEA zu den Medien, wie bei allen engen Beziehungen, zu gleichen Teilen aus Seligkeit und Elend, gespickt mit einer gehörigen Portion gegenseitiger Ausnutzung. Die Medien brauchen IKEA als Beispiel eines guten Unternehmens und Kamprad als Mythos von einem, der mit leeren Händen begann und eine Welt eroberte. In ebenso hohem Maße braucht IKEA die Medien. IKEA ist zwar nicht – wie etwa börsennotierte Gesellschaften – zu erhöhter Publizität gezwungen, aber trotzdem sehr offen gegenüber den Medien. Tatsächlich sind nur wenige Unternehmen sowohl von der heimischen wie der ausländischen Presse derart durchleuchtet worden.

Lediglich die Wahrheit über den ökonomischen Kern der labyrinthischen Eigentumskonstruktion ist verborgen geblieben, bis Ingvar Kamprad selbst es anders wollte.

IKEA diente lange Zeit als Lieblingsobjekt für Reportagen über den (vermeintlich) armen Jungen, der sich sein eigenes Klondyke erschaffen hat. Deshalb führte der Versuch der Möbelbranche, IKEA in seiner Anfangszeit durch einen Lieferstopp der Industrie zu boykottieren, eher zu einer gesteigerten öffentlichen Sympathie, nach dem Motto: „Mach meinen Kumpel nicht an." Das Talent des Gründers, die Unternehmensdevise von Einfachheit und Ehrlichkeit zu verkörpern, den Kautabak hinter der Lippe, seine einfachen Eßgewohnheiten, sein notorischer Hang, auch als Milliardär in der Touristenklasse zu reisen, haben Jahr um Jahr dazu beigetragen, ihm eine Aura aus Legende und Erfolg, aber auch Anspruchslosigkeit und Menschlichkeit zu schaffen.

Zwei Episoden in der Geschichte von IKEA vermitteln uns deutlicher als alles andere ein Bild davon, wie die Medien die Geschichte eines Unternehmens positiv verändern beziehungsweise ruinieren können.

Im ersten Fall spielt die journalistische Pionierin einer kleinen Spezialzeitung die Hauptrolle, im anderen mißlang ein Frontalangriff der damals größten Zeitung des Nordens mit dem Ziel, kein gutes Haar an Ingvar Kamprad zu lassen. Wir wollen uns beide Geschichten ansehen – aber aus unterschiedlicher zeitlicher Perspektive und in getrennten Kapiteln.

Im September 1964, just nachdem die schwedischen Haushalte per Post 800.000 IKEA-Kataloge erhalten hatten, veröffentlichte die Zeitschrift *Allt i Hemmet* (dt.: Alles für Zuhause) einen sensationellen Möbeltest. Darin wurde anhand eines leicht verständlichen Beispiels aufgedeckt, daß ein bei IKEA für 33 Kronen gekaufter Stuhl besser war als der im Prinzip gleiche, aber im feinen Möbelgeschäft zum fünffachen Preis (für 168 Kronen) erworbene Stuhl.

Die Dramatik hinter diesem aufsehenerregenden, 16 Seiten langen Bericht war fast ebenso groß wie dessen ökonomische und andere Nachwirkungen.

Allt i Hemmet, herausgegeben vom Wochenzeitungsimperium Bonniers, wurde damals von der – später – weithin bekannten und beliebten Publizistin und Autorin Marianne Fredriksson geleitet. Acht Jahre zuvor war sie mit erst 28 Jahren Chefredakteurin der Einrichtungszeitung geworden und hatte von Anfang an einem neuen, verbraucherorientierten und hypermodernen Journalismus den Weg gewiesen. Sie nahm oft als erste von neuen, noch verborgenden Trends Notiz, und das in einer frischen und aufmüpfigen, aber sachlichen Sprache, die nichts von der üblichen Speichelleckerei gegenüber den Produzenten hatte.

Die Zeitschrift band früh nicht nur selbstbewußte Journalisten an sich, sondern schärfte auch mittels einer Handvoll Berater – meist Architekten progressiver Ausrichtung – bewußt ihr Profil. Die Zeitschrift hatte lange gezögert, die Aufmerksamkeit auf IKEA zu lenken, das damals noch (trotz seines einen und zunehmend berühmten Möbelhauses in Älmhult) vor allem als Versandunternehmen fungierte (mit 60 Millionen Kronen Umsatz 1962).

Es galt damals als unbestritten, daß IKEA zwar das billigste Möbelversandunternehmen des Landes sei, aber trotz seines Erfolgs dieselbe zweifelhafte Qualität wie andere Versandhäuser vorweise.

Genau das hatte Ingvar Kamprad befürchtet, als er 1953 beschloß, auf ganz neue Art mit anderen Versandunternehmen zu konkurrieren. Kunden, die bei einer Versandfirma bestellen, sind darauf angewiesen, dem Katalogverfasser und dem fernen Verkäufer eines unbekannten Fabrikats zu vertrauen. Der Kunde kann die bestellte Ware nicht anfassen, nur hoffen, daß sie so ist, wie sie beschrieben wird. Das einzige, was er sehen kann, ist der Preis. Die Produktbeschreibung kann eine Floskel unter vielen sein.

Wie wir bereits gesehen haben, war sich Ingvar Kamprad dessen bewußt, daß nur eine im Verhältnis zum Preis anständige Qualität die Zukunft sichern würde. Ein schlechter Ruf hält sich lange. Während immer mehr Schweden nach Älmhult fuhren und von dort nicht selten zufrieden mit ihren vom vielen Hausrat schwer beladenen Volvo-Kombis zurückkehrten, wurden die IKEA-Möbel unter den gutbürgerlichen Geschmacksrichtern und Designern der Zeit mit stiller Verachtung quittirt. Hatte das Unternehmen einmal ein ansehnliches Möbelstück, hielt man die Idee dazu für kopiert oder schlichtweg für gestohlen.

Marianne Fredriksson, später auch die Erneuerin des „Journalismus der Neuen Innerlichkeit“ in Schweden, hörte denjenigen in der Redaktion, die an IKEA zweifelten, lange zu, schritt dann jedoch entschlossen zur Tat und fuhr selbst nach Älmhult. Sie wollte mit eigenen Augen sehen, wes Geistes Kind das Unternehmen war. An ihrer Seite hatte sie einen erfahrenen Designer und Architekten, dazu einen modesensiblen Fotografen.

Der Besuch wurde von einem nervösen Ingvar Kamprad und seiner Cousine I.-B. Bayley, damals fürs Sortiment zuständig, vom Büro aus verfolgt. Beide hatten die Chefredakteurin sofort erkannt. Tatsächlich setzte sie einen spannenden Prozeß in Gang, ein Meisterwerk des handfesten Verbraucherjournalismus.

Allt i Hemmet sollte nun ein für alle Mal entscheiden, ob IKEA in allen Kategorien, Form, Funktion und Preis eingeschlossen, für Qualität stand oder nicht. Eine Gruppe von Privatpersonen, alle anonym, durfte sich bei IKEA, aber auch bei einer Anzahl anderer Möbelgeschäfte/Fabrikanten des Landes je eine Anzahl gleichwertiger Möbel wie möglich (Sofa, Eßtisch, Lehnstuhl, Bücherregale, Lampen, Gardinen usw.) kaufen.

In der Döbelnsgatan in Stockholm wurde in einem kleinen Atelier teils nur mit IKEA-Möbeln, teils mit vier Möbelvarianten anderer Lieferanten ein Wohnzimmer eingerichtet und fotografiert – der Preisunterschied fiel gleich unglaublich groß aus: Zwischen dem Zimmer von IKEA (2.777 Kronen) und dem in der allerfeinsten Version mit entsprechenden Möbeln (8.645 Kronen) lagen 6.000 Kronen.

Doch die große Sensation war der Möbeltest, der in einem Testlabor von *Svenska Slöjdföreningen*, wie *Svensk Form* damals hieß, durchgeführt wurde. Dorthin schickte man – nach wie vor anonym – die Möbel, und die Tester unter Leitung zweier bekannter Architekten, die die spezielle Produktbeschreibung der Möbelbranche (heute Möbelfakta – ein erprobtes Testsystem der schwedischen Möbelbranche) unterstützten, ahnten nichts. Sie führten die Prüfung strikt unparteiisch durch.

Das Resultat schockierte sowohl die Branche als auch die Öffentlichkeit. Stück für Stück wiesen die Möbel von IKEA bessere Testergebnisse auf als die feinen, teuren und von bekannten Designern entworfenen Teile.

Am verblüffendsten war das Urteil über den in Polen gefertigten Buchenholzstuhl nach dem berühmten Thonet-Modell. Er stand damals wie heute unter dem Namen Ögla im IKEA-Katalog und kostete 33 Kronen, während der Preis des „guten Geschäfts" 168 Kronen betrug. Das billige Möbelstück, gefertigt in einer klassischen Fabrik, wenige Stunden südlich von Warschau, gewann den Test: Mach 55.000maligem Wippen in einer Maschine war der Buchenstuhl noch völlig intakt.

Möglicherweise hatten andere Episoden direkteren Einfluß auf den Erfolg von IKEA als der Bericht von *Allt i Hemmet.* Die Bedeutung dieser Begebenheit ist jedoch nicht zu unterschätzen: IKEA wurde salonfähig.

Von nun an wurde das verächtliche Gerede über miserable Qualität als unhaltbar entlarvt, da unabhängige Instanzen die Wahrheit aufzeigten. Das sollte IKEA jedoch in der Überzeugung bestärken, den Qualitätsprozeß weiterzuentwickeln. Fünf Jahre später wurde der Ingenieur Bo Wadling angestellt, der in Älmhult das Testlabor des Unternehmens aufbaute. Er schrieb sich als derjenige in die Annalen, der die Testmaschinen installierte, die in den Eingängen zu den Möbelhäuser aufgestellt wurden und die Stühle von IKEA vor den Augen der Kunden auf Haltbarkeit testete.

Schließlich blieb den Gegnern die letzte Festung, nämlich die Nörgelei über angeblich mittelmäßiges Design:

Allt i Hemmet nahm auch in dieser Frage den verbraucherfreundlichen Standpunkt ein, daß der Kunde selbst in der Lage sei, zu entscheiden, was schön sei – auch in Relation zum Preis. Dagegen scheute man sich nicht, IKEA wegen allerhand Kleinkram in den Katalogtexten (die lange Zeit von Kamprad persönlich verfaßt wurden) zu kritisieren.

Man wies auch darauf hin, daß es beim anonymen Design von IKEA gewiß Ähnlichkeiten mit anderen bekannten Möbelentwürfen gebe. Aber sei das eigentlich so aufsehenerregend? Die Zeitschrift stellte am Markt fest, daß unabhängig davon, ob man Designermöbel oder anonym gestaltete Produkte wähle, die Möbel etwa gleich viel kosteten. Ob nun Handwerk oder industrielle Fertigung, im feinen Möbelladen bewirke dies offensichtlich keinen großen Preisunterschied. Zwar würden über vielen Möbeln auf dem Markt „der gleiche Geist" schweben, aber von Plagiat könne nicht die Rede sein.

Die Branche reagierte zornig auf den „Streich" von *Allt i Hemmet.* Von der Möbelindustrie kam ein Brief, der zu vermelden wußte, daß die Zeitschrift mit ähnlichen Testberichten über einen Warensektor nach dem anderen (zuerst Möbel, dann Haushaltsgeräte, dann Küchenausstattungen usw.) fortfahren werde. Man rief deshalb zum Anzeigenboykott auf, die lästige Zeitschrift sollte bestraft werden, und Marianne Fredriksson fühlte den Boden unter ihrem ungetesteten Chefredakteurssessel – der ihr eines Tages den Großen Journalistenpreis einbringen sollte – am Sveavägen 53 schwanken.

Sie bekam jedoch unvermutet von zwei Seiten Rückenstärkung. Einmal vom Besitzer der Zeitschrift, dem Verleger Lukas Bonnier. Er ermunterte sie, standhaft zu bleiben, und ließ sich von der Drohung eines Anzeigenboykotts nicht aus der Ruhe bringen. Das Anzeigengeschäft werde vielleicht zeitweilig nach unten gehen, meinte er, aber dann wieder den Tritt wechseln. Er behielt recht. Zahlreiche Unternehmen und Branchen, die für den Begriff der freien Konkurrenz einzustehen wagten, boten im Laufe der Zeit an, der Zeitschrift Waren für objektive Tests zur Verfügung zu stellen.

Ihnen waren die Macht aufgeklärter Verbraucher bewußt; wer beweisen konnte, daß er auf der Seite der Kunden stand, würde dadurch seinen Absatz verstärken.

Der Todesstoß für den Versuch der Branche, teils *Allt i Hemmet*, teils IKEA mit Schmutz zu bewerfen, kam, als die Nachrichtensendung *Aktuellt* im schwedischen Fernsehen Marianne Fredriksson einlud. Es stellte sich heraus, daß sie an den vertraulichen Brief, den die Anzeigenkunden der Zeitschrift erhalten hatten, herangekommen war. Die Sympathien schwenkten plötzlich, wie später noch oft, zu IKEAs Gunsten um.

Bezüglich *Allt i Hemmet* konnte Marianne Fredriksson mit der Heimlichtuerei aufhören. Man brauchten keine Möbel mehr für heimliche Tests zu kaufen. Im Gegenteil: Die Zeitschrift wurde durch ihre Tests bekannt und erhöhte dadurch ihre Beliebtheit. Die Einnahmen aus Anzeigen wuchsen, und IKEA wurde über Nacht, ohne daß man selbst einen Finger hatte krumm machen oder viel Geld in PR hatte stecken müssen, als gesellschaftsfähig betrachtet. Bei IKEA einzukaufen, hatte nichts Anrüchiges mehr, man konnte damit sogar den Eindruck erwecken, nicht nur Sinn fürs Ökonomische, sondern gleichzeitig auch noch guten Geschmack zu haben.

„Per Albin baute den Wohlfahrtsstaat, Ingvar möblierte ihn, wie Gustaf Olivecrona einmal sagte, aber wir von Allt i Hemmet erklärten, wie die Möbel stehen sollten“, meint Marianne Fredriksson lachend.

Die Zeitschrift lag im selben Nachkriegstrend wie die Idee von IKEA. „Ein neues Einrichtungsdenken kam auf, das Einfache galt als schön, ehrliche Dinge sollten ehrliche Menschen prägen. Wir waren wahrscheinlich kindisch, aber wir sahen uns selbst als eine Art Ausbilder der Nation.“

Irgendwann begegnete Fredriksson auch Ingvar Kamprad. Das von *Allt i Hemmet* erkorene Musterhaus des Jahres sollte eingerichtet werden. Dazu nahm man ausschließlich Möbel von IKEA. Spät nachts bei den Aufnahmen, als die ganze Redaktion erschöpft war, tauchte Ingvar Kamprad mit einem Karton belegter Brote und Bier auf. Das war seine Art, für die Hilfe zu danken. Fredriksson erinnert sich jedoch, daß einige Mitarbeiter es aus Integritätsgründen ablehnten, sich zu bedienen.

Das Wunder von Kungens Kurva

„Jeder Mensch ist ein Schrank."
Lena Larsson

Die Geschichte von IKEA ist – wenn es so etwas gibt – auch die Bildungsgeschichte eines Geschäftsmannes. Sie lehrt uns, daß in Entstehungs- und Reifeprozessen eigentlich nichts als unwichtig aussortiert werden darf. Einen Unternehmer bilden Niederlagen wie Erfolge.

Bisweilen kann selbst eine Katastrophe ihr Gutes bewirken. IKEAs Weg zum Erfolg gleicht in erster Linie einem Prozeß, in dem jedes neue Stadium erst im nachhinein verständlich wird, aber nicht notwendigerweise so logisch ist, wie sich der Schmetterling aus der Larve und die Larve aus der Puppe entwickelt.

Als der Junge auf Elmtaryd seine erste Zündholzschachtel verkaufte, stellte er seine Geschäftstüchtigkeit unter Beweis. Zugleich erwachte auch die Lust, sein kaufmännisches Talent weiter auszubauen. Als sich das erste Möbelstück im Versand besser verkaufte als alle Kurzwaren, reagierte er: aus dem Gemischtwarenhändler wurde schrittweise ein Möbelhändler. Anfangs steckten dahinter nur kommerziellen Gründe, noch fehlte ihm die Vision, die ihn vom reinen Unternehmer unterschied. Als die sinkenden Preise durch die Konkurrenz mit anderen Versandunternehmen die Qualität bedrohten und damit das Vertrauen der Allgemeinheit in die Firma auf dem Hof unterminierten, entstand die Einsicht in die Beziehung zwischen dem Preis und den Bedürfnissen der Menschen; so kam es zu dem Entschluß, in Lagerblads alter Schreinerei eine Ausstellung zu eröffnen. Bis zu dieser Entwicklung ist auf dem Weg zur Möblierung des Wohlfahrtsstaates alles genauso wichtig wie unwichtig.

Mißerfolg und Erfolg wechseln sich ab, Widerstände eröffnen Wege, die neue Erfolge beinhalten, aber auch neue Hindernisse.

Der Strom der Kunden nach Älmhult machte Mut und gab die Mittel an die Hand, im tiefsten Småland ein „unmögliches" Möbelhaus zu errichten. Der Erfolg bewirkte die massive Blockade der Konkurrenten, die IKEA zur Suche nach neuen Herstellern außer

Landes zwang; damit wurde praktisch der Weltenbürgerpaß ausgestellt, während zu Hause der Preisdruck weiter hinuntergeschraubt und der Erfolg auf dem Markt gefestigt wurden.

Ohne den beispiellosen Triumph hätte es das Geld nicht gegeben, das es ermöglichte, bei Kungens Kurva in Stockholm ein selbstfinanziertes Möbelhaus zu eröffnen, eine für die Zeit schwindelerregende Investition von 17 Millionen Kronen, für die keine einzige Öre geliehen wurde.

Das Haus wurde vom ersten Augenblick an zum Schlagzeilenwunder – vor allem in geschäftlicher und konzeptioneller Hinsicht. Es legte den Grund für das moderne IKEA, das bald die Welt erobern sollte. Nun, da die Firma zum Großunternehmen heranwuchs, holte man sich immer öfter gerade von Kungens Kurva Inspiration und Modelle.

Am 2. Mai 1964 bezog Hans Ax, ein ehemaliger Arbeitersohn, Baustoffvertreter und Brandexperte aus Södermalm, ein kleines Büro in einem Abbruchhaus in der Drottninggatan in Stockholm. Dazu auserwählt, der Chef des neuen Möbelhauses zu werden, und mit der unmittelbaren Verantwortung, Leute einzustellen und die Eröffnung im Detail zu planen, war er im Herbst zuvor von Kamprad angestellt worden. Das geschah nach einer chaotischen Zusammenkunft mitten im Gedränge des IKEA-Restaurants in Älmhult. Griebenwurst verzehrende Kunden ließen sich am selben Tisch nieder, während ein alter Freund von Kamprad aus Älmhult auftauchte und sich engagiert an der Diskussion über das Gehalt des neuen Mitarbeiters beteiligte.

Der Bau des ersten Möbelhauses in Älmhult mit seinen 7.000 Quadratmetern hatte 600.000 Kronen gekostet – Kungens Kurva mit seinen 45.800 Quadratmetern kostete 17 Millionen Kronen (heute mindestens das Zwölffache). Das architektonische Vorbild, das von IKEAs Hausarchitekten, dem Stadtbaurat in Ljungby und Alvesta, Claes Knutsson, adaptiert wurde, war das runde, mehrgeschossige Guggenheim-Museum in New York. Das Motiv war mehr praktischer Art: Viereckige Häuser – war Kamprad gesagt worden – seien mit ihren Ecken schwieriger zu nutzen, ein rundes Haus ermögliche eine optimale Präsentation der ausgestellten Gegenstände.

Das Budget der Neuinvestition war hoch: 35 Millionen Kronen

Jahresumsatz oder viermal soviel wie in Älmhult. Aber die Testnummer von *Allt i Hemmet* vom Herbst 1964, in der IKEA-Möbel sowohl hinsichtlich des Preises wie auch der Qualität in den höchsten Tönen gelobt worden waren, veranlaßte Hans Ax, das Budget auf 60 Millionen aufzustocken. Plötzlich war IKEA genau im Trend, die Zeitschrift hatte IKEA in einem mondäneren und mehr auf Prestige bedachten, „Stockholmer“ Kundenkreis als gutes Warenzeichen eingeführt.

Am 18. Juni 1965 wurde das Haus mit riesigen Menschenschlangen eingeweiht. An einem einzigen Tag stürmten fast 18.000 Kunden das Möbelhaus. Die Mitarbeiter in Älmhult mußten alles stehen und liegen lassen, in die Hauptstadt fahren und ihren bedrängten Kollegen beistehen. Das zeitraubende Ausfüllen von Bestellformularen führte in Kombination mit viel zu wenigen Kassen zum Tumult. Im Gedränge kamen manche Kunden nicht zum Bezahlen. Etliche nahmen einfach ihre Waren und gingen. Der Chef persönlich erwischte auf dem Parkplatz den Dieb eines Teppichs, ehe die Mercedestür zuschlug und die Polizei eintraf.

Das Ganze konnte man als „erfolgreiches Chaos“ verbuchen. Zum Kaufrausch trug auch bei, daß die Regierung beschlossen hatte, vom 1. Juli des Jahres an eine Umsatzsteuer einzuführen – zwar nur lächerliche drei Prozent, aber für Normalverbraucher wurde es ein Sport, wichtige Einkäufe vor dem D-Day zu erledigen. An den zwölf Tagen vor Inkrafttreten der Umsatzsteuer erzielte das Haus ein Verkaufsergebnis, das einem Jahresumsatz von 90 Millionen Kronen entsprach; als der Umsatz des ersten Jahres errechnet wurde, belief er sich genau auf das Doppelte des ursprünglich kalkulierten Ergebnisses von 70 Millionen Kronen.

Der Standort des Hauses bei Kungens Kurva war strategisch klug gewählt, das Ganze sollte die Melodie für kommende Jahrzehnte anstimmen. Ausgangspunkt – das „Kartoffelackerprinzip“ – war, ein preiswertes Grundstück in gehörigem Abstand von der City mit reichlich Parkplätzen und guten Zufahrtswegen zu kaufen. Skärholmen – der futuristische Vorort – sollte gerade auf der anderen Seite der E4 bei Kungens Kurva – ein Name, der noch nicht offiziell war, es aber werden sollte – gebaut werden; das Möbelhaus lag also wirklich auf dem Lande.

Dieser Umstand bestimmte zum Teil auch die Öffnungszeiten

von 11 bis 19 Uhr. Wenn der morgendliche Stoßverkehr nach Stockholm vorüber war, kam man leicht nach Kungens Kurva, und nach Büroschluß war das Haus noch immer geöffnet. Den vielen Teilzeitbeschäftigten paßte das ebenfalls gut; es entschieden sich reihenweise Hausfrauen, bei IKEA nach der Methode „eine Woche ganz, die nächste Woche frei" zu arbeiten.

Das Schild auf dem Dach (das fünf Jahre später Feuer fangen sollte) wies in die Zukunft. Zwischen dem dynamischen Hans Ax und Kamprads rechter Hand, dem buchhaltermäßigen Allan Cronvall, hatte es einen harten Kampf um den Namen des Unternehmens gegeben. Letzterer stritt für den Namen Möbel-IKEA, während Ax einfach nur IKEA haben wollte – um damit zu zeigen, daß das Unternehmen noch für vieles andere als nur Möbel stand. Der Konflikt endete damit, daß, wer auf der Autobahn Richtung Süden fuhr, auf dem Schild IKEA las, Autofahrer Richtung Norden dagegen lasen Möbel-IKEA.

Eine andere Geschichte ist es, daß es just dieses Schild war, das am 5. September 1970 durch einen elektrischen Defekt den Brand auslöste. Er verursachte den bis dahin größten Versicherungsschaden in der Geschichte Schwedens, fügt sich jedoch merkwürdigerweise organisch in das Wunder ein. Der Brand erwies sich als ein reinigenden Fegefeuer, in organisatorischer, kommerzieller, ideenmäßiger Hinsicht.

Einerseits lebte der rastlos kreative Hans Ax wieder auf, so daß er sich doch entschloß, im Unternehmen zu bleiben, andererseits brachte er Ingvar Kamprad dazu, nach den Erfahrungen der vergangenen fünf Jahre dem Ausbau und der Modernisierung des Möbelhauses zuzustimmen. Als im März 1971 das Haus nach dem Brand wiedereröffnet wurde, hatte man sich nämlich zu folgendem entschieden:

Selbstbedienung wurde nun das Verkaufsmodell von IKEA und ist es geblieben. Rationell aufgebaute Mitnahmelager, effektive und zahlreiche Kassen und eine sinkende Zahl an Verkäufen auf Bestellung bewirkten einen formidablen Schub in Richtung Rentabilität und Umsatz. Der Kunde übernahm den vielleicht schwierigsten Teil des Möbelkaufs: den Heimtransport und das Auspacken.

Die ersten Schritte zum Konzept „Der Kunde als Produktionspartner" waren damit also getan. In dem neu eröffneten Möbelhaus gab es im Erdgeschoß einen besonderen Markt, wo u.a. über den ebenfalls in Kampradschem Besitz befindlichen *Hemservice* (ein Unternehmen, das irgendwann aufgegeben wurde. Laut Hans Ax störte es mit seinem Angebot eher minderwertiger Waren das Profil von IKEA) sogenannte „weiße Waren" verkauft wurden.

Als Folge des Eröffnungstumults räumte Hans Ax schon bald eine Abteilung im Haus von Kungens Kurva für Kleinmöbel zum Mitnehmen frei. Als Kamprad sah, wie aufgrund der Umstände sein altes Versandkonzept verändert wurde, „vergoß er tatsächlich ein paar Tränen". Es war eine neue Epoche angebrochen, die langen Schlangen an den Ausgängen schadeten dem Ruf von IKEA. Später sollte es dann Kamprad selbst sein, der zur Entwicklung der Selbstbedienung antrieb.

Gewisse Dinge in Kungens Kurva wurden stilbildend.

Dazu gehörten nicht zuletzt die Spielecken für Kinder, die stets am Eingang liegen. Die berühmten bunten Plastikkugeln, in die Kinder so gern eintauchen, waren von Dekorateuren auf einer Messe in England entdeckt worden. Heute gehört das Kinderparadies zum festen Konzept. Franchisenehmer, die darauf verzichten wollen, müssen gewichtige Gründe haben und von Inter IKEA Systems in Delft eine Sondererlaubnis einholen.

Neu war auch das, was in Kungens Kurva den Namen *Accenten* bekam, ursprünglich aber *Design center* hieß und Kamprads Idee gewesen war. Dort wurden Geschenkartikel gehobener Qualität verkauft. Eine Abteilungsleiterin, Inga Lisa Lövén, entwickelte das Konzept und benannte es in *Accenten* um.

In Kungens Kurva wurde auch der Grund zu einer anderen IKEA-Spezialität gelegt: die småländische Hausmannskost im Restaurant, das im übrigen die Lizenz zum Weinausschank bekam. In Oslo hatte Ingvar Kamprad ein Kaufhaus entdeckt, das einen, wie es dort hieß, Wikingerschmaus anbot. Das wollte er sofort in Kungens Kurva ausprobieren. Aber was war ein Wikingerschmaus?

Was hatten die Wikinger eigentlich gegessen, und durfte man dazu Met servieren?

Und wie konnte man eine solche Idee „smålandifizieren"?

Hans Ax wandte sich an eine große Radio- und Fernsehberühmtheit jener Zeit, den populären Ethnografen und Volkskundler Mats Rehnberg. Er lehnte die Idee ab, lieferte aber eine eigene: warum nicht ein småländisches Gastmahl anbieten?

So wurde das klassische Menü, Griebenwurst mit warmem Kartoffelsalat, *köttbullar* mit Preiselbeeren sowie Apfelkuchen mit Vanillesoße als typische IKEA-Gerichte eingeführt. Heute sind *köttbullar*, die schwedischen Fleischbällchen, weltweit ein Verkaufsschlager: *Dafgård* in Västergötland (auch dies typischerweise ein Familienunternehmen) exportiert über IKEA Hunderte von Tonnen davon, und es gehen auch Berge von Preiselbeeren drauf. Und in England erlebt man im Augenblick gerade den Durchbruch der Griebenwurst. Für die Zukunft hat Ingvar Kamprad persönlich ein Geheimrezept des legendären Metzgers *Sandberg* in Liatorp gekauft.

Småländische Hausmannskost gibt es also auch in den ausländischen Möbelhäusern, dort hat man die Idee noch durch den *Sweden shop* außerhalb der Kassen ergänzt. Da kann man nun auf der ganzen Welt Knäckebrot aus Värmland, Lachs aus Blekinge, Kalles Kaviar aus Bohuslän, Pfefferkuchen aus Skåne, Käse aus Västerbotten, Multebeeren-Marmelade aus Jämtland und schwedischen Schnaps (zehn Sorten Branntwein) und die dazugehörigen schönen Schnapsgläsern kaufen.

Der Brand in Kungens Kurva war kein Segen, aber gleichwohl der Startschuß für Neues. Die Versicherungsgesellschaft *Trygg-Hansa* erstattete 23 Millionen Kronen, die zu einem ansehnlichen Teil auch den Einnahmeverlust deckten. Der Sonderverkauf nach dem Brand ein paar Wochen nach der Katastrophe führte zu einem Andrang von 8.000 Menschen. Manche warteten die ganze Nacht, einige zelteten, in einem Volvo Duett richtete jemand ein familiäres Krebsessen aus, zu dem der Chef des Möbelhauses, Ax, eingeladen wurde.

Am nächsten Tag waren die Staus auf der Autobahn kilometerlang, und das Möbelhaus wurde bei Preisen, die mindestens um 50 Prozent, zum Teil bis zu 90 Prozent reduziert waren (bei den *Accenten*-Artikeln verschob man das Komma ganz einfach um eine Stelle nach links), nach einem wilden Ansturm leergeräumt.

Im März des folgenden Jahres öffnete das umgebaute und renovierte Kungens Kurva. Das Möbelhaus ist noch heute das Flaggschiff der IKEA-Flotte. Von 70 Millionen Kronen Umsatz und 50 Angestellten ist es auf rund eine Milliarde Kronen Umsatz und 400

Angestellte angewachsen. Dort Chef zu werden ist fast ebenso gut, wie zum Dienst nach Älmhult beordert zu werden.

Fast, wie gesagt.

Die letzten Jahre mit der Clique

„Ich verlasse mich nicht auf Systeme, nicht die Spur. Das habe ich noch nie getan. Ich verlasse mich nicht auf etablierte Kreise, nicht auf Gruppen, Vereinigungen und Unternehmen. Ich verlasse mich nur auf einzelne Personen, denen ich zufällig traue. Manchmal falle ich gründlich herein, manchmal nicht."

Pehr G. Gyllenhammar, langjähriger Volvo-Vorstandsvorsitzender, in „Auch mit Gefühl"

Ein Unternehmensphilosoph schrieb einmal, daß keine Organisation mehr als zwölf Personen inklusive des Chefs umfassen sollte. „Denn schaut euch Jesus Christus und seine Jünger an", sagte er, „waren das nicht dreizehn, und zeigte es sich am Ende nicht, daß einer zuviel war?"

Über die Geschichte von IKEA in den Jahren 1953 bis 1973 könnte man sagen, daß sie die Zeit der kleinen Clique war, damals wurde der denkwürdige innerste Kreis von „Jüngern" rekrutiert. Anfangs waren es nie mehr, als man an den Fingern beider Hände abzählen kann.

Sie waren es auch, die am Anfang die ganze IKEA-Religion eingetrichtert bekommen sollten, direkt vom Meister persönlich, der immer nur höchstens ein Bücherregal weit entfernt war. Sie sollten nie vergessen, was sie von ihm gelernt hatten, sie sollten, wenn die Zeit gekommen wäre, buchstäblich und bildlich die halbe Welt der rechten Lehre gemäß möblieren.

Niemals ist eine derart abwesende Person so anwesend gewesen wie Ingvar Kamprad in dieser Zeit. Wenn man für den Begriff „management by walking around" ein Beispiel brauchte, hier war es. Ein Veteran wie Leif Sjöö – heute Pressechef von IKEA Älmhult und 1958 als Kundendienstler zur Firma gekommen – erinnert sich an keinen Tag, an dem der oberste Chef nicht da gewesen wäre oder von irgendwo in der Welt aus angerufen hätte: „Wie steht's? Was verkauft sich gut? Kann ich helfen? Wie geht es mit ...?" Seine täglichen Anrufe zu Hause beim Herrn Papa waren schon berühmt.

Die drei Musketiere, die nach Polen fuhren, hatten zwar einen neuen Kosmos aufgetan, und es waren in dieser Zeit auch Möbelhäuser in Stockholm, Sundsvall, Malmö und Göteborg errichtet worden, das Herz des Unternehmens aber war in diesen Jahren Älmhult.

Nach wie vor konnte Ingvar Kamprads bester Freund, ein Zahnarzt, vorbeikommen und sich in Kamprads Büro vor der Arbeit einen Morgenwhisky genehmigen; und draußen schritt der Aufsichtsratsvorsitzende Feodor durchs Möbelhaus und inspizierte einem Gutsherrn gleich die Besitztümer des Sohnes.

Das Großunternehmen war im Werden begriffen, doch der Stempel des Kleinunternehmens blieb weiterhin spürbar. Unter den Jüngern sollte sich erst später einer als zuviel herausstellen.

Torbjörn Ek, der Mann, der Hemglass zu einem Großunternehmen machte und Hexagon aufbaute, beschreibt in seinem Buch *Våga Växa Vinna* („Wagen, wachsen, gewinnen“), wie ein eben erst wachsendes Unternehmen gewissermaßen auf einer Treppe eine Anzahl kritischer Schritte ausführt, die jeweils mit Behutsamkeit getan werden müssen.

Schritt eins ist die Stufe des Einmannbetriebs, Schritt zwei führt die Firma bis zu fünf Angestellten, auf Stufe drei sind es zwischen sechs und 15 Mitarbeiter usw. bis hinauf zur Stufe des Großunternehmens mit bis zu 2.000 Angestellten in Schritt sechs, während der „siebte Himmel“ dann alles ist, was über dieser Zahl liegt.

1973 hatte IKEA die Zahl von 1.000 Angestellten erreicht, aber in der Praxis wurde es wie ein Stufe-2-3-Unternehmen geführt. Es herrschte die Atmosphäre einer Familie-auf-dem-Lande – sie wurde durch Feodors häufige Anwesenheit (er wurde ein wandernder Lagerspezialist!) und die Anstellung von Kamprads Cousine I.-B. Bayley als Sekretärin noch verstärkt. Letztere wurde Kamprads Wachhund, große Schwester und irgendwann Sortimentschefin.

„Wir hatten das Büro damals in einem roten Verschlag auf dem Dachboden im Obergeschoß. Ingvar saß drinnen und ich ohne Licht draußen im Dunkeln. Ich ließ niemanden vor, der nicht zuerst bei mir vorsprach.

Wir fingen früh an, manchmal gegen sechs Uhr. Kam jemand später, sagten wir: 'Aha, hast du die Abendzeitung gelesen?'

Die 'Direktion' – wenn es sie denn gab – bestand aus Ingvar, Allan Cronvall und mir, während Sven Gösta Hansson etwas außerhalb stand.

Wir machten zusammen die Kataloge – Ingvar schrieb, Gillis zeichnete, ich redigierte. In den ersten Katalogen gab es nur wenige Namen, aber dann beschloß Ingvar, allem Namen zu geben – er tat sich mit Zahlen schwer. Die Computerleute wollten Nummern haben, aber ich kämpfte um die Namen, die ich normalerweise zusammen mit dem Gestalter ersann. Die Sofagruppen sollten Städtenamen haben, Bücherregale bekamen männliche Namen, Vorhänge weibliche und Bettbezüge Namen von Brücken. Ein Sessel hieß *Stabil* – das war er wirklich. Das, was wir einmal benannt hatten, wurde nicht mehr geändert. *Aveny* und *Sultan* hießen schon immer so. Nur *Ingvar* durfte kein Produkt heißen.

Das Bücherregal *Billy* hatte trotzdem schon alle möglichen Namen, genau wie das, was jetzt *Ivar* heißt, auch schon *Bosse* oder *Ingo* genannt wurde. Kleine Schubkästen hießen immer *Moppe.* Einmal hatten wir eine Gardine namens *Morot* (Mohrrübe), sie war voller Moosglöckchen.

Letzten Endes bestimmte Ingvar alles, ersann die meisten Ideen, inspirierte, schimpfte, war böse oder klopfte uns abends auf die Schulter.

Wir hatten einen Sortimentsrat, Ingvar bekam das Protokoll und schickte es mit Anmerkungen zurück: gut, ausgezeichnet, unmöglich etc.“

Die Leute – außer der Cousine alles Männer –, die in Vertrauenspositionen an das Unternehmen gebunden waren, wurden von Kamprad persönlich ausgesucht. Sie konnten zunächst auf unterschiedlichste Weise in die Mangel genommen werden, ehe ihnen eine Anstellung gewährt wurde. Wir haben von Sven Göte Hansson gehört, der anderthalb Tage lang rund um die Uhr befragt wurde; Ragnar Sterte wurde bei der ersten Zusammenkunft einen ganzen Tag lang in einer Preisauszeichnungsübung an den Möbeln für den nächsten Katalog getestet; Gillis Lundgren, der Werbemann, Tausendsassa und werdende Designer, landete mehr oder weniger aus Versehen auf der Gehaltsliste – aber die Chemie stimmte jeweils.

Jan Aulin, der 1968 als der erste von Kamprads vielen Assistenten eingestellt wurde, erzählt, wie er praktisch den ganzen ersten

Monat über allein gelassen wurde, weil der Chef in Polen war. Er mußte sich selbst damit vertraut machen, wie das Möbelhaus funktionierte, dem Briefträger die Post an Ingvar Kamprad stibitzen, sich selbst in die Entscheidungsgruppen einführen – alles erschien sehr locker, unorganisiert, zufällig und ungeschriebenen Regeln gemäß.

Aulin durfte sein eigener Unternehmer werden, selbst einen Wirkungskreis aufbauen, und Ingvar Kamprad billigte es. So knallhart, wie er in seiner Forderung nach Befolgung des Konzepts von IKEA war, so schwach war er gegenüber den selbständigen „Querläufern" – die Kombination aus Eigenbrötler und Herdentier ist im Grunde die Summe von Kamprads eigenem Charakter als Unternehmer und Firmenbauer.

Er kann sich darin wiedererkennen.

In Wahrheit befand sich die Organisation in der Zeit kurz vor dem Sprung hinaus auf den europäischen Markt in mehrerlei Hinsicht auf Stufe eins der von Torbjörn Ek beschriebenen „Treppe". Mit Ingvar Kamprads eigenen Worten: „IKEA begann ja als Einmannbetrieb. Ich war es gewohnt, alle Entscheidungen zu treffen. Zu Hause konnten sich viele an der Diskussion beteiligen, aber letztendlich war ich es, der alles entscheiden mußte."

So hat IKEA de facto alle von Eks Stufen genommen, war aber paradoxerweise gleichzeitig auf allen stehengeblieben.

Ein entscheidender Augenblick im Reifeprozeß eines Unternehmens ist der Zeitpunkt, wenn der Gründer das Zahlungswesen, „die Kasse", einem anderen überlassen muß, weil er ansonsten seine Geschäfte blockieren würde. Das geschah, als Kamprad den strebsamen Betriebswirt Allan Cronvall anstellte, ein bürokratisches Talent aus Älmhult, aber fern von Kamprads Leutseligkeit, mit Intuition und Riecher fürs Geschäft. Er wurde so wichtig, daß Vater Feodor seinen Sohn, wenn er spazierengehen wollte, stichelte:

„Du hast doch Allan hoffentlich um Erlaubnis gebeten?"

Cronvall trat in der Wirtschaftspresse immer eigenwilliger hervor und vermittelte den Eindruck, IKEAs starker Mann zu sein, mit Ingvar Kamprad als Figur in der zweiten Reihe; es konnte passieren, daß er nicht einmal die Zeit zu haben glaubte, mit dem Gründer zu sprechen, der sich einen Termin geben lassen mußte. Er tat viel Gutes, indem er Routine und Systeme straffte, geriet jedoch mit den dynamischen Persönlichkeiten in Konflikt. Er wollte beispielsweise mit IKEA nicht aus Skandinavien hinaus. Schließlich enttäuschte er in einer mehr als zweifelhaften Grundstücksfrage Kamprads Vertrauen tief, und ihre Wege trennten sich auf schmerzliche Weise. Cronvall wurde mehr oder weniger während der Direktionssitzung entlassen.

Der größere Teil der alten Clique sollte ausdauernder sein.

Sie lebten alle nahe beieinander – in der Arbeit und außerhalb. Wie Kamprad es ausdrückt: „I.-B., Sven Göte, Leif, Lisa, Bruno, Gillis, Ragnar, Jan, Håkan – die Pioniere ... wir waren alle ... ich hätte beinahe gesagt ... ineinander verliebt ... Ich glaube, es war unsere glücklichste Zeit überhaupt."

Viele Jahre später wurde er von einem früheren Geschäftsfreund in der Schweiz besucht. Der Mann hatte auf einer Managementschule zu studieren begonnen und wollte ihn interviewen.

„Was ist für die Führung grundlegend?" fragte er. Da sagte ich: ‚Liebe', und er wurde ganz still, aber es war genau das, was ich meinte.

Man kann das ja banal finden. Es so sehen, daß Freundlichkeit immer gratis ist. Beim nächsten Schritt kannst du als Geschäftsmann sagen, daß, wenn du die Sympathie der Menschen nicht gewinnen kannst, ihnen auch nichts verkaufen kannst.

Leg diese Gefühlslatte dann an meine Funktion als Leiter dieser Gruppe, die ich zu einem Einsatz motivieren soll. Zu der Zeit, als wir wie eine kleine Familie in Älmhult arbeiteten, waren wir alle sozusagen ineinander „verliebt". Das hatte keine Spur mit Erotik zu tun. Wir hatten uns nur verdammt gern.

Schwieriger ist es, das Kommerzielle von den Gefühlen zu trennen. Nehmen wir die IKEA-Kinderwelt. Genau genommen ist die Absicht ja die, Geld zu verdienen, aber auf der anderen Seite: Gibt es etwas Wichtigeres, als sich ordentlich um die Kinder zu kümmern? Wenn wir gestreßten Eltern helfen, gute Lösungen zu finden, und dabei gleichzeitig etwas verdienen, was sollten wir dagegen haben?

Dem liegt aber ein echtes Gefühl der Fürsorge zugrunde.

Er liebte die Gemeinschaft dieser Männer und Frauen der ersten Stunde, er sagt aber selbst:

Wie nahe man Menschen auch zu stehen glaubt, es existiert ein Abstand. Ich saß und sitze in der zweifachen Bredouille, sowohl Macht als auch Geld zu haben. Mein Geschäftsführer hat es da schon leichter – er hat „nur“ Macht, aber auch auf dem Gipfel weht ein kalter Wind. Sicherlich sind viele meiner Mitarbeiter im Unternehmen bereit, mir in einer Notsituation zu helfen. Das ist erwiesen. Aber daß sie wagen würden, total offen zu sein und mich frei von der Leber weg zu kritisieren: Wie, zum Teufel, kannst du das machen?, das ist ein großer Schritt. In meiner Position habe ich eine Menge Dummheiten sagen können, ohne daß jemand reagiert hat. Das ist wohl der Fluch des Leitenden: Die Leute nehmen sich in acht. Auch wenn man sie auffordert, ihre Meinung zu sagen, ist die Auswahl selbst schon entscheidend. Sucht man sich Leute, von denen man etwas Bestimmtes erwartet, ist das nicht ganz ehrlich, nicht ganz objektiv.

Niemand von denen aus dem älteren Kader, die für dieses Buch interviewt wurden, ist der Ansicht, daß Geld sie gelockt habe. Das Gehalt war im Gegenteil oft mittelmäßig, besonders auf der Führungsebene. Ragnar Sterte erinnert sich dennoch daran, wie Ingvar Kamprad ihn in den 60er Jahren eines Tages bat, mit ihm eine Autotour in die Stadt zu machen, „falls du nichts anderes vorhast“. „Plötzlich hielt er an und zog eine Menge Scheine hervor, 33.300 Kronen. 'Ich habe privat in Norwegen ein gutes Geschäft gemacht', sagte er, 'es ist versteuert und in Ordnung. Ich möchte, daß du und Allan und Sven Göte je ein Drittel bekommt.'“

Geld war jedoch nie die Hauptsache, niemand fühlte sich ausgebeutet, aber „reich wurden wir nicht“.Viel später sollte eine jüngere Generation ausdrücken, was Anders Moberg empfand: „Wir, die wir uns bei IKEA bewarben, haben dies getan, weil das Unternehmen mit unserer Art, das Leben zu betrachten, übereinstimmt. Nicht an Status, feine Klamotten denken zu müssen ...“ Wie Jan Musiolik, der Polenchef, sagt: „Ich bin mit mir selbst mehr im reinen, seit ich bei IKEA bin.“

Ingvar Kamprad selbst spricht gern von den „Gemeinschaftsträgern“ des Unternehmens. Dabei sieht er nicht nur die erste Generation von Ikeanern vor sich, auch wenn sie den Ton angab:

Es geht um die Menschen, die selten ins Rampenlicht traten, aber mehr als ihre Pflicht taten – die extra noch einmal überprüften, ob die Tür auch abgeschlossen und ob das Licht gelöscht war, und dann noch einmal an der anderen Tür, für die sie gar nicht zuständig waren ...

Die Gemeinschaftsträger denken vorwärts – ich werde morgen vielleicht gebraucht, obwohl ich frei habe, ich gehe hin und gucke, ob ich womöglich ein paar Pakete packen kann ...

Keine Gesellschaft funktioniert ohne diese Art von Persönlichkeiten, und wir hatten sie frühzeitig und haben sie auf allen Ebenen, die Uneigennützigen, die dafür sorgen, daß die Dinge laufen... Mir fällt als Vorbild ein Herr Magnusson vom Wirtschaftsamt in Stockholm ein, wohin ich als junger Mann ging, um eine Importlizenz zu bekommen. Er war dort Pförtner und wußte genau, ob diejenigen, die in Zimmer 25 saßen, oder diejenigen in 32 die besseren waren, um die Angelegenheit unbürokratisch zu regeln...

So wurde IKEA eine „Unternehmensträgergesellschaft", ein moralisches Dienstleutecorps. „Freizeit und Arbeit wuchsen zusammen, samstags räumten wir das Büro, um ins Möbelhaus einzurücken. Das war unbezahlt, wurde jedoch als ein Muß empfunden", sagt Leif Sjöö. Oder mit Jan Aulins Worten: „Es kann auf der Welt kein Unternehmen geben, wo rund um die Uhr so viel übers Unternehmen geredet wurde; Nächte hindurch saßen wir in Hotelzimmern und diskutierten hin und her, planten, quatschten, brüteten Ideen aus, schliefen, tranken und quatschten wieder über IKEA."

„Ich lebte Tag und Nacht mit IKEA, das war mein Leben. Jetzt im Alter habe ich den Preis dafür zu bezahlen", sagt I.-B. Bayley, „aber das war es wert. Das wichtigste war, Spaß zu haben."

Die Gemeinschaftsträger gaben diese Kultur an neue Generationen weiter, verliehen der Duz-Reform Flügel, führten als ihre eigene Anti-Uniform die Krawattenlosigkeit ein, verbreiteten wie ein Virus Sparsamkeit und Einfachheit in den Hierarchien. Sie säten die Botschaft des demokratischen Designs unter den Lieferanten, huldigten dem Dogma des Respekts gegenüber Kunden wie Herstellern. Es sollten andere Zeiten kommen, in denen IKEA-Leute überheblich wurden und alten Fabrikanten beizubringen versuchten, wie sie es zu machen hätten.

Das war ein verhängnisvoller Fehler, der dem Gründer plötzlich bewußt wurde und der inzwischen berichtigt wurde.

Eines Abends, erinnert sich Ingvar Kamprad nostalgisch an diese vergangene Epoche, die nur von dem Gefühl in dem Film *Sista natten med gänget* (Die letzte Nacht mit der Clique), wie *American graffiti* in Schweden hieß, übertroffen werden kann: „Wenn wir die Hälfte der Pioniere nehmen und sie mit der Hälfte der neu Hinzugekommenen vereinen könnten, bekämen wir das absolut beste Team der Welt. Vielleicht tun wir zuwenig, um das zu bekommen."

In jeder Weihnachtsansprache huldigte Ingvar Kamprad seinen Pionieren, die stets auf denselben Plätzen an einem eigenen Tisch saßen. „Mit Hilfe unserer Geschichte bauen wir hinter dem Jetzt schon die Zukunft. Es ist nicht so, daß wir uns mit dem, was war, begnügen, die Dynamik muß bleiben, das Unternehmen muß ständig umgewandelt werden, mit frischen Zellen versehen werden, sonst stirbt es."

Sowohl das Unternehmen als auch dessen Gründer profitieren noch immer von den Wertungen der alten Clique. Kamprad sucht diese Ur-Ikeaner gern auf, um sich auf den aktuellen Stand bringen und sich erneut animieren zu lassen. Manchmal geht er mit ihnen auf Einkaufsreise. Mit dem Veteranen Lars Göran Pettersson (dem Geschäftsführer der Einkaufsgesellschaft in Älmhult, der mehrere Milliarden umsetzt) bereiste er 1991 eines Tages China, um einzukaufen. In Hongkong kam ihnen, als sie an einer Straßenkreuzung die cleveren Regenschirmverkäufer sahen, die im Platzregen den großen Reibach machten, ein Geistesblitz: IKEA würde Regenschirme verkaufen – wenn es regnet, zum Schleuderpreis, und wenn die Sonne scheint, doppelt so teuer!

In Kanton kaufen sie fröhlich zwei Container mit je 26.000 Regenschirmen. Bis heute wurden vom billigsten Regenschirm der Welt bereits 700.000 Exemplare verkauft, aber das Potential ist unerschöpflich, so viel, wie El Niño es nunmehr regnen läßt.

Zusammen mit einem Veteranen wie Lennart Molvin brütete Kamprad die Idee des Einkaufs- und Vorzugsklubs „Family" aus; später entwickelt er das Projekt mit Kenneth Wänman weiter, und Family wird im Imperium verbreitet. Von diesem Kader von Enthusiasten stammt die Forderung, daß Kamprad, ehe er Schweden verließe, die Glaubenssätze formulieren sollte, die dann im „Testament des Möbelhändlers“ (siehe Anhang) gesammelt wurden. Und zugleich ergab sich aus der Cliquen-Gemeinschaft die paradoxe Konsequenz:

Ebendieses Bewußtsein, daß seine Nähe zum „alten“ IKEA und dessen Stammbesetzung zu groß und zu emotional ist, bestärkte Ingvar Kamprad in seinem langsamen und unter Qualen reifenden Entschluß, zu emigrieren. Die Zeit der direkten, liebevollen Nähe war vorbei, nun kam die Zeit des mentalen Handauflegens und der Wanderlegende.

Die letzten unter den ersten in Älmhult sorgen dafür, daß sie weiterlebt.

Teil 4

Der Auswanderer:
seit 1973

Der Mann, der seinen Tod vorbereitete

„Du sollst Deine Auswanderung nicht bereuen. Du sollst Amerika lieben wie Deine junge Braut und Schweden wie Deine alte Mutter."

Aus Vilhelm Mobergs „Der letzte Brief nach Schweden"

In den frühen 70er Jahren begann sich Ingvar Kamprad Gedanken darüber zu machen, was nach seinem Fortgang geschehen würde. Das lag nicht nur an den verheerenden Erbschaftssteuern. Die Debatte über die Auswanderung des Unternehmens Tetra Pak als Folge des Generationswechsels in der Familie Rausing war noch ziemlich frisch und demonstrierte, daß für erfolgreiche Familienunternehmen, deren Erbe die nächste Generation antreten wollte, in Schweden kein Platz war. Die Politiker, Tage Erlander und Gunnar Sträng beispielsweise, kannten das Problem wohl - sie zeigten eine besorgte Miene oder zuckten einfach nur mit den Schultern.

Ein anderes und vielleicht gewichtigeres Problem für Ingvar Kamprad war, daß seine Söhne noch nicht einmal Teenager waren. Er hatte sich sehnlichst Kinder gewünscht, aber als dann in seiner zweiten Ehe letztendlich seine Söhne geboren wurden, ging er bereits mit großen Schritten auf die 50 zu.

Was würde passieren, wenn er das Zeitliche segnete, ehe sie erwachsen und ausgebildet wären?

Es gab noch andere Bedrohungen, z. B. feindliche Übernahmen. Ständig kamen neue, schöne, pastellfarbene Broschüren darüber, wie moderner Kapitalismus zu betreiben sei - schnelle Schnitte, Börsenkurse, Emissionen, auf die die Aktionäre sich einstellen sollten. Das erschreckte den småländischen Unternehmer; die Broschüren waren auf kurze Sicht angelegt und liefen der Strategie, enge, produktionsgebundene Zusammenhänge aufzubauen, genau zuwider.

Da war auch die wiederkehrende Frage künftigen Kapitalmangels. In dem professionellen Aufsichtsrat, den IKEA mit der Zeit bekam (während der Pionierzeit war der alte Feodor Vorsitzender gewesen), trieb beispielsweise Per Lindblad hart an und versuchte, von den Vorteilen eines Börsengangs zu überzeugen. Er warnte geradezu vor den Folgen, wenn man das nicht täte. Lindblad wurde lange Zeit auch von Jan Ekman unterstützt. Es stellte sich die Frage, ob die Expansion des Unternehmens nicht noch schneller gehen könne, als es der Fall war. Weshalb war IKEA z.B. nicht schon in Brasilien? Das Konzept würde doch auch dort passen, und über einen Börsengang wäre es leicht, Kapital zu besorgen.

Ingvar Kamprad hielt dagegen. Er fand, daß der Aufsichtsrat nur einseitig auf das blickte, worum sich die Kernfrage drehte. Teils, weil IKEA im Prinzip immer selbstfinanziert gewesen war - „Wer verschuldet ist, ist nicht frei" sollte ein schwedischer Ministerpräsident das 25 Jahre später im Reichstag ausdrücken - teils, weil ein Unternehmen in seinen Augen nicht nur eine Frage des Kapitals ist. Es besteht auch aus Menschen, Ideen, Kultur und Geschichte.

Wir wollen auch heute noch in unserem eigenen Rhythmus wachsen, so daß wir am Ball bleiben und nicht nur Neues entwickeln, sondern auch das, was wir bereits haben. Die Strategie von IKEA besteht schon seit langem darin, mindestens die Hälfte der Mittel darauf zu verwenden, das Existierende zu verbessern - und die andere Hälfte, um das vorzubereiten, was zur Zukunft gehört, wenn auch in einem etwas langsameren Rhythmus, als man es hätte tun können, wenn man unbegrenzt Geld gehabt hätte. IKEA kann nicht nur - wie ein Mitarbeiter es in einer Diskussion einmal scherzhaft ausdrückte - „an den Autobananen entlangfahren und geeignete Grundstücke finden, um darauf IKEA-Häuser zu errichten ..."

Es hat Perioden gegeben, in denen es Kamprad ein wenig paradox vorgekommen ist („Ich, der ich doch relativ progressiv bin"), derjenige zu sein, der „immer schön langsam" sagen mußte: Die Kultur, die Seele, den Familiengeist pflanzt man nicht in einen x-beliebigen Kartoffelacker.

Nach und nach ließ sich auch der Aufsichtsrat davon überzeugen - zum Teil zu Ingvar Kamprads leiser Verwunderung -, daß die Linie des Inhabers die angemessene sei. Heute haben sich alle zu der felsenfesten Überzeugung bekehrt, daß ein Börsengang IKEA auf lange Sicht mehr schaden als nützen würde. Die Gefahren eines Börsengangs liegen nicht zuletzt darin, daß man sich dadurch den Medien aussetzt; es werden Forderungen nach ständig steigenden Gewinnen und weiterer Expansion erhoben, ungeachtet der Konjunkturzyklen und Visionen. Außerdem - hebt Ingvar Kamprad gern hervor - ist die Börse eine teure Lösung. Börsengesellschaften teilen gern ein Drittel des Jahresgewinns an die Aktionäre aus, Geld, das aus den Unternehmen verschwindet und der Bildung von Reserven entgegenwirkt, etwas, was IKEA braucht, um, wie Ingvar Kamprad sagt, „große, kühne Entscheidungen zu treffen". Dennoch - wird heute betont - kann die Eigentümerin (d. h. die Stiftung) in der Börsenfrage zukünftig zu einer anderen Auffassung gelangen und entsprechend agieren.

Ingvar Kamprad pflegte auf seine drastische Art zu sagen, daß er schon „lange seinen Tod vorbereite". Tatsächlich begann er 1973, als das Unternehmen mit dem Möbelhaus in Spreitenbach erstmals aus Skandinavien hinausging, „IKEAs Leben danach" zu planen:

Ich fragte mich aus vielerlei Gründen: Was machen wir jetzt? Wie können wir IKEA in Zukunft behalten, ohne daß Erbschaftssteuern das Unternehmen ausbluten oder Erbstreitigkeiten zwischen den Söhnen es zerstören?

Wie können wir vermeiden, daß gierige Interessen das, was wir aufgebaut haben, leichtfertig aufs Spiel setzen und gleichzeitig eine Organisation beibehalten, die Dynamik entwickelt und schafft? Und wie soll eine Auswanderung vor sich gehen, die mich und die Meinen nicht auf ökonomisch vernichtende Weise persönlich trifft?

Infolge von Unkenntnis, Ungeschicklichkeit und Unverstand habe ich mir nicht von Anfang an die bestmöglichen Berater beschafft, deswegen dauerte es lange, auf die richtige Lösung zu kommen. Ich dachte, man könne einen schwedischen Feld-Wald-und-Wiesen-Anwalt nehmen und ihn um Hilfe bitten, dann wäre es gut. Statt dessen traten im Lauf der Zeit sowohl amerikanische wie englische, schweizerische, französische und holländische Juristen an. Das wurde entsetzlich teuer, und ich habe mich nie getraut, die angefallenen Kosten auszurechnen.

Ich strebte nicht nur ein langes Leben für IKEA an, sondern auch die Unabhängigkeit des Unternehmens von jedem einzelnen Land. Eine Art Glück im Unglück war die restriktive Haltung der schwe-

dischen Reichsbank. Diese zwang uns zu einer ausgeklügelten Überlebensstrategie. Erst nach langen Bemühungen durften wir 5 Millionen Kronen ausführen, als wir das erste nichtnordische Möbelhaus bauen wollten - das in Spreitenbach in der Nähe von Zürich in der Schweiz. Die sogenannte Höganäsklausel verlangte jedoch, daß wir eventuelle Gewinne nach Schweden zurückführten. Das war ein harter Brocken, weil wir viel mehr Geld brauchten, um überhaupt in Gang zu kommen.

Ein rettender Engel wurde die **Nordfinanzbank** *in Zürich, die damals zu einem Fünftel im Besitz unseres schwedischen Bankkontakts, der* **Handelsbanken** *war. Sie liehen uns, was wir brauchten, auf unser freundliches Gesicht hin und mit Hilfe des Handelsbankers Jan Ekman, der bei uns dann lange Zeit Aufsichtsratsmitglied sein sollte.*

Aber frage keiner, wie froh ich an dem Tag war, an dem ich die 5 Millionen Kronen, die wir aus Schweden bekommen hatten, zurückzahlen konnte - es war ja das Geld des schwedischen IKEA. Endlich waren wir frei.

Als die Familie und ich Schweden verließen, bekamen wir die Erlaubnis der Reichsbank, pro Familienmitglied 100 000 Kronen auszuführen. Diese halbe Million reichte, um in der Schweiz, wo Ausländer keine Immobilien besitzen dürfen, eine Stiftung und eine Menge Gesellschaften in verschiedenen Ländern mit unterschiedlichen Steuerregelungen zu gründen - von der Schweiz und Holland bis Panama, Luxemburg und den Niederländischen Antillen. Unsere vielen Anwälte hatten nicht selten fix und fertig eingetragene Gesellschaften auf Lager, so daß dieser Prozeß schnell vonstatten ging und auch nicht besonders teuer war. Von vielen Gesellschaften ist niemals Gebrauch gemacht worden.

Auf schwedischer Seite arbeitete eine Reihe tüchtiger Juristen daran, uns bei der Suche nach der optimalen Lösung zu helfen. Ich kann den Anwalt Ola Ellwyn nennen, der einige Jahrzehnte lang in unseren verschiedenen Aufsichtsräten saß. Da waren aber auch Leute wie Nils G. Hornhammar von **SE-Banken** *und Hans Källenius, lange Zeit bei uns angestellt und heute erfolgreicher Chef von* **Malmö Aviation.** *Er wie auch Ingemar Gustafsson, heute Chef von IKANO, haben erheblich dazu beigetragen, IKEA eine internationale Organisation zu geben, die lange Zeit bestehen kann.*

Zur Problematik von IKEAs Auswanderung gehörte eine komplizierte wirtschaftliche Situation für Ingvar Kamprad als Privatperson:

Ich kam bereits in den 50er Jahren in heftige Zahlungsschwierigkeiten. Die Vermögenssteuer war nach dem Krieg erheblich, sie wurde damals, anders als heute, auf das arbeitende Kapital des Unternehmens, das man besaß, erhoben. Um diese ziemlich harte Steuer, aber auch einen Teil meines Lebensunterhalts zu bestreiten, lieh ich mir ständig Geld von der Firma. Das ging damals. Ich genehmigte mir natürlich ein gewisses Gehalt, aber nicht sonderlich viel mehr, als meine nächsten, schwer schuftenden Mitarbeiter bekamen.

Einen Teil des geliehenen Geldes steckte ich in beträchtliche Kapitalversicherungen für mich und meine Kinder - sie waren dafür gedacht, die Steuerfolgen einer künftigen Erbteilung zu mildern und für meine Frau und mich das Alter zu sichern. So funktioniert das auch jetzt noch.

Ingvar Kamprad schuldete auf diese Weise dem Unternehmen eine ungeheure Menge Geld - schließlich 18 Millionen Kronen. Privat war er praktisch bankrott, um seine eigenen Worte zu benutzen, während IKEA ausgezeichnet lief; eine bizarre Situation. Ein Ausweg bestand darin, die Vermögenssteuer in gewissem Umfang auszugleichen - damals konnte man noch eine Firma, die einem gehörte, an eine andere Firma, die einem ebenfalls gehörte, verkaufen und sich mit Hilfe des Veräußerungsgewinns Bargeld verschaffen. Heute ist dies nur möglich, wenn dabei der Verkehrswert angesetzt wird.

Ingvar Kamprad beschloß, seine privatwirtschaftliche Situation auf diesem Wege zu bereinigen, und konnte sich dazu einer Anzahl Unternehmen, die er über IKEA hinaus in der Möbel- und Einrichtungsbranche besaß, bedienen. Der Gewinn, der dabei abfiel, half, die Schulden zu begleichen. Es wurde auch höchste Zeit.

Kapp-Ahl hatte man in der Presse mit schönen Mädchen und einem Butler, der ihm Drinks servierte, am Rand eines Swimmingpools tanzen sehen, während er erklärte, daß es wahrlich keine Kunst sei, in Schweden Kapitalist zu sein: Man müsse nur seine Firmen mit Gewinn an sich selbst verkaufen.

Danach wurde im Nu über eine neue Gesetzgebung gemunkelt.

Ich beschloß, schleunigst eine meiner Firmen für 25 Millionen Kronen abzustoßen, um mich dem Unternehmen gegenüber möglichst zu entschulden. Vor dem Jahreswechsel hatte mein damaliger stellvertretender Geschäftsführer Gebührenmarken im Wert von 20.000 Kronen besorgt, um die Sache abzuschließen. Er schaffte es aber nicht, das Ganze noch vor Weihnachten und auch nicht vor Neujahr über die Bühne zu bringen, sagte jedoch: „Vor dem 1. Januar gibt es ohnehin keine neuen Bestimmungen, ganz ruhig, ich nehme das Risiko auf mich."

Über diese Äußerung habe ich hinterher viel nachgedacht. Wenn Menschen behaupten, mit anderer Leute Geld das Risiko auf sich zu nehmen... Was meinen sie damit?

Es zeigte sich, daß Ingvar Kamprad Grund hatte, diese Frage zu stellen. Einige Zeit später drückte der Finanzminister Gunnar Sträng eine neue Gesetzgebung durch, die rückwirkend vom neuen Jahr an galt, und da stand Ingvar Kamprad nun mit all seinen Schulden, nutzlosen Gebührenmarken für 20.000 Kronen und einem stellvertretenden Geschäftsführer, der „das Risiko auf sich genommen" hatte.

„Was machst du nun?" fragte ich ihn. Er hatte nur einen roten Kopf und entschuldigte sich damit, daß „man das vom alten Schweden nicht angenommen habe ..."

Später - vor meiner Auswanderung nach Dänemark 1973 - tilgte ich meinen Kredit bei IKEA, indem ich schließlich einen meiner ausländischen Betriebe, die sich ganz in meinem Besitz befanden, verkaufte - damals besaß ich persönlich sowohl in Norwegen als auch in Dänemark die beiden IKEA-Häuser. Auf diese Weise wurde ich als Privatperson schuldenfrei und gab eine Steuererklärung über ein tatsächlich geringeres Privatvermögen von 8 Millionen Kronen ab (natürlich außer den IKEA-Aktien - damals 160 Millionen Kronen wert, aber die rechnete ich nicht als „meine", sie gehörten ja der Zukunft ...).

Den schwedischen Behörden gegenüber war Ingvar Kamprad entschlossen, die Karten über seine Pläne und Gründe, eventuell auszuwandern, mit der Konsequenz, auch Kapital ausführen zu müssen, offen auf den Tisch zu legen. Er fuhr nach Stockholm zum Zentralamt für Finanzwesen und legte, ohne etwas zu verbergen, die Sache dem obersten Chef vor, der freundlich zuhörte. „Ich verspreche", sagte der, „Gesetze und Verordnungen zu befolgen, aber keinen Sand ins Getriebe zu streuen."

Und dieses Versprechen hielt er. Der Mann war kein sturer Beamtentyp. Er sagte mir, es sei das erste Mal, daß ein Mensch in einer Situation wie der meinen zu ihm komme und ganz offen über alles mit ihm spreche.

Später traf ich auf seinen Kollegen Möller, den Steuerchef Dänemarks; ich trug mein Anliegen vor und sagte, daß ich gern alle privaten Steuern, die erhoben würden, bezahlen wolle, daß die Steuerprobleme meines Unternehmens jedoch auf eine gute Art gelöst werden müßten. Er nannte mir einige Alternativen und hieß mich in Dänemark willkommen, falls ich den Entschluß fassen sollte, einzuwandern.

Ich zog es also vor, während des ganzen Auswanderungsprozesses mit offenen Karten zu spielen, ohne die Absicht zu verbergen, die einerseits darin bestand, das Unternehmen soweit wie möglich zu schützen, und andererseits darin, es weder in Dänemark noch in Schweden zu einem künftigen Erbschaftssteuerobjekt werden zu lassen. Vor allem griff ich die Fragen der Nachfolge auf.

Meine dänischen Berater sagten, daß ich bei stillschweigend vorausgesetzten günstigen Steuerbedingungen am zweckmäßigsten vier Jahre in Dänemark bleiben könne. Danach werde man dänischer Steuerbürger. Während dieser vier Jahre hatten sowohl ich als auch das Unternehmen eine beträchtliche internationale Freiheit, ökonomisch für die Zukunft zu planen. In meiner ersten Einkommens- und Vermögenssteuererklärung, die ich den dänischen Behörden einreichte, gab ich an, welche Firmen ich in der Schweiz, in Holland, Luxemburg etc. besaß und welches Einkommen ich hatte, was nicht eben gering war. Ich wurde auf diese Weise mit einer hohen persönlichen Steuer belegt, aber ich beklagte mich nicht darüber, ebensowenig wie ich mich zu Hause in Schweden jemals darüber beklagt hatte. Es ging auch nicht um mich, sondern um das Unternehmen, das ich schützen wollte.

Damit wurde ich nach allen Regeln der Kunst Auslandsschwede, die Hauptverwaltung wurde zuerst im Hørsholm Shoppingcenter und ein paar Jahre später in einem alten Gasthaus mit anrüchiger Vergangenheit in Humlebæk, nur einen Steinwurf vom berühmten Louisianamuseum entfernt, eingerichtet; ich selbst ließ mich mit meiner Familie südlich davon in Vedbæk nieder.

Wir hielten uns strikt an den erteilten Rat und blieben vier Jahre in Dänemark, die Kinder besuchten die Schule, und es ging uns gut. Dann entstand eine neuerliche Diskussion darüber, inwieweit wir bleiben sollten. Die Berater wiesen darauf hin, daß es vor allem unter dem Erbschaftssteuergesichtspunkt besser sei, ein anderes Land zu wählen. Sie schlugen England und als Alternative die Schweiz und etliche andere Länder vor.

Dann begannen viele schwierige, komplizierte und nicht zuletzt teure Untersuchungen. Die Anwälte arrangierten eine zweitägige Konferenz in Amsterdam - sie reisten aus der Schweiz, aus Dänemark, Schweden, Frankreich und England an, und alle schickten hinterher Rechungen, die nicht von dieser Welt waren.

Es endete mit der glasklaren Empfehlung, in Holland eine Stiftung zu gründen. Vorher hatte man Dänemark, das hinsichtlich günstiger Bedingungen für die Gründung solcher Stiftungen, wie IKEA sie anstrebte, im Norden trotz allem die Nummer eins ist, abgelehnt. Die dänische Gesetzgebung wurde doch für ein bißchen „windig" gehalten - dort ist sozusagen ein bißchen zuviel möglich.

Die älteste und stabilste Stiftungsgesetzgebung gibt es in Holland. Ich machte klar, daß ich für mein Teil eine seriöse Stifungsform haben wolle, weil es nicht meine Absicht sei, mich der Steuer zu entziehen, sondern das wachsende Unternehmen vor künftigen Überrumpelungsaktionen sowohl seitens der Familie als auch aus anderer Richtung zu schützen.

Zusammengefaßt - meint Ingvar Kamprad - waren die primäre Triebkraft, Schweden zu verlassen, dennoch nicht die haarsträubenden Steuern, sondern vielmehr, daß es dem Gründer unmöglich war, in Älmhult zu operieren. „Früher oder später würde ich riskieren, zu einem Störfaktor des Unternehmens zu werden."

Dazu kamen die gewichtigen fiskalischen Aspekte, nicht zuletzt Kamprads persönliche finanzielle Situation. Dies führte zu dem, was von einem der Söhne als „Papa gab das Unternehmen weg" im Gedächtnis behalten wurde, nämlich zur Gründung der holländischen Stiftung *The Stichting INGKA Foundation.* Diese Stiftung übernahm nach einer komplizierten Prozedur das Eigentum, doch Ingvar Kamprad behielt einen Sitz im Vorstand und damit exekutive Macht. Auf die Idee zu dieser Lösung, die sukzessive in den 70er Jahren in Kraft trat, kam ein holländischer Anwalt. Er war im Vorstand einer bekannten holländischen Stiftung und erzählte davon, welch lange Tradition Handelsgesellschaften und Stiftungen in Holland hätten und wie diese eine Art Garantie gegen umstürzlerische Veränderungen in einer ungewissen Zukunft böten.

Als er auswanderte, hatte Ingvar Kamprad eine Stiftung in der Schweiz gründen können, weil Ausländer dort keine Immobilien besitzen dürfen, unabhängig davon, ob sie nun „natürliche" oder „juristische" Personen sind. Auf die Gestaltung der Besitzkonstruktion bei IKEA kommen wir noch zurück.

Daß Ingvar Kamprad sich dann mit seiner Familie in der Schweiz niederlassen sollte, hat einen anderen Hintergrund. Am einfachsten wäre es gewesen - so wie viele Schweden - seine Zelte in England aufzuschlagen.

Zu einem gewissen anderen Land sagte ich nein, nachdem ich dahintergekommen war, daß dessen Gesetzgebung äußerst fragwürdig war. Eine Voraussetzung dafür, daß alles gut läuft, ist dabei, daß man in seinen Steuererklärungen unehrlich ist. Man hält es also für völlig selbstverständlich, ganz andere Beträge als die tatsächlichen anzugeben. Die Behörden gehen ihrerseits ebenfalls davon aus und reagieren damit, alle Steuerpflichtigen als Lügner zu betrachten. So belegen sie sie nach einer Schätzung mit einer Steuer, die vielleicht fünfmal so hoch ist wie die Miete oder zehnmal soviel, wie der Dienstwagen wert ist und dergleichen. Man weiß nie, wo so etwas endet.

Das erleichterte mir den Entschluß: Ich hatte keine Lust, in einem Land zu leben, wo ich mich als potentieller Halbkrimineller fühlen müßte, ohne es zu sein.

So fiel nach langwierigen Prüfungen der Alternativen die Wahl auf die französische Schweiz. Vor allem auch deshalb, weil die Kinder dort Französisch lernten (sie sind heute alle viersprachig), und nicht zuletzt, weil Margaretha Kamprad die Sprache bereits gut beherrschte (Ingvar Kamprad selbst tut sich leichter mit Deutsch als mit Englisch, vielleicht ein Rest Nähe zu Großmutter Franziska. Inzwischen wurstelt er sich auch mit Smålands-Französisch durch).

Zur Auswanderung bedarf es der definitiven Absicht, sein Vaterland wirklich zu verlassen, aber in Gedanken setzten wir auf eine erste Fünfjahresperiode. Die Steuerberater wußten zu berichten, daß ich nur ein Einkommen in Höhe meines Lebensunterhalts angeben müßte, aber das paßte mir nicht. Ich möchte nicht in der Schweiz durch die Straßen laufen und mich wie ein Parasit oder Steuerhinterzieher fühlen, ich möchte in meinem neuen Heimatland mein Teil tragen.

Also gab ich mein gesamtes damaliges Jahreseinkommen von 500.000 Schweizer Franken an, auf das ich ca. 40 Prozent Steuern zahlen mußte, und die Berater/Anwälte fragten mich, ob ich noch ganz bei Trost sei: „Wozu eine solche Wohltätigkeit?"

Aber ich wollte es so, und so geschah es auch. Es entsprach tatsächlich dem, was ich in Dänemark als Konzernchef von IKEA als Gehalt bekommen hatte. Ich bin nach wie vor froh über meine Entscheidung. Ich kann aufrecht durch die Straßen gehen, und auf dem Gemeindebüro bin ich mehr als willkommen. Sie arrangierten sogar ein Fest für Margaretha und mich, als wir einzogen ... Könnte in einer schwedischen Gemeinde etwas Ähnliches geschehen?

So ging IKEAs und Kamprads Auswanderung aus Schweden vor sich. Dieses sind die Hintergründe. Ingvar Kamprad weiß, daß dies auch anders beschrieben werden kann. Natürlich gibt es in den Augen vieler auch eine boshafte Version. Zum Beispiel als die bewußte Suche eines reichen Mannes nach einem Land, wo er so wenig Steuern wie möglich zahlen muß.

Am Ende laufen gleichwohl unterschiedliche Beweggründe auf einem Gleis zusammen. Die Wahrheit ist, daß die Familie sowohl aufgrund der Steuern als auch anderer Umstände aufbrechen mußte, sollte IKEA in der Form und mit dem Konzept, die der Gründer dem Unternehmen gegeben hatte, überleben.

Nach den ersten fünf Jahren in der Schweiz saßen wir alle fünf, Margaretha, ich und die Jungen, im Schneidersitz mitten im Wohnzimmer und hielten Rat; für die Jungen war der Aufbruch aus Dänemark und fort von den Kameraden schwierig gewesen, und der Gedanke, erneut umzuziehen, begeisterte sie nicht. Wir hatten nun die Wahl, nach Dänemark zurückzuziehen (wo wir uns sehr wohl gefühlt hatten) oder nach Schweden, obwohl es mir in dem Fall schwergefallen wäre, nach Älmhult zurückzukehren.

Ich glaube nämlich, wie ich schon kurz erwähnt habe, daß ich nicht stark genug wäre, mich vom Betrieb fernzuhalten. Ich würde auf die Straße von Bölsö fahren und dann nach Älmhult ins Büro, und irgendwann, wenn ich zunehmend verkalkt wäre, der nächsten Managergeneration ein riesiger Klotz am Bein werden.

Gern Lund oder Helsingborg, aber auf keinen Fall Småland, aus ebendiesem Grund. Aber wie wir da in unserem Haus auf dem Fußboden saßen, sagten alle: „Wir wollen hierbleiben."

Wir Menschen sind Gewohnheitstiere, Margaretha hatte sich in der Schweiz engagiert und tut es noch. Sie hatte einen Freundeskreis aufgebaut und einen Weg gefunden, sich wohl zu fühlen. Die Kinder hatten Freunde und sprachen ausgezeichnet Französisch, sie waren auf dem Weg in die IKEA-Welt, und die liegt mittlerweile nicht mehr nur in Schweden; ein neuerlicher Umzug wäre in jeder Hinsicht unbequem und erschien falsch.

So wohnen wir noch immer in unserem Bauerndorf in 700 Meter Höhe. Bei schönem Wetter sehen wir Lausanne im Tal und auf der anderen Seite des Sees die Berge schimmern. Wir bewohnen eine mittelgroße Villa, ich habe ein schönes Arbeitszimmer, ein Kopier-, ein Faxgerät und einen PC sowie eine Sekretärin, die einmal in der Woche oder je nach Badarf kommt.

Fünfundzwanzig Kilometer von Lausanne entfernt liegt das IKEA-Haus in Aubonne mit einem Büroplatz für den ehemaligen Konzernchef und einer englischsprachigen Sekretärin. So gibt es für IKEA eine dänische Hauptverwaltung, eine holländische Stiftung, einen belgischen koordinierenden Konzern, auf den wir später noch zu sprechen kommen, und schließlich einen Gründer, der in der Schweiz lebt. Sind die Kamprads bzw. ist IKEA überhaupt noch schwedisch?

Ich denke an die Gefühle der Amerikaner, als die Japaner zeitweilig auf dem amerikanischen Kontinent vordrangen und dort ein Großunternehmen nach dem anderen übernahmen, sogar das Rockefeller Plaza, den beliebtesten Wolkenkratzer mitten in Manhattan, besaßen. So ein Gefühl war es, als Ausländer unser **Wasa-Knäckebrot** *kauften, so empfanden etliche, als* **Tändsticksbolaget,** *die Zündholzgesellschaft, zu* ***Swedish Match*** *wurde und* **Saab** *zur Hälfte an* **General Motors** *ging. Die Frage ist doch, ob die Nationalität des Eigentümers eine Rolle spielt.*

Ist nicht vielmehr die Tatkraft einer Person, die einen Betrieb vorantreibt und Arbeitsplätze schafft, entscheidend?

Wenn hier später die Konstruktion von Besitz und Macht bei IKEA dargestellt wird, wird, so hoffe ich, ersichtlich werden, daß wir Mechanismen eingebaut haben, die für das Unternehmen als Ganzes positiv sind und zugleich das spezifisch Schwedische, das Småländische, verteidigen.

Einst war das Möbelhaus in Älmhult unsere ganze Welt. Heute macht dort zu Hause der Verkauf nur ein halbes Prozent des gesamten Umsatzes von IKEA aus. Trotzdem produzieren wir mehr denn je in Schweden, exportieren mehr denn je aus Schweden, verkaufen mehr denn je in Schweden ...

Und dennoch ist es Älmhult, das unser gesamtes Sortiment bestimmt und unsere Kultur verbreitet.

Ich verstehe die nationalistischen Stimmungen, ich bin selbst fern der Heimat ein Lokalpatriot mit Kautabak hinter der Lippe und Griebenwurst aus Liatorp im Gefrierschrank, aber rational gesehen ist es doch eher das effektive Management, das über den Erfolg eines Unternehmens entscheidet, als der Eigentümer, ob es sich dabei nun um eine Stiftung, eine börsennotierte Aktiengesellschaft oder eine Familie handelt, die an einer ganz spezifischen Adresse wohnt.

Wir saßen kürzlich im Sortimentsrat, den ganzen Tag lang. Da kamen Berichterstatter herein, alles in allem vielleicht fünfundzwanzig Leute, aber keine einzige Frau. Das finde ich merkwürdig. Die Mehrheit unserer Kundschaft sind Frauen, Raumgestaltung ist eher die Domäne von Frauen, und hier waren nur Männer...

Mein kühnster Traum ist es, eines Tages eine Frau in die Führungsebene zu bekommen. Das wäre großartig. Warum nur ist das bisher noch nicht geschehen?

So wurde das uneinnehmbare Unternehmen geschaffen

„Die Wahrheit über die IKEA-Sphäre - gibt es die? Wie können wir wohl die Wahrheit darüber erzählen, daß nicht die ganze Wahrheit in diesem Buch stehen wird?“

Als Ingvar Kamprad beschloß, ins Ausland zu ziehen, war sein Ziel zweifelsohne das, seinem Werk die beste denkbare Möglichkeit zu „ewigem Leben“ zu verschaffen. Auch lange nach seinem Verschwinden aus dem irdischen Dasein sollte das Unternehmen sich entwickeln und gedeihen können. Das Motiv bestand mit seinen eigenen Worten darin: „Solange es auf unserer Erde menschliches Wohnen gibt, muß es ein starkes und effektives IKEA geben.“

Aber sein Ehrgeiz ging noch weiter:

Niemand sollte hinter das Geheimnis des Serails kommen, niemand durfte die bislang so erfolgreiche Geschäftsidee zerstören oder aufs Spiel setzen, niemand - egal ob Familienmitglieder, Marktkräfte oder Politiker. Nicht nur gegen „feindliche Übernahmen“, sondern auch gegen die Gefahr, die in der Abstumpfung, in einer kraftlosen Verwaltung liegen, mußten Sperren eingebaut werden; auch die Dynamik sollte so lange wie menschenmöglich garantiert werden. Mehr noch - IKEA sollte als Konzept auch im Falle eines Krieges oder umstürzlerischer politischer Veränderungen geschützt werden. Und die Macht - sie sollte letzten Endes immer bei der Familie bleiben, auch in Zukunft.

Sehen wir uns an, wie die Konstruktion aussieht, die Ingvar Kamprad bescheiden „ziemlich einzigartig auf der Welt“ nennt, die in den 70er Jahren erdacht wurde und Anfang der 80er Jahre Gestalt annahm. In den Details ist sie juristisch so verzwickt, daß kein Außenstehender sie wirklich verstehen wird. „Der letzte Anwalt, der daran beteiligt war, weiß nicht, was der erste sich ausgedacht hatte.“

Der Gründer hat also Angst - eine Angst, die einem Außenstehenden unbegreiflich erscheinen mag -, alles von dieser sinnvollen Struktur aufzudecken, abgesehen von dem, was die Gesetzgebung jedes Landes verlangt. Auch gibt es große Unterschiede zwischen der europäischen Offenheit und der Unzugänglichkeit, die beispielsweise in den USA für Familienunternehmen außerhalb der Börse typisch ist.

Man kann mit einem pädagogischen Bild sagen, daß das moderne IKEA von einem Doppelteam aus „Hand“ und „Geist“ gelenkt wird. Der Betrieb besteht aus zwei Teilen - einem praktischen und einem gedanklichen, einer Organisation für das eigentliche Geschäft und einer für das Konzept dahinter.

Beides ist gleich wichtig, wenn auch auf unterschiedliche Weise. An dem Tag, an dem es Ingvar Kamprad, der die Idee dahinter verkörpert, nicht mehr geben wird, wird das entscheidend für das Überleben des Ganzen sein. Falls ein Leser behaupten sollte, daß der Geist der wichtigere Teil sei, liefe er nicht Gefahr, vom Autor allzu großen Widerspruch zu ernten.

Die „Hand“ umfaßt den konkreten Besitz, die Aktien, das, von dem man sagen kann, daß es laufend materialisiert wird - Häuser, Fabriken, Waren, Dinge, die man berühren kann, all das, was der Mehrzahl der Zehntausenden von Angestellten ihre tägliche Beschäftigung gibt.

Der Geist schwebt wachsam darüber, daß die Geschäftsphilosophie, die von der untersten Ebene des Möbelhauses bis hinauf zum Schild auf dem Dach praktiziert wird, hundertprozentig korrekt erfüllt wird. Er steht für das Konzept, ein Wort, das in der internen Sprachregelung bei IKEA eine besondere, fast heilige Bedeutung hat.

Sehen wir uns zuerst die „Hand“ an.

Die Basis des Besitzes im IKEA-Konzern bildet die holländische Doppelstiftung *The Stichting INGKA Foundation/The Stichting IKEA Foundation.* Sie wurde 1982 öffentlich gemacht, und ihr gehört der Möbelhausbetrieb, wie er aus den Träumen des 17jährigen Unternehmers 1943 auf Elmtaryd Agunnaryd entstand. Im Vorstand sitzen außer Ingvar und Margaretha Kamprad ein Schweizer Anwalt sowie im Augenblick die zwei schwedischen *Handelsbanken*-Veteranen Per Lindblad und Jan Ekman. Vorsitzender war bisher Ingvar Kamprad persönlich. („Aber“, sagt er, „ich fungiere bei den Sitzungen nie als solcher. Alle wissen, daß alles schrecklich lange dauert, wenn ich vorsitze, dann bekommt niemand rechtzeitig sein Mittagessen oder Abendessen, und außerdem würde es meine Gedanken blockieren. Deshalb wechselt der Vorsitz.“)

Wenn Ingvar Kamprad sich eines Tages aus der ersten Reihe zurückziehen wird - er hat die Grenze auf 75 Jahre festgesetzt, die er im Jahr 2001 erreicht -, darf höchstens eine Person mit dem Namen Kamprad in den Vorstand gewählt werden. Rechtlich ist die Zusammensetzung des Vorstands präzise festgelegt und wird bald ausgetestet werden, denn auch Lindblad und Ekman sind allmählich ältere Herren, die binnen kurzem die normale Altersgrenze erreichen, die laut holländischem Gesetz bei 72 Jahren liegt. Deshalb wurde Ingvar Kamprad, Jahrgang 1926, bei der Hauptversammlung der INGKA Holding B.V. im Frühjahr 1998 als Vorstandsvorsitzender abgesetzt und ist seit diesem Tag nur noch „senior adviser“ von IKEA. Er schnaubt verschmitzt bei diesem Wort.

Stichting IKEA/INGKA ist also eine Doppelstiftung holländischen Zuschnitts, in der die Stiftung des Eigentümers alle Aktien der INGKA Holding B. V. hält, jener Unternehmensgruppe, die in den Augen von Durchschnittsmenschen von IKEA mit seinen „Innereien“ gebildet wurde - also allen Möbelhäusern, Fabriken und Büros. Bei der INGKA Holding besteht der Aufsichtsrat heute aus Håkan Frisinger, Per Lindblad, Jan Ekman, Stefan Persson sowie Jan Carlsson und Hans-Göran Stennert, dem Bruder von Margaretha Kamprad.

Diese Personen treffen die wichtigen Entscheidungen über die Zukunft, über die Investitionen, die Strategie; außerhalb der Familie und dem engen Kreis einiger handverlesener Personen innerhalb des Führungskreises sind sie in unterschiedlichem Maße Kamprads engste Vertraute.

Stichting INGKA hält auch 25 Prozent des *Habitat-Konzerns* mit dessen ca. 100 Läden. Der Rest ist im Besitz des IKANO-Konzerns, seinerseits im Besitz der Kamprad-Söhne (siehe nächstes Kapitel). An INGKA ist nach holländischem Brauch die oben genannte „charity foundation“ (Stichting IKEA Foundation) gebunden, ein ideeller Fond, der von der Eigentümerstiftung Geld bekommt, um es für bestimmte wohltätige Zwecke zu verteilen, in diesem Fall Personen, Fortschritte und Bemerkenswertes in Architektur, Design, Kunst, Handwerk mit spezieller Ausrichtung auf den Umweltbereich.

Man kann sagen, daß die Eigentümerstiftung und die Wohltätigkeitsstiftung siamesische Zwillinge mit zwei Köpfen und einem Körper sind, die Inkarnation des IKEA-Besitzes. Stichting INGKA Foundation ist mit Hilfe der Holdinggesellschaft die „Hand", die den IKEA-Konzern formal lenkt. Außerdem wird diese leitende Hand durch zwei Kontrollinstanzen unterstützt, die darüber wachen, daß das IKEA-Konzept verwirklicht wird.

Die eine Funktion - die Durchführung - wird von IKEA International A/S in Humlebæk, Dänemark, ausgeübt, das im Auftrag der INGKA Holding B. V. die Häuser inklusive Einkauf, Sortiment, Vertrieb und Verkauf und in manchen Fällen auch der Herstellung betreibt. „IKEA International" steht für den Geist des Hauses, mit dem im Alltag kraft des Managementabkommens mit der INGKA Holding die Möbelhäuser geführt werden - der jedoch in die kreative Flasche eingeschlossen ist, die das Konzept enthält und deren Besitzer Inter IKEA Systems heißt.

Wenn International für die Ausführung steht, dann hat Inter IKEA Systems die Kontrollfunktion inne. Das Unternehmen - eine normale GmbH, holländisch B. V. - hat seinen Sitz in der malerischen Stadt Delft im selben Gebäude wie das im Besitz der Firma befindliche architektonisch topmoderne Pilotmöbelhaus.

Inter IKEA Systems B. V. ist ebenso wichtig wie die Eigentümerstiftung und geht mit einem Koordinationsbüro in Waterloo bei Brüssel in den Inter IKEA-Konzern, die sogenannte rote Gruppe, ein. Geleitet wird sie von Per Ludvigsson; „Systems" besitzt das heilige Konzept mit allem, was es an Warenzeichen, Copyrights, Regeln und Ansprüchen enthält. Das Unternehmen hat die gleiche Funktion wie der Vatikan für den Katholizismus: Es wacht streng darüber, daß in den Konsumtempeln des Marktes, manchmal, so mag es scheinen, bis hinunter zum Rosenkranz, der rechte Glauben herrscht...

Zu den Kardinälen, d. h. den nächsten Beratern des Papstes Ingvar Kamprads, gehört der Hausjurist Hans Skalin, der zugleich der Architekt hinter der Konstruktion und der etwas schwer zu beschreibenden Struktur der Gruppe ist.

Inter IKEA Systems erteilt die Franchiselizenz, ein Möbelhaus zu betreiben - entweder an IKEA-eigene Häuser oder an außenstehende Firmen, die das IKEA-Konzept zu genau festgelegten Bedingungen anzuwenden haben.

An „Systems" muß der Chef eines Möbelhauses schreiben und um Erlaubnis bitten, wenn er vom festgelegten Konzept abweichen möchte - es kann dabei um die physische Einrichtung eines Hauses gehen, um das Weglassen des Spielraums für Kinder, um ein kleineres Restaurant oder um eine abweichende Auffassung vom Standardsortiment.

Macht ein Franchisenehmer seine Arbeit nicht gut, kann Inter IKEA Systems anordnen, daß das IKEA-Schild auf dem Dach entfernt wird. Damit werden auch alle Lieferungen gestoppt. Bisher ist eine solche Situation noch nicht dagewesen, als bedrohliche Möglichkeit jedoch vorgesehen.

In diesem Konflikt zwischen Materie und Seele finden wir den vielleicht genialsten Teil der Konstruktion, die Ingvar Kamprad seine fleißigen und kostspieligen (!) Juristen als sein Werk für die Ewigkeit hat arrangieren lassen. Es gibt nur zwei Personen, die den gesamten verzwickten Aufbau kennen - nämlich der eben erwähnte Hans Skalin sowie Per Ludvigsson. Letzterer ist der Vertraute der Familie, die graue Eminenz, geboren 1943, der von den Söhnen als der künftige oberste Richter betrachtet wird, falls sie über Ziel und Mittel für IKEA möglicherweise (einer sagt „ziemlich sicher") uneins werden.

Ludvigsson führt von einem anspruchslosen Büro in Waterloo aus (doch zusammen mit der Muttergesellschaft in Luxemburg) den Inter IKEA-Konzern mittels der vier Bereiche Finanzverwaltung, Franchising, Immobilien sowie der Catella AB. Letztere betreibt in sieben verschiedenen Ländern Consulting im Immobilienbereich, in Schweden auch im Finanz- und Aktienbereich.

Als auch für die Finanzen Verantwortlicher hat Per Ludvigsson Möglichkeiten, mit Geld auszuhelfen, wenn es irgendwo kriseln sollte. Manche bezeichnen diese interne Bank als eine Art Reservekasse, in streng juristischem Sinn ist das jedoch falsch. In der Praxis verwaltet Ludvigsson einige Milliarden Kronen, der größere Teil (ca. 60 Prozent) sind Obligationen, ein Drittel steckt in langfristigen europäischen Aktien; diese Handhabung trägt den Stempel notorischer Kampradscher Vorsicht.

Bei Catella (das also zu Inter IKEA gehört, aber in Stockholm sitzt) werden berühmte Gebäude wie der Blue Tower in Brüssel, aber auch gut plazierte Immobilien in London, Amsterdam, Warschau, Stockholm und anderen Orten verwaltet.

Die Anlage von Inter IKEA ist sowohl klug als auch logisch. Jetzt und mehr noch in der Zukunft - wenn das alles sehende Auge des Gründers erloschen sein wird - , muß IKEA jemanden haben, der das Konzept überwacht, hebt Ingvar Kamprad hervor.

Da es sowohl die Stiftung als auch außenstehende Franchisenehmer gibt, kann der Chef von IKEA International (heute Anders Moberg) mit der Verantwortung für die IKEA-eigenen Häuser nicht über Dinge außerhalb seines Konzerns entscheiden.

Für die nächste Generation wäre es ungeheuer schwierig, das Konzept zu bewahren, wenn es nicht als eine Art Siegelbewahrer eine besondere Organisation gäbe. Diese muß das Konzept sowohl garantieren als auch weiterentwickeln, denn ohne Entwicklung sterben auch glänzende Geschäftsideen eines natürlichen Todes.

Deshalb wurde Inter IKEA Systems geschaffen. Daß alle drei Kamprad-Söhne im Aufsichtsrat der Eigentümergesellschaft Systems Holding sitzen, unterstreicht Ingvar Kamprads Willen, daß die Familie auch in Zukunft eine große Rolle spielt. Der Aufsichtsrat bildet nicht nur ihr Einflußinstrument, wenn für sie die Zeit gekommen ist, sich stärker zu engagieren. Inter IKEA ist zugleich die Zauberflasche mit der Seele von IKEA, der überlegenen komplexen Formel für Erfolg, schlicht dem Rezept dafür, wie IKEA weiterhin das bleiben kann, was es ist.

Die Rolle des Gründers ist in den Jahren, in denen er noch aktiv sein kann, mit seinen eigenen Worten die, seine Söhne, so gut er kann, mit den Geheimnissen und der Bewahrung des Konzeptes zu „indoktrinieren“, sie aber auch dessen Möglichkeiten erkennen zu lassen. Ohne das Konzept selbst zu besitzen, sollen die Söhne nach den Stiftungsstatuten dafür sorgen, daß die Aufsicht - d. h. Inter IKEA Systems B. V. - funktioniert und am Leben erhalten wird.

Die Konstruktion von Inter IKEA samt den damit verbundenen Einheiten - dem Netz aus Finanzoperationen, Immobilien, Konzeptgebern - spiegelt in hohem Maße die allzu fürsorgliche Persönlichkeit Ingvar Kamprads wider. Sein småländisches Rezept, nicht alle Eier in einen Korb zu legen, sich immer rechtzeitig nach einem Ausgang umzusehen, falls ein Feuer ausbrechen sollte, sich nicht in die Ecke drängen zu lassen, ist ihm tief eingeprägt, eine Form von individueller Unsicherheit, die er später noch selbst kommentieren wird...

Dazu kommt das Bestreben, jederzeit die optimale steuertechnische Lösung zu finden.

Da die Eigentumsrechte an IKEA bei einer Stiftung liegen und eine Art Stiftungskonstruktion auch den Aktionsradius von Inter IKEA, der „roten Gruppe“, bestimmt, hat man die Söhne zugleich von einem großen Vermögenswert befreit. „Die rote Gruppe“, „ist nämlich eine reiche Gruppe, die zu besitzen für die Kinder, so wie die Welt heute aussieht, eine Belastung wäre“, sagt Ingvar Kamprad.

Für Milliardäre gilt die Regel, in steuerlicher Hinsicht zur rechten Zeit am rechten Ort zu wohnen, allein Inter IKEA ist mehr als 10 Milliarden Kronen wert.

Inter IKEA hat deshalb die Form einer Stiftung, die es ermöglicht, das Konzept zu besitzen und zu verwirklichen, unabhängig davon, wie unterschiedlich Länder die Erbschafts- und Vermögensgesetze handhaben mögen. Durch die Form der Stiftung kontrollieren die Kamprad-Söhne Inter IKEA also. Sie können den Vorstand des Inter IKEA-Konzerns berufen - doch besitzen tun sie den Konzern nicht. Dafür hat der Vater gesorgt...

Zusammenfassend: Lediglich IKANO, die sogenannte grüne Gruppe, befindet sich noch im Besitz der Familie. Die Angewohnheit, die verschiedenen Einheiten eines IKEA-Gebäudes mit Farben zu bezeichnen, ist eine Erfindung von Hans Skalin, dem Juristen, der Ingvar Kamprads spezieller Berater bei den schwierigen Erbschaftsfragen ist und der bei Inter IKEA gleich nach Per Ludvigsson rangiert. Der leicht reizbare Skalin war all derer, die bei Präsentationen der komplizierten Organisation nur den Kopf schüttelten, überdrüssig. Er führte deshalb die pädagogische Farbkennzeichnung ein:

Die rote Gruppe ist Inter IKEA,
die blaue ist der IKEA-Konzern,
und die grüne steht für IKANO.

Die Konstruktion der Stiftung (oder der Stiftungen) ging in einer Zeit vonstatten, als die kommunistische Bedrohung in Europa nach wie vor als Realität erachtet wurde. Die Welt lebte noch mit dem Eisernen Vorhang, es konnte nach wie vor vieles passieren. In Ingvar Kamprads Stiftungen wurden deshalb Regeln für den Notfall erstellt. Sie sind bisher nie angewandt worden, aber auch sie spiegeln den Fuchsbau-Instinkt des Gründers wider.

Historisch waren die Regeln für den Notfall während des Krieges entstanden, als verschiedene große Unternehmen mehrmals von Annektierungen betroffen waren - erst kamen die Deutschen, dann die Russen. Es betraf Unternehmen wie *Bata* und *Budweiser* in der Tschechoslowakei oder *Philips* in Holland, und es ist allgemein bekannt, daß die Wallenbergs aus den gleichen Gründen zeitweilig amerikanische Strohmänner für *Bosch* wurden. Für gewichtige Markenzeichen dieses Schlags wurde damals ein Reservesystem geschaffen, um der Konfiszierung zu entgehen. Dies geschah auch bei IKEA - Zweck und Statuten können nicht geändert werden, Ingvar Kamprad ging in seiner Vorsicht sogar soweit, daß er eine Umzugsmöglichkeit einplante.

Wohin die Notlösung führen sollte - falls dieses wenig wahrscheinliche Szenario Realität geworden wäre -, war jedoch eine Frage, die erst an dem Tag entschieden werden würde, an dem sich etwas zusammenbraute.

Hinter dem Aufbau der Stiftung steht also der Gründer persönlich. Er spiegelt die Überlebensphilosophie wider, die nötig wäre, falls jemand versuchen sollte, den Weg zu versperren, den IKEA seit seiner Gründung gegangen ist. Hier ahnt man den Småländer, der darauf bedacht ist, auf seine Kosten zu kommen, der aber auch den konstruktiven Willen hat, ein Haus zu bauen, das für etwaige Glücksritter uneinnehmbar ist. IKEA mag montierbare Möbel verkaufen, das Unternehmen selbst kann aber nicht auseinandermontiert werden.

Das ist die Aussicht eines Mannes, der davon überzeugt ist, ein einzigartiges kommerzielles Rezept gefunden zu haben, das im *Testament des Möbelhändlers* zusammengefaßt ist.

Nun bedeutet Kamprad nicht nur IKEA - sondern es gibt auch einen Privatmenschen. Den werden wir im nächsten Kapitel näher betrachten.

IKANO - die eigene Welt der Jungen

„Bewahren, was gewonnen wurde, sich aber auch nach neuen Chancen umsehen..."

Im Dezember 1997 erschien die erste Nummer von IKANO WORLD. Das ist eine einfache, aber hübsche kleine Zeitung, die in Amsterdam produziert wird und an die 3.000 Leute in Europa gerichtet ist, die in dem vollständig von der Familie kontrollierten Kamprad-Kreis arbeiten. Oder wie ein Mitarbeiter es ausdrückte: „IKANO - das ist die eigene Welt der Jungs", d. h. es ist das, was die Kamprad-Söhne von ihrem Vater bekommen haben, um es zu bewahren, was sie selbst besitzen und womit sie letzten Endes schalten und walten können, wie sie wollen. Keine finanzielle „Fischer-Technik" für kleine Jungs, sondern ein stark wachsendes Milliardengeschäft, ein zukünftiger Sicherheitsfond der Familie.

Um den Begriff IKANO zu verstehen, muß man in die späten 50er Jahre zurückgehen. Damals begann Ingvar Kamprad neben IKEA eine Reihe von Firmen zu gründen. Manchmal, um sich dem Markt anzupassen oder auch um Möglichkeiten zu haben, wenn eine Lieferverweigerung drohte. Dank dieser Firmen konnte der Gründer aber auch sukzessive ein Vermögen aufbauen, das getrennt, wenn auch nicht ganz unabhängig, von IKEA war. Auf diese Weise wurden IKEA Norwegen ebenso wie IKEA Dänemark gegründet; in speziellen Firmen wurde auch eine Anzahl Immobilien plaziert.

Das ermöglichte - wie an anderer Stelle beschrieben - eine privatwirtschaftliche Flexibilität, die von Bedeutung sein sollte, als Ingvar Kamprad auswanderte und sich gegenüber IKEA entschuldete. Die Auswanderung zog beinahe überall auf der Welt neue Unternehmen nach sich - manche rein zur Deckung, ehe die Gruppe ihre endgültige Struktur erhielt und gesetzlich wie geographisch wußte, wohin sie gehörte.

IKANO ist ein früh gegründetes Unternehmen und wurde ursprünglich als Importfirma unter anderem für die polnischen Lieferungen nach Schweden benötigt. Heute befinden sich unter ihrem Dach die früheren in Ingvar Kamprads Besitz befindlichen Unternehmen, die nicht in die „verschenkte" INGKA-Stiftung eingehen sollten.

Neue Unternehmen und Engagements wurden von Ingvar Kamprad dann verstärkt betrieben, wenn der Möbelvertrieb mehr abwarf, als man für Möbelhauseröffnungen nutzen konnte. Mitarbeiter beschreiben die Periode von Mitte der 70er Jahre bis Mitte der 80er Jahre, als Ingvar Kamprad noch den Konzern von Humlebæk aus führte, als „renaissanceähnlich". Es geschah alles auf einmal, IKEA ging es prächtig, die Expansion war grenzenlos. Es hagelte Ideen und interessierte Partner, ständig wurde neu investiert, neue Firmen wurden gegründet, und IKEA beziehungsweise Ingvar Kamprad engagierte sich sowohl in Schweden als auch im Ausland mit Minderheitsbeteiligungen an unterschiedlichen Projekten.

Es konnte sich um einen Anteil beim Besteckhersteller *Gab Gense* handeln oder eine Beteiligung am Elektronikunternehmen *Rang-Invest* oder um die Verwirklichung des Traums, eine eigene Bank zu besitzen - es wurde *Den Københavnske Bank* -, oder es handelte sich um eine Beteiligung bei der Fluggesellschaft *Cross Air*. Ingvar Kamprad hielt alle Bälle in der Luft - und das machte ihm lange Zeit Freude. Gleichzeitig beanspruchte es Zeit und Kraft. Er traf schließlich eine kluge Entscheidung, als er sich mit 63 Jahren entschloß, aus der ersten Reihe zurückzutreten: Sein Nachfolger als Konzernchef sollte sich nur um IKEA International kümmern müssen, sonst nichts.

Das war reichlich genug. Es bedurfte einer Neustrukturierung der Organisation.

Es war eine immer unordentlichere und lästigere Beschäftigung geworden, sich um den Wildwuchs an einzelnen Firmen zu kümmern. Per Ludvigsson, der Vertraute, erhielt die Aufgabe, „die Beete zu jäten" und einen Umstrukturierungsplan vorzuschlagen. So bekamen die Familienmitglieder einen völlig eigenen Bereich: Das grüne IKANO mit Sitz in Dänemark, Holland und Schweden entstand. Auch wenn die Konzernleitung außerhalb von IKEA liegt, werden gewisse Bande zwischen den beiden Sphären bewahrt, der Konzernchef selbst ist ein Beweis dafür.

Ingemar Gustafsson, geboren 1939, wurde mit der Verantwortung für IKANO betraut. Er ist einer der treuen småländischen Diener, die IKEAs Sprung aus dem Wald bei Älmhult in die große Welt personifizieren. Als Sproß einer fleißigen Kleinbauernfamilie mit 10 Hektar Land, zwei Pferden und sieben, acht Kühen aus Agunnaryd (wie die Familie Kamprad) ist er ein gutes Beispiel für den Typ von Manager, der IKEAs Grundideen ins neue Jahrtausend führt.

Er begann 25jährig als Assistent des Leiters Finanz- und Rechnungswesen und war IKEAs erster Akademiker, der eben erst in Lund ausgebildet worden war („Was sollen wir mit einem Diplomkaufmann?" fragte Ingvar Kamprad, als er davon hörte). Mit der Zeit wurde er eine Art Controller und ein ständig berichterstattender Beisitzer der Aufsichtsratssitzungen. Er wuchs langsam als einer der Zuverlässigsten in das Unternehmen hinein; und als Chef für Svenska IKEA sah er in einer Periode von zehn Jahren Älmhult von 700 Angestellten auf 1.700 anwachsen - mitten in der Auslandsexpansion bekam Småland „sein" Unternehmen in den Griff.

Es läßt sich leicht sehen, wie auch IKANO das Motto - Einfachheit, Sparsamkeit usw. - vertritt, das IKEA prägt; mit Ingvar Kamprad als Vorsitzendem wäre etwas anderes auch unmöglich. Die Hauptverwaltung liegt heute in Amsterdam, aufgebaut wurde IKANO jedoch von einem Büro in einer schönen ehemaligen Patriziervilla mit dem Namen Narva aus. Die Villa steht an der Grenze zwischen Helsingör und Humlebæk an der Stelle, wo der König Karl XII. im Jahre 1700 an Land ging, um mit den Dänen Frieden zu schließen. Heute arbeitet dort ein vorbildlich kleiner Stab von neun Personen.

Die Atmosphäre ist familiär, der Geschäftsführer pendelt zwei Tage in der Woche von Helsingborg herüber, hält sich einen Tag in Älmhult auf, wo die IKANO-Bank ihr einziges Büro hat, und bereist an den übrigen Tagen seine „Welt".

Bei IKANO versucht er einen eigenen Geist zu prägen, in Narva wird der IKANO-Meister des Jahres (auf rein geschäftlicher Basis) gekürt, hier versammelt sich bisweilen der Aufsichtsrat (und immer die Führungsgruppe) sechsmal im Jahr zu dreitägigen Konferenzen.

Die erste Folie, die Ingemar Gustafsson auflegt, wenn er seine Organisation erklärt, zeigt zwei Löwen. Unter dem einen steht „*Guarding what has achieved*" und unter dem anderen „*Looking for new opportunities*". IKANO ist also eine Mischung aus „*safety first*" und „gemäßigter Progressivität". Hier sollen die Werte bewahrt werden, dort sollen neue entstehen.

Es gibt vier Bereiche mit zusammengenommen etwa 20 Unternehmen. Der Finanz- und Bankbereich ist der rentabelste. Man besitzt zwei Banken - außer der in Älmhult, die u. a. für Kundenkredite zuständig ist, auch *Den Københavnske Bank*, die allerdings oft ein Sorgenkind ist.

Ingvar Kamprad hielt seinerzeit einen persönlichen Anteil von 10 Prozent, als diese andersartige Bank 1979 startete. 1995 überließ er IKANO aber den ganzen Betrieb. 1997 sah sich die Bank dem mißlungenen Versuch eines Take-over seitens des berüchtigten Lord Moynes und seiner Kumpane ausgesetzt - ruhig von Gustafsson mit der wahrhaft småländischen Frage abgewiesen, was die feinen Herren denn eigentlich für welche seien...

Den Københavnske Bank orientiert sich heute mit neuer Kraft auf Privatkunden (es sind 6.000) und hat Aktiva von ungefähr einer Milliarde dänischer Kronen. Der gesamte Finanzbereich setzt rund 4 Milliarden Kronen um.

IKANO hat ein paar Milliarden Kronen zur Anlage auf dem Kapitalmarkt. Das größte Einzelengagement besteht in 38 Prozent der *Matteus Fondkommission,* aber man legt in mehreren Richtungen in Europa an.

Neben dem Finanzsektor von IKANO steht der äußerst aktive Versicherungsbereich mit u. a. einem Büro in London. Die Versicherungssummen liegen nicht unter 40 Milliarden Kronen.

Die nächstgrößte IKANO-Gruppe ist der Ladenbereich („Retail“), der ca. 3 Milliarden Kronen umsetzt. Er besteht neben der Möbelkette *Habitat* (ca. 100 Möbelhäuser vor allem in England und Frankreich, 2.500 Angestellte) aus der schwedischen Autoersatzteile-Kette *Micro* mit Läden auch in Polen und Dänemark. Zu diesem Bereich gehört auch die IKANO Private Ltd. in Singapur und Malaysia, die mit Möbeln handelt.

Weder *Micro* noch *Habitat* haben bislang bedeutende Beiträge zur Rentabilität geleistet, werden jedoch für zukunftsträchtig erachtet, nicht zuletzt seit die alte Führung im Frühjahr 1998 teilweise ausgetauscht und eine neue Strategie entwickelt wurde. „Es ist nicht ausgeschlossen, daß *Habitat* sich in Schweden etabliert“, sagt Ingemar Gustafsson, der auch glaubt, daß *Micro* sich mehr und mehr zum Freizeitsektor hin orientieren wird.

IKANOs Immobilienbestand gehört zu dem, was den Kamprad-

Söhnen mehr als alles andere in Zukunft finanzielle Sicherheit verleihen wird. Den penibel ausgewählten Kern bildet eine Anzahl exklusiver alter Immobilien in Prag, die in höchster Qualität und Schönheit restauriert wurden. Der schwedische Immobilienbesitz besteht nicht zuletzt aus einer immer interessanter werdenden Investition in Lund, den vielen Gebäuden des Technologiezentrums IDÉON.

Früh schon setzte IKANO darauf, im Anschluß an die Möbelhäuser Shoppingcenter zu schaffen. Das erste, das IKANO aufgebaut hat und noch immer besitzt, ist Sundsvall, während Linköping mit seinen etwa 50 angrenzenden Läden ein ausgezeichnetes Modell für das ist, was man erreichen möchte. Im Winter 1998 weihte Ingemar Gustafsson zusammen mit einem Partner, dem Bauunternehmen SKANSKA, bei Barkarby, einen Steinwurf vom IKEA-Möbelhaus entfernt, eine „Stadt“ aus Qualitätsläden für Fabrikverkäufe ein. Diese „factory outlets“ werden einen großen Raum in der künftigen Strategie von IKANO einnehmen.

Wie stark sind nun die Bande zwischen IKEA und IKANO?

Die Antwort lautet, daß beide ihre Selbständigkeit betonen. Ingmar Kamprads bisheriger Vorsitz - er trat im Frühjahr 1998 zurück - bewirkte eine enge Personalunion der beiden Konzerne. Bei der Zukunftsplanung hat er, wie er zu sagen pflegt, „beide Hüte getragen“. Die Veteranen Per Lindblad und Jan Ekman haben im Aufsichtsrat den Zusammenhang zwischen den beiden Gruppierungen verstärkt. Ansonsten ist die Nähe zwischen den Hauptverwaltungen von IKEA International und IKANO in Dänemark mehr geographischer als instrumenteller Art. „Wir arbeiten zusammen, aber nur unter strikt geschäftlichen Bedingungen“, stellt Ingemar Gustafsson fest.

So sieht in groben Zügen das Bild des rein Kampradschen Besitzes, „die Welt der Jungs“, aus. Es liegt in hohem Maße an den jungen Inhabern Peter, Jonas und Mathias Kamprad, ob IKANO die Lebensversicherung der Familie werden wird, wie der umsichtige Vater sie geplant hat.

Die Ausgangslage ist nicht schlecht.

Die Erbauer eines Imperiums

„Damals war man jugendlicher, lebte mehr aus dem Gefühl... ein bißchen abenteuerlicher..."

Ab 1973, als das erste Möbelhaus außerhalb Skandinaviens in Spreitenbach in der deutschsprachigen Schweiz eröffnet wurde, ging die internationale Expansion von IKEA in rasendem Tempo voran. In weniger als sechs Jahren wurden 20 neue Häuser in Europa, Kanada, Australien und Singapur gegründet, die zwei, die in Schweden dazukamen, nicht mitgerechnet. Deutschland lag mit zehn Niederlassungen an der Spitze.

Es war eine Zeit des „Wikingertums", der großen Kraft und Eroberungen, und IKEA wuchs sprunghaft - sowohl was Häuser, Mitarbeiter und Umsätze betraf.

Nun lernte das Unternehmen die Basistechnik, neue Märkte zu erschließen, und verschaffte sich das nötige Wissen, um in den 80er Jahren 43 neue Möbelhäuser und in den 90er Jahren weitere 69 neue Häuser, von China im Osten bis Brünn in Tschechien und Stuttgart-Ludwigsburg in Deutschland zu eröffnen.

Anfangs versuchte man sein Glück mit einem kleineren Laden in der City, um den Markt zu erkunden, den örtlichen Lebensstil und die Einkaufsgewohnheiten zu eruieren. Heute ist man selbstsicherer, erforscht bewußt einen bestimmten Markt, kauft ein attraktives Grundstück am Rand einer großen Stadt mit einem ordentlichen Einzugsgebiet und guten Straßen. Immer öfter geht es darum, einkaufszentrumsähnliche Areale zu bilden, auf denen das IKEA-Haus, umgeben von anderen Einrichtungen wie Banken, kleinen Läden, Gastronomiebetrieben und modernen Geschäften ergänzender Art wie eine große nährende *Cash-cow* mitten auf der grünen Wiese ruht. In Janki, Warschau, lockt zum Beispiel eine Optikerkette mit günstigen Preisen und einer hervorragenden neuen Technik, Gläser zu prüfen.

Für weitere Niederlassungen des 21. Jahrhunderts werden Grundstücke aufgekauft - im Augenblick auch gern in Rußland, das für den nächsten Sprung ansteht. Anders als früher ist heute jedes

Land für seine Neueröffnung selbst verantwortlich. Anfangs, in der Epoche der Möbelhauspioniere und Marktkolonisatoren, brach eine speziell getrimmte Mannschaft von IKEA-Leuten wie ein soldatisches Kommando in ein fremdes Land ein, setzte wie Fallschirmspringer mit einem Beutel voll Geld am Gürtel an einer ausgewählten Stelle in unbekanntem Terrain auf und baute umgehend ein „Feldlager", d. h. das Möbelhaus.

Die Schlüsselfigur hieß Jan Aulin, ein junger Schone, der Ende der 60er Jahre Ingvar Kamprads erster Assistent und rechte Hand wurde, ein Mann, der verhinderte, daß die Niederlassung in Sundsvall zu einem Fiasko wurde, und der im Alter von 34 Jahren die Verantwortung übertragen bekam, Spreitenbach zu gründen. Um diesen Dynamiker sammelte sich eine Schar kaufmännischer „Cowboys", die einander Jahrzehnte später in unterschiedlichen Positionen begegnen und Lügenmärchen über die damalige Eroberung der „europäischen Prärie" erzählen sollten.

Aulin wurde ihrer aller Mentor. Einer, der dabei war und Aulin heute dafür rühmt, ist der jetzige Konzernchef Anders Moberg. Es war das Jahrzehnt der „jungen Wilden": Am laufenden Band wurden Möbelhaushelden geboren, jeder Tag schien damit zu beginnen, daß die Jungs auf den Gipfel ritten, den Blick übers Tal schweifen ließen und den Rauch eines Indianerdorfs entdeckten, das sich für einen Überfall eignete.

Später wurde für diese Aulinsche „Spezialeinheit" ein eigener Name kreiert - die „kleine Gruppe". Sie kann als eine Art phantasievoller Widerstandszelle bezeichnet werden, die IKEA in eine andere, expansivere Richtung als die treiben wollte, die der Gründer und die Führung in Humlebæk eigentlich im Auge hatten. Viele, die vorwärtskommen wollten, zog es dorthin. Es kamen etliche, die mitwachsen und noch heute eine große Rolle im Unternehmen spielen sollten. Die Konzernleitung bekam nach einer Weile die Zügel in die Hand und bremste den Galopp, aber es liegt immer noch Glanz über dieser verrückten Zeit...

Damals war Europa praktisch schon erobert: Auf die Schweiz folgte Deutschland, dann kamen Österreich, Holland und Frankreich. Zur rechten Zeit und nach einigen Divergenzen mit Ingvar Kamprad sollte der Widerspruchsgeist Aulin ein ums andere Mal wieder in die väterlichen Arme geschlossen werden und Großtaten verrichten - nicht zuletzt in Osteuropa. „Es gab Jahre", erzählt er, „in denen ich glaubte, mitten in einem modernen Geschichtsbuch zu leben. In Budapest, wo ich unser erstes osteuropäisches Haus eröffnete, hörte ich, als die Kommunisten gestürzt wurden, unter dem Jubel der Massen Gedichte der Befreiung. Ich war an dem Tag, an dem russische Panzer einen protestierenden Studenten überrollten, was die Empörung der Welt hervorrief, in Prag; ich traf zwei Tage nach dem Fall der Mauer in Berlin ein, und in Warschau fand ich den Ort, wo wir mitten in der Stadt unser erstes polnisches Haus bauen sollten."

Besonders hoch war das Tempo zu Beginn der Gründungen in Europa, und - wie es jemand ausdrückte - „obwohl wir alle Fehler der Welt machten, floß das Geld trotzdem. Wir lebten knauserig, wir tranken zwar hin und wieder zuviel, standen aber frisch auf den Beinen, wenn den ersten Kunden die Pforten geöffnet wurden. Auf Reisen wohnten wir immer zu zweit in einem Zimmer, wir wetteiferten in gutem ikeanischem Geist um die billigsten Lösungen."

Mehr als alles andere trieben Liquiditätsprobleme die Eroberer zur Eile an. „Die Möbelhäuser waren selten schon fertig, wenn wir einzogen." Aus Schweden Geld herauszubekommen war schwierig, doch es galt, schnell Erfolg zu haben und die Kasse zum Klingeln zu bringen.

Die Kunstgriffe, deren man sich bediente, waren unorthodox und von Frechheit, Improvisation und einem harten Marketing geprägt, das IKEA als „Das unmögliche Möbelhaus aus Schweden" lancierte; man erhob den Elch zum Symbol - er wurde so dominierend, daß deutsche Kinder Liebesbriefe an den „lieben Herrn Elch" schrieben und die Markenzeichenspezialisten von Inter Systems ihn ausmustern mußten: Der Elch konkurrierte mit dem Markenzeichen, dem blau-gelben Firmenlogo! (Das hätte, juristisch gesehen, eine Gefahr für das Warenzeichen IKEA werden können.)

Man verkaufte den Leuten Weihnachtsbäume im Leasingverfahren mit dem Versprechen, sie nach dem Fest zurückzukaufen, und die Besucherzahlen stiegen. Bei mehr als einer Hauseinweihung verteilte Anders Moberg als Dankeschön schwedische Holzschuhe an die Kunden des Startladens in der City, das gleichzeitig mit der Eröffnung des Möbelhauses geschlossen werden sollte - aber nur den linken Pantoffel; wollte man auch den rechten haben, mußte man brav das neue Möbelhaus draußen auf dem Kartoffelacker besuchen, und so stellten sich neue Menschenschlangen und neue Verkaufsrekorde ein...

Aber die Ursachen für den Erfolg des schwedischen Stils auf dem Kontinent waren doch mannigfaltiger und facettenreicher - nicht zuletzt auch sozialer Natur. Die Generationsrevolte von 1968 in Europa hinterließ bei den jungen Leuten der 70er und 80er Jahre einen Rest von Aufruhrmentalität. Sie bewies sich auch im Alltag, brach mit Einrichtungsgewohnheiten und Lebenshaltungen. Das Helle, Einfache und „Blonde" stimmte nun mit dem Zeitgeist überein.

Die Expansion wurde lange Zeit fortgeführt, zu Beginn der 80er Jahre erbrachte das außerskandinavische Europa bereits zwei Drittel des Umsatzes. Mats Agmén, ein ehemaliger Marineoffizier, der heute als Möbelhauschef von Delft aus mit Adleraugen das IKEA-Konzept bewacht, erinnert sich an berauschende Augenblicke in dieser Epoche des Wachsens: üppige Feste, die Einweihungsfeten wurden in Form schwelgerischer Frühstücke mit Schnaps und Honoratioren institutionalisiert, jeden Samstag feierte man mit Champagner den in der Woche erneut übertroffenen Verkaufserfolg.

Den jungen Pionieren schwoll der Kamm, und sicherlich auch Aulin. Es sollte noch dauern, ehe sich einige besannen und entdeckten, daß der Inhalt nicht immer von der gleichen Güte war wie die schnell errichtete Schale, daß es manche organisatorischen Schwächen gab. Sie wurden der „Unseriosität" in ihren Geschäftsmethoden beschuldigt, man wollte Europa nach und nach von Grund auf umorganisieren. Aulin und Ingvar Kamprad gerieten in einen so heftigen Konflikt, daß Aulin sich als gekündigt betrachtete.

Das sollte noch dreimal so gehen (zuletzt im Frühjahr '98). Er spielte immer wieder seine Rolle als, mit Ingvar Kamprads eigenen Worten, vielleicht „nötiges" Enfant terrible und Vorreiter des Unternehmens. (Gegen Querläufer hat Ingvar Kamprad eigentlich noch nie etwas gehabt, wie chaotisch sie auch immer sein mögen.)

Nach der „Kolonisierung Europas", erinnert sich Staffan Jeppsson, ein weiterer der hochgeschätzten Assistenten um Ingvar Kamprad, kam die Eroberung des „Westens", also der USA und Kanadas. Jeppsson war an der Gründung des ersten Hauses in Kanada, in Vancouver, beteiligt (21.000 Quadratmeter groß). Große Schwierigkeiten prägten die Aktion, die Aufbaugruppe bestand außer dem Projektleiter aus einem Verwalter, einem Einrichter, einem Verantwortlichen für die Dekoration und einem Logistikchef. Nach einer Weile stellte die Gruppe den künftigen Möbelhauschef ein, der seinerseits mit dem Aufbau des Personals beginnen durfte.

Die Aufbaugruppe brachte die Operation in Gang, nach 4 bis 6 Monaten intensiver Arbeit rund um die Uhr war alles fertig. Das System war voller Enthusiasmus und Unternehmungsgeist, instrumentell gesehen war das nicht dumm, wurde aber mißbraucht. Oft entschwand die Aufbaugruppe gleich nach der Eröffnung zum nächsten Schauplatz, der Chef des Möbelhauses wurde mit seinen Problemen allein gelassen, und es kam vor, daß dem sich selbst überlassenen Haus wie bei plötzlichem Kindstod der Atem ausging. Im Hintergrund gab es den Gründer, der zuerst wenig Einfluß auf diese vor Tatkraft vibrierenden jungen Männer geltend machte.

Ingvar Kamprad hat schon immer eine notorische Schwäche - manche sagen Begabung - dafür, die Grenzen einer Sache auszutesten, manchmal auch dafür, mit einem bis zum äußersten getriebenen Projekt ein für alle Mal zu beweisen, was falsch war. Wie Aulin sagt: „Er möchte lieber, daß man Fehler macht, als daß man gar nichts macht..."

Die Zeit des Nachdenkens sollte früh genug kommen und der Seele/dem Geist ein Pflegebedarf zuerkannt werden, der dem Umfang der Expansion entsprach. Allmählich sollte diese Einsicht zu jenem Phänomen führen, das unter dem Namen The IKEA WAY läuft - die ständig stattfindende „Bibelschule" mit dem *Testament des Möbelhändlers* als Lehrbuch Nummer eins. IKEA WAY bildet die Führungsschicht zu geistigen Botschaftern draußen im Imperium aus - einer der ersten obligatorischen Vorleser wurde der aufrührerische Jan Aulin.

Daß noch heute eine „kleine Gruppe" entstehen könnte, ist höchst unwahrscheinlich - Geist und Materie befinden sich mehr denn je im Einklang. Das wird sich noch zeigen, wenn wir IKEA WAY später genauer betrachten. Gleichwohl kann man behaupten, daß der Zuwachs bei IKEA noch in fast demselben mitunter atemberaubendem Tempo vor sich geht wie damals. Die Routinevorgänge sind jedoch ruhiger und auch in der Sorge um das, was bereits erreicht wurde, ausgewogener. Jedes Land kann - wenn es will - den Start in etwa so wie früher organisieren, aber zur Aufbaugruppe gehören immer auch ansässige Mitarbeiter.

Die Fernsteuerung aus Humlebæk ist zu Nutz und Frommen des regionalen Verantwortungsgefühls in die Provinz verlagert worden, doch die Befolgung der Konzeptregeln wird jetzt schärfer kontrolliert.

Es gehört zum Bild der ständigen kulturellen Überprüfung, daß man erwägt, in gewissem Umfang zum Originalkonzept zurückzukehren - zur internationalen Kommandogruppe.

Es steht immerhin viel Geld auf dem Spiel. Die Kosten für ein Möbelhaus können variieren - in Toronto, wohin Jeppsson nach Vancouver ging, kostete es ca. 40 Millionen Kronen in heutiger Münze, doch damals war das Grundstück bereits gekauft. Heute zwingen die steigenden Bodenpreise zu Intensivlösungen. Außerhalb Stuttgarts wurde beispielsweise im Frühjahr 1998 ein Möbelhaus mit 20.000 Quadratmetern eingeweiht, aber auf einem Grundstück von nur 13.000 Quadratmetern. Ganz oben im Haus sind zwei Parkdecks untergebracht, darunter befindet sich die Möbelabteilung, dann kommen die Abteilungen für Lampen usw. und ganz unten noch ein Parkdeck. Der Preis war hoch - 80 Millionen D-Mark (ca. 350 Mill. Kronen), und dabei ist es immerhin das Haus Nr. 2 in Stuttgart.

Für die Rentabilität ist die richtige Lage selbstverständlich wichtig, aber trotzdem nur einer von mehreren entscheidenden Faktoren. Am wichtigsten von allem ist, daß das Haus die komplexe, einzigartige Geschäftsidee von IKEA umzusetzen vermag, diejenige, die man „Das heilige Konzept“ nennen könnte.

Das heilige Konzept

„Eure Rede aber sei: Ja, ja; nein, nein. Was darüber ist, das ist vom Übel.“
Matthäus 5,37

Nirgends gibt es so viel Hin und Her und dennoch so viel Gemeinschaft, gesammelte schöpferische Kraft, aber auch kreative Unruhe wie bei dem, was das IKEA-Konzept genannt wird. Nichts wird vom Gründer mit solch zärtlicher väterlicher Sorge bewacht wie die Fähigkeit der Möbelhäuser, das Konzept umzusetzen. Nichts ist heikler, als davon abzuweichen, nichts wichtiger, als daß man sich daran hält.

Und doch wird es durchaus unterschiedlich gehandhabt. Alle wissen, was es ist, trotzdem kommt es zu Abweichungen. Manchmal könnte man auf den Gedanken kommen, daß bei IKEA eine Art Kreml-Astrologie - die Kunst, herauszulesen, was die Herren im Kreml seinerzeit verfügten - vonnöten wäre, wenn es darum geht, das IKEA-Konzept zu interpretieren.

„Wir sind ein Konzeptunternehmen“, stellt Ingvar Kamprad immer wieder fest, und es klingt wie Segen, Ablaß, Appell und Befehl in einem. „Wenn wir uns an das Konzept halten, werden wir niemals sterben“, fügt er hinzu, als er an einem späten Herbstabend in Älmhult, wo eifrige junge Möbelhauschefs aus der ganzen Welt zusammengekommen sind, um die IKEA WAY-Ausbildung anzutreten, die Frage gestellt bekommt:

Was ist denn nun dieses magische Konzept?

Möchte man es sich schwermachen, würde man sagen, daß das Konzept (das beinhaltet, wie IKEA seine Waren und sein Denken verkaufen soll) die grundlegende Geschäftsidee ist, die sich im Besitz von Inter IKEA Systems B.V. in Holland befindet und auf Franchisebasis an alle Möbelhäuser innerhalb und außerhalb der IKEA-Sphäre verliehen wird. Das Konzept ist wie eine Smart Card, mit der sich die Büchse der Pandora öffnen läßt.

Möchte man es sich einfacher machen und trotzdem den Sinn wiedergeben, sagt man, daß das Konzept im *Testament des Möbel-*

händlers steht, der kleinen Bibel, die das Personal aus Angst vor der Zukunft Ingvar Kamprad, ehe er Schweden verließ, zu schreiben bat, Punkte und Formulierungen, an denen er immer wieder gefeilt und auf die er immer wieder verwiesen hat. Schon 1972 hatte er auf der legendären Sparkassenkonferenz im China-Theater in Stockholm darüber gesprochen. Dort faßte er all das zusammen, was er gelernt hatte und was seiner Meinung nach das Fundament für den Erfolg des Unternehmens bildete.

Im *Testament* spaltet Ingvar Kamprad in neun „Gebote" auf, was die Philosophie von IKEA für das Überleben des Unternehmens beinhaltet.

Fassen wir sie zusammen, da sie IKEAs geistige Basis bilden:

1. Das Sortiment - unsere Identität

Ein breites Sortiment von form- und funktionsgerechten Einrichtungsartikeln zu so niedrigen Preisen anzubieten, daß so viele Menschen wie möglich sie sich leisten können.

2. Der IKEA-Geist

Gründet sich auf Enthusiasmus, Erneuerungswillen, Kostenbewußtsein, Übernahme von Verantwortung, Respekt vor der Aufgabe und Einfachheit der Lebensweise. „Wir müssen uns umeinander kümmern, uns inspirieren. Es ist schade um den, der nicht mitmachen kann oder will."

3. Gewinn gibt uns Ressourcen

„Gewinn ist ein wunderbares Wort" - den soll IKEA machen, indem es die niedrigsten Preise, aber gute Qualität bietet, Produkte wirtschaftlich entwickelt, günstiger einkauft und überall Kosten spart.

4. Mit geringen Mitteln gute Resultate erzielen

„Verschwendung ist eine Todsünde."

5. Einfachheit ist eine Tugend

Komplexe Regeln lähmen, „übertriebene Planung ist die gängigste Todesursache von Unternehmen", Einfachheit gibt Stärke, die IKEA-Leute fahren im Dienst keine

Protzautos, wohnen nicht in Luxushotels ...

6. Die andersartige Linie

„Wenn wir einen Experten gefragt hätten, ob wir in Älmhult ein großes Möbelhaus bauen sollen, hätte er uns abgeraten." IKEA geht seinen eigenen Weg, wendet sich an die Hemdenfabrik, wenn Kissen zu nähen sind, und an die Fensterfabrik, um gute Tischuntergestelle zu bekommen, läßt sich, wenn die Sonne scheint, für den Regenschirm mehr bezahlen und verschleudert ihn bei Regen.

7. Konzentration der Kräfte - wichtig für unseren Erfolg

Man kann nicht alles gleichzeitig machen.

8. Verantwortung übernehmen - ein Vorzug

Angst vor Fehlern ist die Wiege der Bürokratie, der Feind jeder Entwicklung. „Nutze ... dein Recht und deine Pflicht zum Entschluß."

9. Das meiste ist noch ungetan. Wunderbare Zukunft!

Du schaffst viel in nur 10 Minuten, „laßt uns eine Sammlung positiver Fanatiker bleiben", die das Unmögliche möglich machen.

So lautet das Testament mit seinen neun Thesen - kurzgefaßt, aber mit Ingvar Kamprads wörtlichen Überschriften. Der tatsächliche Text ist das „Buch", das wir bereits erwähnt haben und das erstmals 1976 mit dem Titel *Das Testament des Möbelhändlers* herauskam. Es wurde von Zeit zu Zeit nachgedruckt und ist bisher in mindestens hunderttausend Exemplaren an die Mitarbeiter in aller Welt gegangen. Nach und nach ist das Testament komprimiert und ergänzt worden, wobei der Urheber besonders zugespitzte Begriffe, die bei IKEA ein Eigenleben bekommen haben, herausgehoben hat.

Diese Begriffe wurden im „Kleinen Wörterbuch" gesammelt, stammen aber meist aus dem *Testament.* Manchmal sind es rein småländische Redensarten, die zum Teil schwierig zu übersetzen und im einen oder anderen Fall bereits in der Nachbargemeinde von Älmhult unbekannt sind. Nehmen wir die Ausdrücke „lista sig", „bli ve" oder die inoffizielleren „stinsa" und sog. „KG Åhlundränta"... (mit letzterem ist der höchste Haben-Zins gemeint, den der Filialleiter und spätere Direktor Åhlund bei der *Handelsbanken* in Älmhult gab...).

Lista sig ist Agunnarydisch für sparsame Kunstgriffe. „Ich drehe die Decke um, dann kann ich *lista mig* und die Decke noch eine Weile benutzen." Bei IKEA *listar sig* man, indem man das Lagerregal um einen halben Meter senkt, so daß der alte Gabelstapler noch eine Weile benutzt werden kann... Nicht einmal in Moheda, fünfzehn Kilometer von Älmhult entfernt, kannte man das Wort *lista...*

Bli ve ist Småländisch für nicht aufgeben ohne neu anzupacken.

Stinsa sig wird außerhalb des Wörterbuchs verwendet, ist aber auf dem Weg, aufgenommen zu werden: Es bedeutet, daß eine Instruktion dafür, wie ein Möbelstück zusammengeschraubt werden soll, so einfach zu formulieren ist, daß der Stationsvorsteher, stinsen, vom Bahnhof in Älmhult unmittelbar begreift, was er tun muß ...

Mittlerweile „stinsas" die Beschlüsse im Aufsichtsrat, ehe sie im Unternehmen verbreitet werden.

Damit solche Ausdrücke nicht mißverstanden und ihnen neue Bedeutungen gegeben werden, wurde das „Kleine Wörterbuch" verfaßt. Eine Art Katechismus, worin die Erklärungen in Martin Luthers erzieherischem Geist gegenüber den im Geiste Treuen gehalten sind.

Andere wichtige Begriffe sind:

- Demut und Willensstärke
- Einfachheit und „die vielen Menschen"
- Erfahrung und die andersartige Linie
- Angst vor Fehlern und falschem Status
- IKEA-mäßig und bürokratisch
- Ehrlichkeit und gesunder Menschenverstand
- Kostenbewußtsein und der Wille, Verantwortung zu übertragen und übernehmen
- Bestreben, sich der Realität zu stellen; Gemeinschaft und Enthusiasmus

Die jüngste Ausgabe des Testaments wurde 1996 intern herausgegeben und umfaßt 36 Seiten. Auf der Rückseite steht ikeanischer

Kostenpraxis gemäß, daß es 10 Kronen kostet und just von der oben beschriebenen Inter IKEA Systems B. V. in Holland in Zusammenarbeit mit IKEA International herausgegeben wurde.

Wenige denken daran, wofür Inter IKEA steht. In Wahrheit ist es der ideologische Braintrust des Imperiums, der die Kampradsche Geschäftsidee so behütet wie die Kronjuwelen von England. Jedes Möbelhaus - jeder Konzeptkäufer und Franchisenehmer - bezahlt nach einer Faustregel 3 Prozent seines Umsatzes an Inter IKEA Systems B.V.

Heute arbeiten 143 Möbelhäuser in 29 Ländern nach Kamprads Konzept. 125 davon gehören der IKEA-Gruppe, und 18 sind „freischwebend". Wenn die Häuser dieses Inhaberkonzept kaufen („franchisen"), erhalten sie gleichzeitig Zugang zur Summe dessen, was Ingvar Kamprad und seine Mitarbeiter innerhalb von 50 Jahren aus dem Erfolg von IKEA gelernt haben. Außerdem bekommen sie neben Ausbildung, Seminaren und Managementhilfe auch Handbücher, die manchmal konkret oder mit nachdrücklichen Empfehlungen angeben, wie ein komplettes Möbelhaus auszusehen habe, um optimal zu sein, wie die Kundenströme durch den Laden geführt werden müssen, welche Einrichtung dazugehört und wie sie zu plazieren ist.

Das Konzept ist die Summe der Rezepte des Meisterkochs - das ganz geheime, und trotzdem das, was alle bei einem Besuch in einem Möbelhaus selbst studieren können. Der Vergleich mit Coca-Cola ist angemessen: Wir trinken sie überall, aber wir kennen das Rezept nicht. Oder mit McDonald's - der gleiche Hamburger an immer anderen Orten.

Ingvar Kamprad erinnert sich noch genau daran, wie er das Konzept in Druckbuchstaben geschrieben hat:

Als ich 1976 das Konzept niederschrieb, war sich die Clique zu Hause in Älmhult absolut einig, daß es eigentlich nichts auf der Welt gebe, was dies ändern könne. Falls uns jedoch jemand davon überzeugen würde, daß wir uns total irren, würden wir über Details diskutieren.

Aber letzten Endes gibt es nichts zu diskutieren. Die Leute können Gründe für andere Lösungen anführen, wir hören zu und versuchen, sie in den Rahmen einzupassen. Der Rahmen ist sakrosankt, aber innerhalb des Rahmens dürfen Freiheit und Erfindungsreichtum explodieren.

So habe ich von einem Beispiel gehört, zu dem die Freiheit verführte. In dem neuen Möbelhaus in Frankfurt verfährt man entgegen dem Konzept, das besagt, daß gleich hinter dem Eingang Wohnzimmereinrichtungen stehen sollen. Statt dessen befindet sich da die Schlafzimmerabteilung. Dort verfahren sie gegen jedes vernünftige Denken bei Menschen, die einen Haushalt gründen: Die fangen immer mit der Planung des Wohnzimmers an, und für diesen Wohnraum wählen sie zuerst das wichtigste aller Möbel aus - nämlich das Sofa.

Faktum ist, daß ich niemals Ausnahmen von dieser Regel erlebt habe. Nach dem Sofa geht man normalerweise zum Teppich über, zum Tisch, dann kauft man Stühle, dann das Bücherregal und danach den Rest (Küche, Schlafzimmer usw.). Da die Menschen aber verschieden sind, präsentieren wir zu Beginn immer fünf Wohnzimmer in unterschiedlichen Stilen - eine dieser Einrichtungen soll dabei eine richtige Niedrigpreisalternative sein. Bestimmte Leute kommen natürlich mit einem anderen Ziel - sie möchten nur eine einzige spezielle Sache fürs Kinderzimmer oder so. Aber die Durchschnittskunden, die fangen mit dem Wohnzimmer an.

Wenn nun jemand etwas anderes probieren will, ist zuerst die Einwilligung des Konzeptgebers einzuholen - vielleicht kann man es als einen wertvollen Test betrachten.

Dies ist das Gesetz vom heiligen Konzept, dem dynamischen Code, der Geschäftsidee, der ewiges Leben verliehen werden soll.

Als das Möbelhaus in Posen aus räumlichen Gründen kein Restaurant einrichten konnte, mußte man eine Ausnahmegenehmigung beantragen. Läßt man den klassischen Spielraum am Eingang weg, braucht man ebenfalls zuerst eine Sondergenehmigung. Sollte ein Franchisenehmer das Konzept nicht seriös befolgen, kann die Leitung von Inter IKEA Systems B.V. ihn ersuchen, das IKEA-Schild herunterzunehmen.

Obwohl das Konzept, so beschrieben, glasklar erscheinen mag, gibt es doch Anlaß zu vielen Fragen. In der Tat finden viele, daß es zu vage beschrieben ist, und wenige Verantwortliche können mit Sicherheit sagen, was in dem Konzept nun den Vorrang hat. Das hat damit zu tun, daß Menschen zwar dasselbe hören, es aber unterschiedlich auffassen, und wenn es immer weitergetragen wird, verliert es am Ende leicht ihren ursprünglichen Sinn.

Das hat sicher zum Teil auch mit den kreativen Möbelhauschefs zu tun. Früher mußten alle Offiziere reiten können. Bei IKEA muß jeder, der von einer wirklichen Karriere im Konzern träumt, gezeigt haben, was er als Chefin oder Chef eines Hauses taugt (eine Sache kann hierbei gerügt werden: Bisher haben viel zu wenig Frauen diese Chance erhalten).

Im Rahmen des Konzepts ist der Chef eines Hauses König, doch die Verlockung, nicht auf die Signale aus Humlebæk zu hören oder das heilige Manifest umzumodeln, ist immer groß. In der Tat haben die Chefs der Häuser das Konzept schon oft als Belastung empfunden. In den 80er Jahren kulminierte die Gereiztheit in einer sogenannten „Aktionsgruppe: Täuscht die Hummel", also Humlebæk.

Manche Chefs versuchten, ihre eigene Linie, die bestimmten Grundregeln widersprach, durchzuziehen. Die Geschichte, das Erbe der ersten Pioniere und deren Erfahrungen wurden von oben herab behandelt.

IKEA International, mit dem Hauptquartier in Humlebæk, Dänemark, das die gesamte Gruppe mit Führungskompetenz versieht und damit die Operationen rund um die Welt steuert, hat nunmehr einen Mann dafür abgestellt, der ausschließlich auf die Fähigkeit und Verantwortung der Franchisenehmer, das Konzept zu erfüllen, ein Auge hat. Er ist das Verbindungsglied zwischen International und Inter, wo sein Ansprechpartner Mats Agmén ist. Gemeinsam können sie die IKEA-Häuser in der ganzen Welt kontrollieren und im speziellen Experimentmöbelhaus in Delft in Holland Tests durchführen.

Staffan Jeppsson fand des Pudels Kern, als er nach einer Vielzahl von Möbelhausbesuchen zusammen mit dem allzeit wachsamen Kamprad zu Beginn der 90er Jahre sah, daß sich bei den überfallartigen Besuchen des Inhabers im Morgengrauen ständig dieselben Fragen ergaben (er konnte unvermutet um halb sechs auftauchen und begann mit den Leuten, die Waren ins Lager brachten, zu diskutieren: Wie steht es mit der Sicherheit? Worüber ärgern sie sich am meisten? Bekommen sie einen Frühstückskaffee?).

Bei seinen Inspektionen, die bis zu 13 Stunden dauern konnten, zeigte sich, daß es immer dieselben 150 bis 200 Beanstandungen gab, und der Gründer war immer gleich deprimiert: Das habe er doch in Gottes Namen schon früher moniert - warum sei denn nichts getan worden?

Jeppsson notierte sich jede Beanstandung, erklärte jemanden für zuständig, in der Angelegenheit etwas zu unternehmen, und gab auch an, wann sie geklärt sein müsse. Es erwuchs ein immer dringenderer Bedarf, objektive Bewertungskriterien für die Messung der Effektivität im Verkaufsbereich zu finden. Wie sieht ein wirklich gutes Layout für ein Möbelhaus aus? Erfüllt das Restaurant die früher ungeschriebenen, heute schriftlich niedergelegten Grundanforderungen („an wenig frequentierten Tagen einen Umweg wert zu sein, an hoch frequentierten Tagen eine größtmögliche Anzahl hungriger Menschen bedienen zu können")?

Die Reisen Jeppssons mit Kamprad ergaben das, was nun zur durchdachten, systematischen commercial review geworden ist, die er im Auftrag von IKEA International entwickelt hat. Sie kann mit einer fliegenden Intern-Konzeptrevision im Konzern verglichen werden. Neun Personen werden für jeweils ein Spezialgebiet bestimmt. Sie wählen eine Anzahl strategischer „Opfer" aus, tauchen spontan in einem Möbelhaus auf und gehen es anhand eines Diagramms durch, das so aufgebaut ist, daß ein Gebiet und ein Haus an einem Tag zu überprüfen sind.

Man hakt die einzelnen Punkte ab, und erteilt Noten wie „bestanden" oder „nicht bestanden".

Bestimmte Dinge sind als absolut heilige Prinzipien gekennzeichnet, bei denen man immer die höchste Punktzahl erreichen muß. Dazu gehören das Restaurant („Niemand macht gute Geschäfte auf nüchternen Magen."), die Kinderbetreuung („Wer schafft es, mit plärrenden Kindern um die Beine lebenswichtige Einkäufe zu tätigen?"), die Toiletten („Eine volle Blase darf nicht entscheiden, ob ein Kunde etwas kauft oder nicht.") und das außerhalb der Ausgangskassen gelegene Bistro. (Jeppsson nennt es die „Ausgleichsabteilung". Wenn man erschöpft nach einer ermüdenden Wanderung durchs Möbelhaus seine Sachen bezahlt hat, soll man ein Angebot erhalten, das wieder versöhnt, z. B. eine Tasse Kaffee mit Mandeltörtchen oder ein heißes Würstchen mit Brot für eine geringe Summe.)

In der Revision geht man von Kriterien aus, die nach allen Regeln der Kunst „stinsade“ sind und in den Vorständen der einzelnen Länder abgesegnet wurden. Es gelten Einfachheit und Deutlichkeit. Die reisenden Revisoren sind ein Versuch, das, was Ingvar Kamprad auf eigene Faust vor dem Hintergrund seiner langen Erfahrung eher intuitiv gemacht hat, zu kodifizieren und objektiv zu beurteilen. Sie sind, kann man sagen, eine raffinierte Art, IKEA darauf vorzubereiten, wie man die Qualität, das Tempo und die Rentabilität garantieren kann, nachdem sich der Inhaber als erster Generalsinspektor zurückgezogen haben wird.

Die Gebote des Erblassers sollen gelten in Ewigkeit. Amen.

Es war ein Resultat der deutschen IKEA-Tatkraft, daß die Idee aufkam, IKEA an verschiedenen Orten mit einem City-Laden starten zu lassen: einem Shop, wo man die Waren dem Katalog gemäß ansehen und dann bestellen kann. Das war eigentlich nichts Neues, sondern man hatte das schon in den 50er Jahren in der ersten Möbelausstellung in Älmhult angewandt.

Jan Aulin, der IKEA-Deutschlandchef Rune Mårtensson und Lennart Dahlgren, heute damit befaßt, eine russische Einzelhandelsorganisation aufzubauen, suchten auf der Landkarte nach einer angemessen großen Stadt am Rhein und fanden Koblenz. Mårtensson übernahm es rasch, innerhalb eines Monats dort ein Kataloggeschäft zu eröffnen.

Nach einem Monat wollte Aulin wissen, wie Mårtensson seine Aufgabe gelöst hatte und reiste an den Ort. Doch in Koblenz konnte er keinen Laden finden. „Wieso Koblenz?“ rief Mårtensson, „sagten wir nicht Konstanz? Dort habe ich nach drei Wochen Plackerei eröffnet...“ So wurde der immer umfangreicheren Sammlung von Anekdoten des Imperiumserbauers eine weitere hinzugefügt.

Älmhult in der Welt

„Ich bin in den sieben Jahren, die ich zum im Unternehmen gehöre, viele Male in Älmhult gewesen, habe aber nie einen Elch gesehen. Am vergangenen Samstag sah ich auf dem Trarydsvägen einen. Und gestern traf ich dann Ingvar Kamprad! Welch eine Woche!“
Ein englischer Teilnehmer am IKEA-WAY-Programm

Es ist eng auf der Treppe zum Konferenzraum im obersten Stockwerk des Gasthauses in Älmhult. Zweiundzwanzig junge Menschen - alle Chefs und die meisten in der „IKEA-Uniform“ Jeans und Pullover - sind gekommen, um an der für das Unternehmen wichtigen „Bibelschule“ teilzunehmen. Das ist eine Ausbildung, die sie alle nach einer Woche zu Botschaftern des IKEA-Geistes gemacht haben wird.

Die Stimmung gleicht einem Appell an einer Oberschule: erwartungsvolles Gemurmel, Spuren von Andacht und dem Gefühl, erwählt zu sein. An der Brust tragen alle ein grünes Herz mit ihrem Namen. Möbelhausbosse, Einkaufschefs, Möbel-Sortimentchefs, Umweltspezialisten, Angehörige des Konzernstabs und andere Manager sind aus der ganzen Welt eingeflogen und auf dem Regionalflugplatz von Växjö gelandet - aus Pakistan, Hongkong, Kanada und den USA sowie aus allen Ecken Europas, auch aus Schweden; darunter nur fünf Frauen, der Rest Männer (ich bin versucht, Jungen zu schreiben, denn das Durchschnittsalter ist niedrig). Alles Leute, die für Hunderte von Millionen Kronen Umsatz, manchmal noch viel mehr, Verantwortung tragen.

In den kommenden Tagen sollen sie in unterschiedlichen Fächern, die alle auf dem *Testament des Möbelhändlers* fußen, geschult werden. Es sind Lektionen in Geschichte und Sortimentsdenken, in Einkauf, Vertrieb und Möbelhausdesign, und als klingender Unterton die ganze Woche: Begegnung mit der småländischen Kultur, mit der Seele der von kleinen Mauern eingefaßten Felder. An einem Tag treffen sie den höchsten Chef von IKEA International, an einem anderen machen sie mit dem Bus eine Sightseeing-Tour am dunklen Saum der Elchwälder entlang. Nach Elmtaryd Agunnaryd kommen sie, steigen aus, sehen, hören, atmen und fassen die berühmte Milchbank an, den Auslöser dieser Geschichte.

Aber jetzt ist es Sonntag abend im noch lauen August, auch das ist typisch: Bei IKEA unterscheidet ein guter Manager nicht zwischen Wochenende und Werktag. Man gewinnt Zeit, indem man bereits am Sonntagabend loslegt. Das einfache Begrüßungsessen ist soeben beendet, und jetzt sollen sich alle, auch der Autor dieses Buches, vorstellen. Das geht folgendermaßen: Der Nachbar stellt den Arbeitskollegen neben sich vor. Und wie einen Bibelspruch an der Altarwand können hinten an der Wand auf englisch alle die Geschäftsidee von IKEA lesen:

We shall offer a wide range of home furnishing items of good design and function at prices so low that the majority of people can afford to buy them.

Das wichtigste an diesem Premiereabend ist, daß die Teilnehmer gleich Ingvar Kamprad persönlich begegnen werden. Sie haben ihm im voraus viele Fragen zugeschickt, und er hat fast einen ganzen Tag auf einem Forsthof in der Nähe gesessen, die Fragen sortiert und sich vorbereitet, denn so ist und bleibt er.

Begegnungen dieser Art werden ihm nie zur Routine, sich vor Menschen auszudrücken, ist ihm sehr wichtig, er klagt ständig darüber, daß er mit Worten so langsam sei, er könne eine ganze Woche lang mit einer einzigen Rede ringen; Ingvar Kamprad hat schlicht und einfach Lampenfieber, außerdem muß er eine Fremdsprache sprechen.

Ingvar Kamprad kehrt jedes Jahr in die Heimatgegend zurück. Im August ist er aus Tradition dort - er nennt es „Urlaub“, aber eigentlich ist es ein Abschlußmonat vieler und langer Aufsichtsratssitzungen der INGKA Holding, von IKANO und anderen Firmen vor dem neuen Geschäftsjahr, das am 1. September beginnt. In Kronobergs Radio gesteht er bei Gelegenheit, daß er in vier Wochen ein einziges Mal ein Netz ausgelegt habe, obwohl Fischen das Vergnüglichste sei, was er kenne, neben Pilzesammeln ...

Sehr oft feiern er und die Familie Weihnachten auf Bölsö, einem

Hof, der zu seiner schwedischen Adresse wurde, nachdem er und seine Schwester Kerstin das Erbe untereinander aufgeteilt hatten. Bölsö ist heute eine IKANO-Firma, wo die Kamprads sich einmieten können - unten am Ufer des Sees Möckeln liegen drei aneinandergebaute Reihenhäuser, die die Kamprad-Brüder im Sommer gern mieten; auf dem eigentlichen Hof befindet sich eine Konferenzanlage mit Pool und Gästezimmern - das Obergeschoß ist allein für Ingvar Kamprad und seine Frau reserviert und ausschließlich mit Gegenständen aus dem eigenen Sortiment möbliert. Ein besonderes Möbelstück gibt es dort jedoch: den Tisch *Prillan* (Priem), ein Geschenk polnischer Freunde aus der Möbelindustrie zum 70. Geburtstag. Er existiert nur in einem Exemplar und hat in der Mitte einen Federmechanismus, der aus einer Röhre ständig neue runde Tabakdosen nach oben schiebt. Die Beine bestehen aus kräftigen Flaschen, die polnischen Wodka enthalten ...

Dieser Abend im späten August ist für Ingvar Kamprad eine Verpflichtung, ebenso heilig wie die IKEA WAY-Woche im Frühjahr und ebenso wichtig wie die Ingvar Kamprad-Tage Anfang September, wenn die Leitung von IOS (IKEA of Sweden) dem Gründer das gesamte Sortiment präsentiert.

Mit jedem neuen Jahr hat sich Ingvar Kamprads Überzeugung verstärkt, daß die innere Mission den Eckstein in der Sicherung des Unternehmens bildet: Ist den Managern das Konzept nicht in Fleisch und Blut übergegangen, ist die Zukunft nicht gesichert. Wenn diese Führungskräfte den Mitarbeitern nicht den Kern der Botschaft zu vermitteln vermögen, kann es schiefgehen.

Die Antworten, die er an diesem Abend in dem provisorischen IKEA-Museum im Keller geben wird, laufen alle irgendwie auf diesen Punkt hinaus: Haltet das Konzept heilig, dann geht es IKEA gut!

Daß IKEA WAY ausgerechnet in Älmhult veranstaltet wird, war nicht von Anfang an selbstverständlich.

Wie immer, wenn in diesem Unternehmen neue Ideen geboren werden, steht ein Schwarm diensteifriger Hebammen um den Entbindungstisch, und der Gynäkologe Kamprad persönlich ist mit seinem Lachgas selten weit entfernt. Als IKEA WAY erfunden wurde, gab es dafür, wie immer bei IKEA, viele Gründe und viele Erfinder des Programms. Manche sollten es als das Resultat der „kranken Blässe des Nachdenkens“ bezeichnen, andere als „Katerpädagogik“

- im Rausch des Wachstums hatten viele die Wurzeln vergessen. Wieder andere sollten geltend machen, daß das IKEA WAY-Programm notwendig war, die Zukunft für das Unternehmen zu sichern.

Mats Agmén, der heute bei Inter IKEA das Konzept vorantreibt, bekam von Anfang an die Verantwortung für die Verwirklichung der Idee von IKEA WAY, die als Abfallprodukt des *Kraft-80-Projekts* entstanden war, einer dieser wiederkehrenden Kulturrevolutionen, die es immer wieder gibt. Agmén wollte die Teilnehmer zuerst von der Nähe zum Alltag eher abschirmen, um die „Schüler" zusammenzuzwingen, sie dem Lärm der äußeren Welt fernzuhalten; so kam man damals auf einem privaten Konferenzhof zusammen, von denen zwanzig auf ein Dutzend gehen. Aber schließlich erwies sich Älmhult trotz allem als passender Ort: Hier war es, wo das Konzept geboren wurde, und IKEA WAY ist die ständig geöffnete Beratungsstelle.

Nicht nur aus nostalgischen Gründen ist Älmhult unser Mekka. Auch rationale Gründe sprechen dafür. Sehen wir folgende Perspektive: In unserem schwedischen Design steht eine spezielle Botschaft - das Helle, das Leichte, das Funktionale. Ich wiederhole immer wieder, daß wir den Belgiern nicht beibringen müssen, belgische Kommoden zu kaufen, das können sie selbst. Was wir näherbringen können, ist das Nordische, das ist Teil unseres Konzepts.

Nehmen wir aber an, wir würden Älmhult aufgeben und uns in München niederlassen. Nach einigen Jahren würden immer mehr deutsche Designer einbezogen, immer mehr nicht-schwedische Produktentwickler. Wir würden leichter aus unserem schwedischen Gleis geraten. Fügen wir hinzu, daß wir in Småland recht bekannt - um nicht zu sagen allzu bekannt - dafür sind, sparsam und strebsam zu sein; das ist ein besonderer Geist, der nichts mit Inzucht zu tun hat, sondern mit historischen und irdischen Umständen. Älmhult soll Vorbild sein. Jedes Unternehmen braucht seine Wurzeln - es ist das Vergangene, worauf wir unsere Zukunft bauen.

Der Geist von IKEA geht (wie schon erwähnt) von dem aus, was wir in ebendieser Gegend in den Pionierjahren gelernt haben. Sowohl als Smäländer als auch als rationaler Denker verteidige ich den Gedanken, daß Älmhult unser Herz ist, unsere geistige Heimat.

So ist IKEA so etwas wie ein heimatverbundenes Projekt, wobei das übertrieben Småländische nur der Ausgangspunkt ist. Im Restaurant werden *köttbullar* von *Dafgårds* in Västergötland und Griebenwurst von *Bröderna Lindvalls* in Strömsnäsbruk serviert. Die Möbel bekommen nach wie vor schwedische Namen, und es ist keine Rede davon, im Ausland den Kringel auf dem å oder die Pünktchen auf dem ö wegzuoperieren. Das Schwedische ist exotisch und verlockt zum Kauf, und im Prinzip bestimmt Älmhult das Aussehen jedes einzelnen Produkts.

Und der *Sweden Shop* an den Kassen wird mit seiner Mischung aus Hällevikslachs und Västerbottenkäse ein zunehmend besseres Geschäft. Kürzlich wurde mitgeteilt, daß IKEA der führende Lebensmittelexporteur nach Frankreich sei, und in einem Fernsehbeitrag wurde ein Franzose vorgestellt, der extra zum Möbelhaus in Paris fuhr, um *köttbullar* zu essen. So kann es gehen, wenn schwedische Produkte in der Welt verbreitet werden.

Aber das ist nur der Rahmen von IKEA WAY. Viel wesentlicher ist, daß man auf der Chefebene die Hauptbestandteile des Konzepts lernt: Einkaufspolitik, Produktionssteuerung, Sortiment, eine atemberaubende Preispolitik, demokratisches Design, Befriedigung der Einrichtungsträume der vielen Menschen, Einfachheit, Geschick ...

All das wird dann an die anderen Mitglieder des Konzerns weitergegeben. Es ist kein Zufall, daß Anders Moberg, 1985 nach Ingvar Kamprads Rückzug aus dem operativen Geschäft zum ersten Chef von IKEA International ernannt, ein Junge aus Idhult, einem Bauerndorf in der Nähe von Älmhult ist; kein Zufall, daß Ingemar Gustafsson, der Konzernchef von IKANO, aus dem einige Kilometer entfernten Vedåsa kommt.

Und gelegentlich kann man Ingvar Kamprad laut davon träumen hören, daß eine junge Frau aus der Gegend Konzernchefin des 21. Jahrhunderts werden möge, ja, nichts auf der Welt würde ihn mehr freuen...

So verstärkt Älmhult auf vielen Ebenen seinen Griff um den Konzern, je globaler er agiert. Beispielsweise ist es auch Älmhult, wo der Katalog in 17 Sprachen für 29 Länder produziert wird, hierher reisen die Produktchefs der Möbelhäuser und bestellen aus dem vom IOS-Chef redigierten und festgelegten Sortiment.

So wurde der Sandboden Geist, die Moräne Philosophie. Älmhult, Älmhult über alles...

Teil 5

Führung in einer Umbruchszeit

Der herzliche Möbelhändler

„Oh, ich muß mehrere tausend umarmt haben...“

„Früher war er nur da, niemand machte sich Gedanken darüber. Nun ist er mehr ... eine Kultfigur.“

„Wir auf dem Land Geborenen haben wohl dieselben Grundsätze. Daß etwas wächst und gedeiht, das ist das Wesentliche, der Rest ist unwichtig.“

Ingvar Kamprad hat eine sehr direkte Art des Umgangs mit allen, die er mag, und er mag viele. Wenn wir uns begegneten, umarmte er mich herzlich, wenn wir auseinandergingen, noch herzlicher. Manchmal küßte er mich wie ein richtiger Breschnjew auf die Wange. Er erkundigt sich nach privaten Dingen und erinnert sich nach einem Jahr noch an das, was er erfahren hat. Beim Frühstück hatte er mir, um meine weitere Vitalität besorgt, eine Tablette Ginseng auf den Teller gelegt. „Die kannst du in Dänemark für den halben Preis kaufen“, verkündete er in bester Aufklärermanier.

Sicherheitshalber nahm auch er eine Tablette.

Wenn er mit seinen Mitarbeitern zusammenkommt, geht er nahe an sie heran und faßt sie am liebsten an, sieht ihnen beim Sprechen unablässig in die Augen; ich sehe ihn nicht selten seinen Mitarbeitern ganz nahe sitzen und mit ihnen diskutieren, als ginge es um Vertraulichkeiten zwischen intimen Freunden. Hinterher kommt immer die obligatorische Umarmung, stets diese Umarmung.

Während des Gesprächs, in das vielleicht auch andere im Kreis einbezogen sind, hält er einen oft fest (manchmal gleichzeitig noch jemand anders), hin und wieder spürst du seinen Druck an Arm oder Hand, er läßt einen nicht los, der Kontakt muß eng und herzlich sein, denn man hat einander wichtige Dinge zu sagen, man muß nur noch eine Sekunde warten...

„Oh“, kann es nostalgisch über einen ehemaligen Angestellten aus ihm herausbrechen, „mit ihm habe ich viele Male Kopf an Fuß geschlafen.“

Es gibt endlos viele Geschichten über die Pionierjahre: Ingvar Kamprad liebt die Erinnerung. Er und ein Mitarbeiter mieteten sich einmal in einem einfachen Hotel in Osteuropa ein, teilten das Zimmer und redeten bis in die späten Nachtstunden über Bücherregale und Gott und die Welt. Hätte es nur ein Bett gegeben, wäre er sicherlich gern Kopf an Fuß hineingestiegen, wie er es mit Kalle, dem Sohn des Pferdepflegers, auf Elmtaryd so gern tat. Die Hotelkosten halbierten sich, das allein war eine gute Sache, aber vor allem kam man einander nahe, wenn man das Zimmer teilte.

Wenn Ragnar Sterte und er in den ersten Jahren ins arme Polen reisten, wachte der Chef wie üblich lange vor seinem Mitarbeiter auf. Die Wartezeit vertrieb er sich damit, die Pfeife seines schlafenden Reisekameraden zu reinigen, damit dieser sie, sobald er wach wurde, noch vor dem Frühstück stopfen konnte. Am liebsten hätte er sie für ihn auch noch geraucht.

Die Menschen sollten, in übertragener Bedeutung, öfter Kopf an Fuß liegen, um zu verstehen, wie sehr sie einander brauchen, das ist die Moral. Kamprad gab sie an seine Söhne weiter – zusammen mit seinem Jüngsten lag er in der Morgendämmerung gern stundenlang im selben Zimmer und besprach mit ihm das englische Sortiment.

Er wirkt sehr zufrieden, wenn er davon erzählt.

Man fragt sich natürlich, was für eine Sorte Mann das ist, mit diesen ausgeprägten Eigenarten. Nach einer langen, spannenden und mit Ideen gespickten Nacht nahm er einmal seinen Untergebenen in den Arm und küßte ihn voll Dankbarkeit und Inspiration auf beide Wangen, dabei merkte er, wie der Mann erstarrte. „Ich habe mich gefragt“, sagte der Bedrängte am nächsten Tag, „ob du vielleicht... na, du weißt schon.“

Zwei polnische Direktorinnen erklärten, daß sie ihn gerade wegen seiner *europäischen Art,* Gefühle zu zeigen, lieben. Eine von ihnen erinnert sich, wie sie und eine ganze Gruppe nach der Einweihung des ersten Möbelhauses in Budapest in einem kleinen Landgasthaus in seinem Zimmer auf dem Fußboden saßen, wo sie das Ganze feierten; sie sangen Volkslieder, unterhielten sich gut und hielten einander an den Händen, es war alles wunderbar, und Ingvar und Margaretha waren die ganze Nacht über dabei. Manchmal treffe ich ihn zusammen mit seinen Söhnen und werde Zeuge ihres engen Kontaktes. Sie sind 34, 32 und 29 Jahre alt, gewandte junge Männer, die zu einer verantwortungsvollen Aufgabe erzogen wurden, die wegen der zögerlichen Art des Vaters nicht exakt definiert ist, aber dennoch das Potential einer enormen künftigen Verantwortung in sich birgt.

Gehen wir zum Bild des liebevollen Vaters über.

Das Gespräch mag sich um Stühle, Tische, Regale oder um Schwierigkeiten mit Sperrholz drehen, es wird jedoch mit leiser, patriarchalischer Freundlichkeit geführt; der Vater predigt seinen erwachsenen Jungen unablässig und erzählt viele Beispiele aus seinen geschäftlichen Transaktionen und Besuchen in entlegenensten Teilen des Möbelimperiums. Ingvar Kamprad erinnert sich an Preise, Namen, Kubikfuß, alles, und daran, wie sie an einer Platte anderthalb Millimeter kappten, damit bei einem bestimmten in Polen gefertigten Regal der Einkaufspreis stimmte.

Hin und wieder unterbrechen die Söhne, die eine oder andere Frage wird lang und breit diskutiert, vor allem aber hat man das Gefühl von einer weichherzigen Nachsicht gegenüber einem Vater, der alles, ja, aber auch wirklich alles weiß. Sie saugen seine Erfahrungen in sich auf, solange es noch möglich ist, und gleichzeitig testet er die Grenzen ihres Wissens, ihres Engagements und ihrer Aufmerksamkeit.

Wann wird einer von ihnen übernehmen? Und wer in dem Fall? Wird überhaupt einer?

Beim Gute-Nacht-Sagen streichelt er seinen Jungs die Wangen, tätschelt sie ständig, sobald er in ihrer Nähe ist. Beim Abschiednehmen verweilt seine Hand schon mal auf dem schmucken Bart des Ältesten, und er streichelt ihm mit einer Art zerstreuter Zärtlichkeit ein paarmal ums Kinn – ungefähr so, wie Eltern ihre Kleinkindern liebkosen und einfach nicht die Hand von ihrem weichen Nacken nehmen können.

Ingvar Kamprad küßt seine Söhne nicht nur ein, sondern mehrere Male zum Abschied; liebevoll nachsichtig nehmen sie die grenzenlosen Zärtlichkeitsbekundungen des Vaters entgegen. Sie mögen ihn sehr gern, aber ich sehe auch ein müdes, leicht entschuldigendes und bewunderndes Lächeln in ihren Augen: Papa, du bist unmöglich!

Der Hof Elmtaryd im alten Pfarrbezirk Agunnaryd. Das Elternhaus von Ingvar Kamprad und in den Jahren 1943 bis 1953 die Anschrift für den neu gegründeten Versandhandel Ikéa. Der Akzent ist inspiriert von Kamprads Kontakten mit französischen Geschäftspartnern.

Ingvar Kamprad und seine Mutter Berta auf der Außentreppe Ende der zwanziger Jahre. Seine Mutter war die Tochter des führenden Kolonialwarenhändlers in Ämhult - möglicherweise verdankt ihr Ingvar Kamprad seinen Geschäftssinn. Berta Kamprad starb bereits im Alter von 53 Jahren an Krebs.

Sedonia, Ingvar Kamprads Uroma, kam aus Deutschland angereist, um der Familie nach dem Selbstmord ihres Sohnes Achim beizustehen.

Berta und Feodor Kamprad mit ihren zwei Kindern: Ingvar und seine vier Jahre jüngere Schwester Kerstin.

Kerstin und Ingvar

Ingvar Kamprads Großeltern:
Achim und seine Frau Franziska

Bootstour auf dem »Möckeln«-See, Ingvar Kamprad vorne im Bild; sein Vater mit dem Rücken zur Kamera.
Die anderen Personen auf dem Bild sind Urlaubsgäste, mit denen die »Liquidität« auf Elmtaryd verbessert wurde.
Während des Sommers waren alle Schlafzimmer - außer das von Mutter und Vater Kamprad - vermietet.

Ingvar Kamprad und sein Vater Feodor sowie Feodor allein bei dem berühmten ursprünglichen »Versandhäuschen«.

Die Milchbank: Der Tisch, auf den eigentlich die Milchkannen für die Molkerei gestellt wurden, diente als erste Distributionszentrale.

«Ikea-Nytt» hieß die Zeitungsbeilage, die die Keimzelle für den späteren IKEA-Katalog bildete, der heute mit einer Auflage von 90 Millionen Exemplaren verteilt wird.

Ingvar Kamprad (in der ersten Reihe) besteht 1943 die Mittlere Reife an der Realschule in Osby. Er wurde Klassenbester in Mathematik. In Deutsch schloß er durchschnittlich, in Schwedisch mit Mangelhaft ab. Im Sommer desselben Jahres erhält Ingvar Kamprad die Erlaubnis von der Kreisverwaltung, seine Firma Ingvar Kamprad, Elmtaryd, Agunnaryd, kurz, IKEA zu gründen.

Die frühere Schreinerei Albin Lagerblad in Älmhult. Hier eröffnete IKEA 1953 die erste Möbelausstellung.

Das Pakethäuschen vor dem Hof Elmtaryd, der heute noch beliebtes Ausflugsziel bei internen Führungsseminaren in Älmhult ist.

«Wunschheim zum Wunschpreis» und «Småland-Möbel» - Bilder von Ausstellungen in Stockholm aus den frühen fünfziger Jahren. Diese Ausstellungen waren der Wegbereiter für die spätere Etablierung in Stockholm. Foto © Ateljé Uggla

Wohnzimmerdekoration aus dem Katalog 1953.

Foto von der Eröffnung des ersten Möbelhauses in Ämhult im Jahre 1958. Heute gibt es ca. 140 Möbelhäuser in 29 Ländern.

Hej
Möt våren på IKEA
IKEA

«Kungens Kurva» («Die Königskurve») in Stockholm ist noch heute das größte IKEA-Möbelhaus und eine Art ideelles Flagschiff. Es wurde 1965 eröffnet, brannte 1970 komplett nieder und wurde im darauffolgenden Jahr wieder eröffnet. Leiter des Möbelhauses war beim Start der legendäre Hans Ax.

Das allererste Möbelhaus außerhalb Schwedens wurde 1963 in Oslo eingeweiht. Das erste außerhalbs Skandinaviens wurde in Spreitenbach bei Zürich gebaut und im Jahre 1973 eröffnet. Damit wurde die «Invasion» auf dem europäischen Kontinent eingeleitet.

Feodor Kamprad, lange Jahre Aufsichtsratsvorsitzender bei IKEA, und Invar Kamprad bei einer Verschnaufpause.

Das Boots-/Fischerhäuschen am Möckeln-See, in dem eine Vielzahl von Verträgen abgeschlossen und viele Barsche zubereitet wurden.

1983 wird Ingvar Kamprad der Ehrendoktor-Titel der Universität Lund verliehen.

Gourmet Ingvar Kamprad und der prominente «Koch-Guru» Carl Butler.

Etikett vom Kamprad-Weingut in der Provence.

Der Tisch, genannt Prillan, ist ein Geburtstagsgeschenk polnischer Lieferanten an Ingvar Kamprad. Die Tischbeine sind aus Wodkaflaschen gebaut und in der Mitte der Tischplatte ist eine Kassette installiert, die wiederholt neue Tabakdosen hervorbefördert.

Einrichtungsvorschläge aus fünf Jahrzehnten - Auszüge aus IKEA-Katalogen.

50er Jahre

60er Jahre

70er Jahre

80er Jahre

90er Jahre

Eine Auswahl von Titelseiten vergangener IKEA-Kataloge.
Der Katalog hat eine der höchsten Druckauflagen der Welt.

Anders Moberg wurde 1986 zum Konzernchef als Nachfolger von Ingvar Kamprad ernannt. Viele alte Mitarbeiter atmeten erleichtert auf. Moberg kommt aus Idhult, zwei Kilometer von Ämhult ...

«Ämhultsbladet» ist IKEAs eigene bescheidene «Pravda». Alles Wesentliche wird hier veröffentlicht. Das Foto zeigt die Januar-Titelseite mit Ingvar Kamprad als Überbringer von Weihnachtsgrüßen.

Älmhults Bladet

IKEA Nummer 03 • 9 januari • 1998

1997 års julsamling - en välbevakad tradition

TV-programmet om IKEA och våra affärsmetoder, som sändes kvällen innan julsamlingen, påverkade förstås innehållet i årets jultal. Massmediabevakningen var av den orsaken också ovanligt stor och på plats fanns förutom lokala journalister även ett TV-team.

Det blev trots allt en stämningsfull tillställning med gröt, skinkmacka, glögg och traditionsenlig sammanfattning av året som gått och förhoppningar inför framtiden.

1997 års insamling till Berta Kamprads stiftelse blev glädjande stor. Närmare 80.000 kronor (inklusive pengar insamlade av Vuxenklubben och Inter IKEA System i Waterloo).

Ingvar Kamprad kommenterade förstås det aktuella TV-programmet i sitt jultal.

Julklappsutdelning à la IKEA.

I september invigs första Distributionscentralen i England

Die Eröffnung des IKEA-Möbelhauses in Shanghai im Frühjahr 1998 war die Einleitung des «Großen Schrittes»: die Eroberung des riesigen Marktes Chinas.
Foto © Christian Wollin

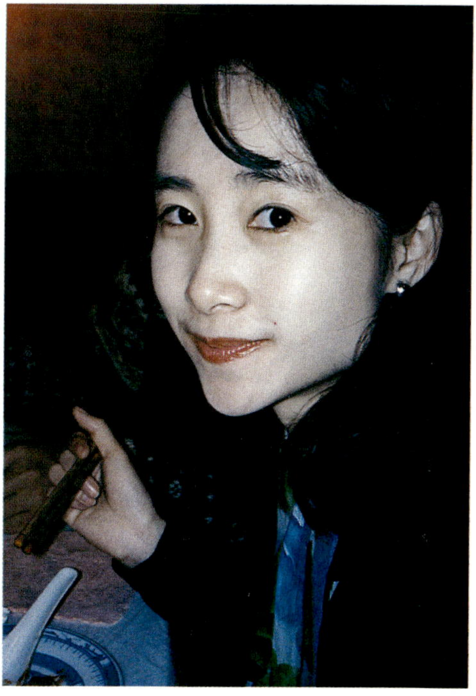

Shierley Bao ist Ingenieurin und Einkäuferin in Shanghai, ihre Spezialität sind u.a. Lampen.
Foto © Christian Wollin

Die Familie Kamprad bei einem Besuch auf Bölsö, früher einmal Eigentum und langjähriger Wohnsitz der Familie. Heute wird das Anwesen extra angemietet, wenn die Kamprads Schweden besuchen.
Von links: Jonas, Ingvar, Margaretha, Matthias und Peter. Alle Söhne arbeiten in der Unternehmensgruppe.
Foto © Valter Kroon

Der Möbelhändler nimmt seinen Stuhl und geht.

Foto © Family Magazine / Ann Lindberg

Es ist nicht nur der Vater, der seine Kinder früher vernachlässigte und in seinem Lebensherbst aufholt, was er ihnen und sich selbst versagt hat, als sie aufwuchsen und er nie zu Hause war. Nein, seine ganze Art zielt darauf ab, Nähe, am liebsten hautnah, herzustellen. Förmlichkeiten machen ihn nervös. Stimmt die Chemie zwischen den Menschen nicht, imponieren ihm keine Titel und keine Meriten. „Was will der Kerl mit einem solchen Examen bei uns!" rief er mal verdrießlich, als die Führungsgruppe über eine Neueinstellung diskutierte. (Einige Jahre später stieg ebendiese Person in die Führungspitze auf.)

Er hält die zum Gruß ausgestreckte Hand fest. Er stellt spöttische, muntere Fragen, lockt ein verständnisvolles Lächeln hervor. Als ich den Ausdruck eines unserer vielen Gespräche überfliege, tauchen Mal um Mal Begriffe wie „zusammen", „Familie", „zusammengehören", „Wir-Gefühl" und „alle gleich" und schließlich „Gemeinschaft" auf. Sie fehlen nie. „Ich bin ein Herdentier, verstehst du", sagt er beinahe bittend, als ob man ihm nicht glauben wollte.

Die Zärtlichkeit wurde zweifelsohne in einer liebevollen Familie eingeübt, die Mutter war bei allen für ihre Warmherzigkeit bekannt und der Vater streng, aber herzlich; das Bedürfnis nach Gemeinschaft und Nähe wuchs in dem Maße, wie das Unternehmen wuchs, zusammen, gehörte irgendwann wie selbstverständlich dazu und wurde Programm. Das „Handauflegen" ist ein Teil der Managementphilosophie.

Andere Unternehmensleiter verwenden Termini aus dem Bereich des Mannschaftssports oder anderer Sportarten, um ihre Organisation anzutreiben. Ein Tor machen, die Latte hochsetzen, ins Schwarze treffen, Halbzeiten, Punkte machen, k.o. schlagen. Ingvar Kamprads Sportinteresse ist jedoch minimal. IKEA ist kein Kampfsport, IKEA ist zuallererst eine Familie in einem leider immer weiter über die Erde verbreiteten Geschlecht, für das es besser wäre, lebte es nach wie vor in Älmhult, Agunnaryd oder Liatorp. Denn Familienmitglieder sollen einander nahe sein, so wie sie es auf Elmtaryd waren.

Das Kopf-an-Fuß-Unternehmen IKEA.

Sie sollten das Kopf-an-Fuß-Sofa *Ingvar* verkaufen.

In den 60er Jahren, im Aufbaustadium des Konzerns, fährt der

Großunternehmer in Europa umher, aber nicht mit einer hübschen Sekretärin, sondern mit seinem betagten, aber noch rüstigen Vater Feodor, dem Aufsichtsratsvorsitzenden des im Wachsen begriffenen Möbelunternehmen an seiner Seite. Der ist ein respekteinflößender Mann, der mit seinem Charisma bei Umtrünken stets Bewunderung hervorruft. Vor allem aber ist er Ingvars Papa.

Am Anfang war also nicht nur die Moränenlandschaft, sondern auch die Familie. Das Muster wiederholt sich in verschiedenen Dimensionen. Als Moral, als Managementtechnik, als Organisationsform, als kommerzielles Werkzeug ...

Auf Elmtaryd aßen alle Angestellten mit der Familie in der Küche. Die Köchin war sozusagen eine der ersten Mitarbeiterinnen, denn gute Geschäfte kann man nicht auf nüchternen Magen machen. Nach dem Abendessen auf dem Hof gab es, wie irgend jemand sagte, „nichts zu tun"; die königliche Fernmeldeverwaltung konnte ja nicht wissen, daß hier ein globales Konglomerat gebaut wurde, also war das Fernmeldeamt geschlossen; bis zu den Lichtern der Stadt waren es einige tannenfinstere Kilometer, niemand hatte ein Auto, der letzte Bus war schon weg. „Wir können also ebensogut ein paar Rechnungen schreiben, das Kaminfeuer knistert, wir verpacken ein paar Waren, bis alle ins Bett gehen ..."

So wuchs dieses Unternehmen mit Hilfe von Menschen, „die ohnehin nichts anderes zu tun hatten". Die Führungstechnik ist auf dem Kockum-Herd in der Küche auf dem Hof geschmort worden, bevor sie nun auf internationaler Ebene abgebrüht wird. Wenn man einander mag, arbeitet man gut, umarmt sich und beweist, daß man einander mag. Umarmen ist gratis und somit kosteneffektiv.

Arbeit und Freizeit liefen in der jungen Versandfirma organisch zusammen und es galt die Regel: „Einer für alle und alle für einen." Das Unternehmen war Teil der Familie und die Familie Teil des Unternehmens, so sah es Ingvar Kamprad. Es sollte lange dauern, bis er verstand, daß nicht alle wie in einer Familie dachten und handelten. Er konnte nicht *verlangen,* daß sich alle sowohl samstags als auch sonntags in der Firma einfanden, sie sollten es aus reinem Familiengefühl tun.

Als die Gewerkschaft auf den Plan trat, empfand Kamprad dies, wie bereits beschrieben, fast als persönliche Niederlage.

Deshalb wird er für alle Zukunft dieses wunderbare Kopf-an-Fuß-Gefühl der ersten Zeit bewahren. Oh, wie er alle bei der bloßen Erinnerung daran, wie es früher war, umarmen möchte! Bis zum Ende seines Lebens wird es das sein, was er an seiner Schöpfung am meisten liebt, die Mitarbeiter, „die Familie". Bis zum letzten will er daran festhalten, daß dieser Geist auch in einem Weltunternehmen, das im 21. Jahrhundert den Markt erobern möchte, überleben kann.

Daß der Geist nicht überleben könnte, ist wohl eine seiner schlimmsten Ängste. Neue Mitglieder in der Familie und besonders diejenigen, die einen bedeutenden Posten besetzen sollen, müssen deshalb die richtige Chemie und den rechten Glauben mitbringen. Eben deshalb führt er lange Gespräche mit jung und alt, geht wochen-, monate- und jahrelang mit dem Gedanken schwanger, wer am besten wessen Nachfolger wird und wann: Haben sie Familiengefühl, sind sie sparsam, sind sie bescheiden, verstehen sie zuinnerst, was damit gemeint ist: für die große Masse etwas ausrichten? Wie einer seiner alten Mitarbeiter sagte:

„Manchmal gibt es Dinge, die ihm nicht gefallen. Wir hatten einen neuen Produktchef angestellt, alle waren begeistert von ihm. Also nahm Ingvar ihn mit nach Bölsö, kochte Fischsuppe, unterhielt sich mit ihm und lag dann die ganze Nacht über wach. Am Morgen kam er zu mir und sagte, daß es ihm so leid tue, aber was seien das für Leute, die wir heute einstellten. Er verstand die Grundeinstellung nicht mehr. Er tat mir leid. Wir hätten doch einen ganzen Stab von Leuten, die nichts anderes tun sollten, als zu prüfen, ob wir die richtige Sorte Mitarbeiter bekämen."

Seine zweite Sorge wurde ebenfalls in den ersten Jahren im småländischen Wald geboren.

Diese Sorge ist, daß es bei vielen zur Gewohnheit geworden ist, daß er alles am besten weiß, daß nur er entscheiden kann. IKEA war ja, wie wir dargelegt haben, in den ersten zehn Jahren eine Art Ein-Mann-Unternehmen – wenn auch mit Angestellten, „Familienmitgliedern". Aber bevor in Elmtaryd jemand etwas auf eigene Faust unternahm, wurde die Frage gestellt: „Was sagt Ingvar dazu?", „Meint ihr, Ingvar würde ...?" oder „Ingvar hat darum gebeten, daß ...".

In den ersten Jahren von IKEA schien es dieser junge Mann zu sein, von dem alle Ideen kamen; von der Zeit an, als er 17 war, bis heute, da er über 70 ist, richtet sich an ihn dieselbe Erwartung, hat man dieselbe Vorstellung, daß nur er auf die richtige clevere Lösung kommt, daß er es ist, der die Ideen hat oder sie so zurechtstutzt, damit sie geschäftstauglich werden, alle sie begreifen und warum sie zu IKEA passen ...

Andere können geltend machen, das Gegenteil erlebt zu haben – wenn Kamprad etwas sagt, löst das mitunter auch die Reaktion aus, genau das Gegenteil davon zu tun. Ein Beispiel könnte die Debatte in der Leitung über die Philippinen als Lieferland sein. Kamprad war dagegen, aber die Organisation war anderer Meinung und setzte sich durch.

Bei einem anderen Beispiel dafür, daß IKEA gegen den Protest des Gründers handelte, ging es um den Vorschlag, zehn verschiedene Stilarten hinsichtlich Möbeln, Textilien usw. zu propagieren. Eine Aufteilung Europas in Regionen war etwas, was Kamprad überhaupt nicht schätzte, aber der Aufsichtsrat und die Leitung gingen einen anderen Weg.

„Es ist nach wie vor so: Vieles wird, berechtigt oder nicht, auf ihn bezogen. Ob er nun etwas gesagt hat oder nicht, es ist leicht, sich hinter ihm zu verstecken: 'Ingvar hat gesagt ...' Ein unbedachtes Wort wird plötzlich Gesetz. Eines Abends war Ingvar mit dem Auto von Dänemark gekommen. Es war sechs Uhr und er stand in Älmhult vor verschlossener Tür und sagte, dies sei ja nun das letzte, jetzt komme er nicht einmal mehr in sein eigenes Unternehmen. Danach hatten wir längere Zeit bis abends um acht Uhr geöffnet, denn niemand wollte riskieren, daß Ingvar ein zweites Mal nicht in seine Firma kommen konnte. Daran, daß er dann schon um sechs Uhr morgens hereinschlich, dachte niemand. Wie er da hereingekommen ist, weiß der Henker.“

Solcherart ist die Nähe und die Führung des herzlichen Möbelhändlers. Seine Billigung kann Berge versetzen, seine Mißbilligung einen Schatten auf die besten Bestrebungen werfen, obwohl er vielleicht nur in einem Flur drauflosgeredet hat, ohne daran zu denken, daß Wände Ohren haben und eifrige Zeichendeuter stets zur Stelle sind, wenn der Mandarin den Opferplatz passiert und daß einen Feueralarm sofort Interpretationen auslösen: „Hast du nicht gehört, was Ingvar gesagt hat, als ...“

Und deshalb gibt es in diesem globalen Unternehmen nicht

einen, der im Gespräch mit dem Autor nicht bei der Schicksalsfrage landet: Wie soll es eigentlich weitergehen, wenn er nicht mehr da ist?

Derjenige, der am meisten darüber nachgrübelt, ist – er selbst.

> Dies geschah nach Ingvar Kamprads Umzug in die Schweiz.
>
> Einer der Chefs von Älmhult gab dem Wunsch nach, in jeder Abteilung ein kleines Café einzurichten, wo die Leute sitzen und sich entspannen konnten. Irgendwo verwendete man für die Einrichtung die extra feinen Schranktüren, obgleich an ihnen Mangel herrschte. Eines Freitags, als die Führungskräfte auf einer Konferenz und zum Aalessen in Åhus war, tauchte Ingvar abends auf und war gar nicht erfreut, keinen der Chefs anzutreffen. Nur einer war noch da. Er saß zufällig in einem der neuen Cafés und trank Kaffee.
>
> Als Kamprad die Einrichtung sah, tobte er – schneller abgerissene Cafés gab es nicht. In der Weihnachtsansprache wurde die Sache aufgegriffen, und wieder einmal gab es einen Anlaß, die alte IKEA-Moral zu wiederholen, nämlich *att lista sig* zu leben: d.h., sich mit geringen Mitteln zu behelfen.
>
> Und der Chef mußte lernen, daß man sich einmal blamieren darf, aber nicht öfter ...

Ein junger Mann und seine Verirrungen

„Gedenke nicht der Sünden meiner Jugend."
Psalm 25,7

Der Bericht über Ingvar Kamprads Nazi- und Faschistenvergangenheit ist ein Beispiel dafür, wie jede Geschichte eines Menschen stets aus mehreren besteht. Die gemeinsamen Texte des Lebens überlagern einander, und gräbt man in einer Schicht, entdeckt man ständig neue Sedimente.

Da ist zuallererst die Kerngeschichte.

Wie im Schein eines verzögerten Blitzes beleuchtet die Gegenwart plötzlich die Jugendverirrungen eines alternden Mannes. Mehr als das: Im selben Augenblick tritt eine unbekannte Kindheit hervor, werden vorwitzige Kulissen errichtet, die mit komplizierten Gefühlen, Erbe und Loyalitäten, schlichtweg mit Liebe zu tun haben.

Da ist die Mediengeschichte, von den Meinungs-Archäologen der Zeit geschrieben und von einer elektronisch-schnellen Hydra verbreitet. Ein verblaßter Schandfleck wird um die ganze Welt getragen, als ob er neu wäre. Dadurch wird das Selbstwertgefühl erschüttert, wird die Glaubwürdigkeit untergraben. Freunde distanzieren sich, Kunden wenden sich ab, denn nicht einmal Legenden sind unverwundbar.

Stapel von Ausschnitten und Dokumenten in den Archiven können das Kapitel in tausend Variationen erzählen, und eines Tages können Forscher wesentliche oder neunmalkluge Schlußfolgerungen daraus ziehen.

Da ist schließlich auch der Bericht davon, wie die „Nachricht" in einem Unternehmen aufgenommen wird, wie sie die Organisation erschüttert, wie der Rahmen und dessen Verantwortliche in der Stunde der Not geprüft werden, wie sie Sofortmaßnahmen hervorruft und tiefe Gefühle mobilisiert, die ihren Grund in einer jahrelang gepflegten Kultur haben.

Schließlich gestaltet dieselbe Geschichte das Bild sowohl des Mannes als auch des Unternehmens um. Langsam kann es bestenfalls aus der Tagesaktualität entschwinden und statt dessen in überkultivierter Form in Managementseminaren auftauchen, als Paradebeispiel dafür, wie man mit unbequemen Wahrheiten umgeht oder nicht.

Diese spätere „Geschichte der Geschichte von Ingvar Kamprads Jugendsünde" erzählt ihrerseits viel über IKEA, seinen Gründer und seine Idee.

In den 90er Jahren bekam Ingvar Kamprad in zwei Runden die bittere Lektion erteilt, daß vielleicht kein Mensch, am wenigsten aber eine Person des öffentlichen Lebens, in unserer Zeit seiner Vergangenheit entkommen kann, wie tief das, was geschehen war, auch im harten Lehm des Verdrängens und Vergessens erstarrt sein mag. In der ersten Runde, an 46 Tagen vom 21. Oktober bis 9. Dezember, stand im Herbst 1994 die Enthüllung seiner Kontakte zur Neuschwedischen Bewegung zwischen seinem sechzehnten und fünfundzwanzigsten Lebensjahr zuoberst auf der Tagesordnung des Weltkonzerns IKEA. 37.000 Mitarbeiter und Millionen von Kunden und Interessierten verlangten Auskunft darüber, was an der groß aufgemachten Artikelserie im *Expressen,* der damals größten Tageszeitung Schwedens, dran sei.

Im Frühjahr 1998 gab es ein Nachbeben desselben Erdstoßes, und Dinge, die noch nicht an den Tag gekommen waren, wurden nun an die Erdoberfläche gehoben, wenn auch ohne das Ganze groß zu verändern.

Als 1994 die Kampagne in den Medien auf Hochtouren lief, beschäftigte sie in variierendem Umfang an die zwanzig Mitarbeiter bei IKEA, von der Hauptperson über Aufsichtsratsmitglieder und höchste Direktoren bis hin zu Pressechefs. Die Zahl der erschütterten und mitfühlenden Mitarbeiter an der Verkaufsfront nicht mitgerechnet.

Alles begann am Sonntagmorgen, den 21. Oktober 1994, mit einem ziemlich wütenden Anruf des Journalisten Pelle Tagesson vom *Expressen* in Malmö bei Staffan Jeppsson in dessen Büro in Humlebæk. Jeppsson war seit vier Jahren Assistent von Anders Moberg, dem Geschäftsführer von IKEA Internationals, und Ingvar Kamprad. Ein Arrangement, das Kamprad/Moberg institutionalisiert hatten, damit beide wußten, was der andere tat und sie sich nicht mit unterschiedlichen Anweisungen in die Quere kämen.

Jeppsson war in diesen Jahren viel mit Ingvar Kamprad auf Reisen gewesen und hatte durch seine ruhige und systematische Art zu arbeiten, ganz zu schweigen von seinem Engagement für die Umwelt, dessen Vertrauen gewonnen.

Tagesson verlangte ein Interview mit Kamprad, wollte aber das Thema nicht verraten, nur soviel, daß es wichtig sei. „Wenn ich nicht weiß, worum es geht, kann ich keinen Kontakt herstellen", faßte Jeppsson zusammen und legte den Hörer auf. Eine Sekunde später war Tagesson wieder am Apparat und erzählte, worum es sich handelte:

„Wenn ich Engdahl sage, reicht das vielleicht", sagte er, und Jeppsson wußte sofort Bescheid.

Im schwedischen Reichsarchiv befand sich eine Anzahl Dokumente, die 1994 gerade öffentlich zugänglich geworden waren, und die zeigten, daß Kamprad sich in dem Kreis um Per Engdahl bewegt hatte. Dieser war Anführer der Neuschwedischen Bewegung gewesen, Akademiker und Ideologe aus Skåne, der dem Faschismus nahestand. Das kurz zuvor erschienene Buch des Literaturwissenschaftlers Joakim Berglund, *Quisling-Centralen,* über den Nationalsozialismus dieser Region stützte sich auf diese Papiere – dort tauchte auch Kamprads Name auf, was für *Expressen* zum Aufhänger wurde.

Damit war der Startschuß zur destruktivsten Medienaffäre von IKEA gegeben, und Staffan Jeppsson als Kamprads Assistent konnte seine Arbeit für das Unternehmen für anderthalb Monate beiseite legen.

Er war, wie gesagt, nicht ganz unvorbereitet.

Hinterher erinnerte er sich daran, wie er und Kamprad und ein weiterer Mitarbeiter, Lennart Ekmark, an einem späten Abend im Herbst 1990 nach einer Rundtour durch Deutschland in Solingen angekommen und in ein Lokal gegangen waren. Nach einem harten Arbeitstag hatten sie sich bei einem Glas Bier über Gott und die Welt unterhalten, sie waren auf Vilhelm Moberg zu sprechen gekommen, den alle bewunderten, und auf sein antifaschistisches Buch *Reit heut nacht!*

Dem IKEA-Chef kam eine spontane Assoziation. Er zog eine Parallele zwischen Ekmarks Vergangenheit als bilderstürmender Maoist in den 60er Jahren und den großen Verirrungen seiner eigenen Jugend in den 40er Jahren: das Interesse für die nationalsozialistisch angehauchte Neuschwedische Bewegung und seinen Umgang mit dem charismatischen Per Engdahl.

Wer war dieser Engdahl, der 1994 im Alter von 85 Jahren gestorben war?

Die Meinungen hierzu gehen auseinander. Alle sind sich jedoch darüber einig, daß er ein hochbegabter, ideologisch abgedrifteter, aber literarisch bewanderter Akademiker war. Seine Produktion war beträchtlich – neben unzähligen Reden rund zwanzig Bücher, darunter, neben einer redigierten Ausgabe von Hitlers Reden, etliche Gedichtsammlungen. (Kamprad kann noch heute ein Gedicht fast auswendig – es heißt „Die Vasagarbe“ und beginnt mit „Gebunden aus Korn, das geerntet ...“).

Engdahl war seinerzeit an der Bildung einer örtlichen Abteilung der faschistischen Kampforganisation Schwedens beteiligt gewesen und gehörte für kurze Zeit der Führung einer deutschfreundlichen Bewegung an, die sich Schwedische Opposition nannte und ihren Stützpunkt in Südschweden hatte. Seine eigene „Partei“ – die Neuschwedische Bewegung – baute auf einer Mischung aus korporativen Ideen und dem Traum eines geeinten, rassenbewußt gesäuberten und von den germanischen Völkern geführten Europas auf. Im Programm der Schwedischen Opposition wurde beispielsweise offen davon gesprochen, alle Juden in Erwartung einer „gemeinsamen europäischen Lösung“ in einer speziellen Organisation zu sammeln.

So sanft Engdahls äußere Erscheinung war, so überzeugt war er in der Sache gegen Kriegsende als Faschist. Dieser Mann war es, der 1942 dem jungen Kamprad den Kopf verdrehte.

Staffan Jeppsson war also nicht völlig überrascht, als Pelle Tagesson anrief – er hatte sozusagen die Geschichte aus berufenem Munde gehört. Er ahnte, daß Sprengstoff darin lag. Kamprad selbst hatte wohl befürchtet, daß im Zuge der Erinnerungen an die Turbulenzen des Zweiten Weltkriegs, die durch die zunehmende Öffnung der Archive hochkamen, auch er als bekannter Unternehmensleiter riskierte, seine Beziehungen zu Engdahl durchleuchtet zu bekommen. Gute Freunde hatten ihn davor gewarnt, über diese Dinge zu sprechen – es könne eine Katastrophe auslösen. Vielleicht machte er an dem Abend in Solingen vor zwei Mitarbeitern, für die er Sympathie empfand, seiner Sorge Luft, um sich eine unangenehme Prüfung der „Krankheit" seiner blassen Jugend, wie er es später nannte, von der Seele zu reden.

Wir wissen nun, Ingvar Kamprad hätte bei seiner Geschichte zeitlich sehr viel weiter zurückgehen können, weiter als das, was die Enthüllungen des *Expressen* berührten und woran sich Kamprad in jenem Augenblick erinnern konnte. Tatsächlich beginnt sie in den 30er Jahren während seiner Kindheit auf dem Hof Elmtaryd zu Füßen der geliebten Großmutter, aber auch unter dem Einfluß von Papa Feodor, einem Patron, der gern Reithose und Stiefel trug und außerdem ein eindeutiger Antisemit war. Kamprad erinnert sich noch, wie der Vater davon erzählte, Juden hätte nach dem Ersten Weltkrieg die Wechselstuben in Deutschland betrieben, was mit dazu beigetragen habe, die Existenz vieler Leute zu zerstören. Dies ging auf seine Überzeugung zurück, daß ein jüdischer Anwalt den Besitz der Familie für einen absolut zu niedrigen Preis verkauft und damit das Erbe zum Teil vergeudet habe.

Feodor und Berta Kamprad sowie Ingvars Lehrer, Rudolf Malmqvist aus Agunnaryd und dessen Frau Ellen spielten öfters Bridge zu Hause auf dem Hof, wobei die Männer sich ständig über Deutschland kabbelten. Feodor dafür, Rudolf dagegen. Die Frauen beklagten sich häufig über den Zank und fanden das Ganze unerträglich.

Ingvar Kamprad durfte daneben sitzen, dem Spiel zusehen und, „unter der Bedingung, daß ich den Mund hielt", zuhören.

Es kam – wie bereits erwähnt – auch vor, daß die Großmutter ihrem Enkel die grell illustrierte Zeitschrift *Signal* zeigte, die von Goebbels' Propagandaministerium herausgegeben wurde. Deren Reportagen über die deutsche Jugend imponierten dem Jungen, der es prima fand, daß „Onkel Hitler" so viel für die Angehörigen der Großmutter tat.

Der Briefkasten des Hofs füllte sich mit ähnlicher Reklame der vielen deutschfreundlichen Gruppierungen jener Zeit, und Ingvar interessierte sich sehr dafür. Er erzählt:

Ich forderte noch mehr an. Überhaupt hielt ich die Augen offen nach allem, was gratis war. Im ***Verbandsblatt der Landwirte,*** *das auf dem Land so wichtig war wie seinerzeit die* ***Prawda*** *für den Kreml,* *fand ich Annoncen mit einem Coupon, mit dem man sich Kataloge und alle Arten von Reklame schicken lassen konnte. Ich bekam dadurch gewaltige Mengen Post und lernte auf diesem Wege auch die sogenannte Lindholmer, die extremste Nazigruppierung in Schweden, und deren Zeitung* **Der schwedische Volkssozialist** *kennen. Wenn ich mich auch nicht daran erinnere, so ist es aber möglich, daß ich nach einer Weile formal Rekrut bei Lindholms Nordischer Jugend wurde, so bewunderte ich sicher sowohl Hitler als auch Sven Olov Lindholm.*

Daß mir diese Periode in meinem Gedächtnis so kurz und so unwichtig erscheinen sollte, hing damit zusammen, daß ich fand, später zu etwas viel Besserem gewechselt zu haben, zur Engdahl-Bewegung. Lindholm war ja ein echter Nazi, der rauhbeinige **Führer** *Schwedens mit großem und kleinem Gruß, Koppel und dem ganzen Kram. Schätzte man ihn, war man Nazi, und ich schämte mich hinterher, zuzugeben, auch einer gewesen zu sein.*

So kam es, daß 1994, als alles ans Licht kommen sollte, in meiner Erinnerung Engdahl für die meisten meiner jugendlichen Verirrungen zu stehen hatte. Lindholm war aber das erste Idol meiner ideologischen Irrfahrt. Weder meine Cousine noch meine Schwester oder Schulkameraden, mit denen ich gesprochen habe – auch ich selbst nicht –, können sich daran erinnern, daß ich jemals in Uniform auftrat oder mich wie ein Nazi benahm. Daß ich wie andere junge Männer auf dem Land damals im Schützenverein war und nach dem Militärdienst freiwillig in Uniform an Offiziersausbildungsübungen teilnahm, hatte nichts mit der „Lindholmerei" zu tun. Manchmal lieh ich mir zum Fischen Vaters Reithosen aus – man konnte sie so bequem in die Gummistiefel stecken. Zu Hause auf Elmtaryd hängen bestimmt noch Vaters Lederstiefel auf einem Dachboden, aber das waren seine und nicht meine.

Eines Tages kam mit der Post eine Rolle Plakate mit einem großen Bild von Sven Olov Lindholm. Ich radelte zum Kirchdorf und hängte ein paar auf. Das war wohl meine größte Aktion. Daß ich versuchte, Mitglieder zu werben, ist nicht auszuschließen, aber das habe ich dann verdrängt. Ich las erwiesenermaßen viel über diesen Lindholm, den Führer der nationalsozialistischen Arbeiterpartei, ebenso wie ich andere deutsche Propaganda las. Die Gedanken in den Broschüren stimmten mit dem überein, was Großmutter dachte.

Irgendwann fuhr ich zu einer Versammlung mit Lindholm – doch ohne ihn persönlich begrüßen zu können. Ich war eigentlich noch ein Kind. Wie sehr ich mich auch bemüht habe, mehr als ein paar konkrete Erinnerungsbilder finde ich nicht. Einmal radelte ich nach Moheda, das dauerte mehrere Stunden, da mag ich elf Jahre alt gewesen sein. Es war in dem Jahr, bevor der Krieg ausbrach, denn ich erinnere mich noch an den Film über die Olympiade in Berlin (dunkel, denn ich habe mich nie für Sport interessiert). In Moheda sah ich Jugendliche in Uniform. Ein Mann forderte uns auf, Mitglieder zu werden, da waren Trommler, Fahnen.

Ein andermal – ich schätze, 1941 – fuhr ich gegen den Willen von Mutter und Vater zu einem anderen Lindholmlager der Nordischen Jugend - wo, weiß ich nicht mehr. Da waren noch mehr Uniformen, abends wurden Feuer angezündet, und wir sangen eine Menge. Für mich, der ich ein richtiger Einzelgänger war und eigentlich außer Kalle, den Sohn vom Pferdepfleger, keine gleichaltrigen Freunde hatte, war dies eine neue Art von Gemeinschaft, die mir gut tat und nach der ich mich in meinem Innersten sehnte.

Ich vermute, daß ich mich damals auch bei irgendeiner Gelegenheit in die Partei einschrieb, habe aber kein Papier *darüber. Dagegen nahm ich als älterer Jugendlicher an einem Wochenende an einer anderen Veranstaltung in der Gegend von Kalmar teil. Es war eine Art Seminar, das vom Engdahlkreis, den ich in Osby kennengelernt hatte, ausgerichtet wurde.*

Im Alter von 15 Jahren, 1941, war ich nämlich dort auf die koedukative Realschule gekommen, wo auch schon meine Mutter im Internat gewesen war. Ihre Eltern hatten ein Sümmchen zurückgelegt, so daß ich und meine vier Jahre jüngere Schwester Kerstin dort zur Schule gehen konnten. Ich hatte mich in der normalen Schule sehr schwergetan und war wortblind. Ich erinnere mich, wie ich ganze Nächte hindurch dalag und ohne Erfolg ausländische Vokabeln paukte. Die Aufnahmeprüfung in die Realschule in Ljungby hatte ich vergeblich gemacht, obwohl Mutter und Vater extra mit mir gelernt hatten.

Meine Lindholm-Propaganda hatte ich nach Osby mitgenommen, und am Kiosk kaufte ich ***Der schwedische Volkssozialist.*** *Wir waren drei Jungen, die einmal auf den Dachboden der Schule gingen, um heimlich eine politische Partei zu gründen. Wir hatten unse-*

re gelben kleinen Notizbücher dabei, auf deren Innenseite wir ein Hakenkreuz zeichneten. Wir versuchten uns in den Arm zu schneiden und unser Blut zu mischen, um Blutsbrüder zu werden.

Viel mehr war da nicht, aber der Rektor, Bernhard J'son Ernestam, und ein anderer Lehrer, beide stramme Antinazis, hatten mitbekommen, womit ich mich beschäftigte. Ich war zu bestimmten Versammlungen gegangen und hatte auch Hakenkreuze in ein Heft oder auf eine Bank gezeichnet. Ich wurde ins Direktionssekretariat gerufen und ermahnt, „mit diesen Dummheiten aufzuhören". Sie widersprächen der Schulordnung.

Ich pflegte jedoch weiterhin mein politisches Interesse, aber jetzt achtete ich darauf, es zu verbergen und „vorsichtig" zu sein. Auf der Post in Osby gab es an einem Pult, wo man seine Einlieferungsscheine unterschrieb, eine Abfallkiste. Dort fand ich 1942 einmal eine Zeitung, die **Der Weg voran** *hieß. Ich nahm sie mit und las sie, schrieb dann an die Redaktion, daß ich „an echt schwedischer Literatur interessiert bin und damit auch an Ihrer Zeitung... Haben Sie deshalb die Güte, mir einige Probeexemplare gratis zu senden".*

Der Weg voran *erwies sich als eindeutig deutschfreundlich. Es war mitten im Krieg und eigentlich nichts Ungewöhnliches, denn noch war Hitler erfolgreich. Zum ersten Mal kam ich nun mit Per Engdahl, dem Führer der Schwedischen Opposition, die später in seine Neuschwedische Bewegung überging, in Berührung.*

Ich fand seine Zeitung gut. In einer Nummer stand, daß Dr. Engdahl im Stora Hotellet in Osby einen Vortrag halten würde, und es kamen dazu auch Briefe oder Plakate. Das war im November 1942, und organisiert hatte das Ganze der Buchdrucker Hultberg in Osby. Ich ging hin und war mächtig begeistert (und erneut wurde ich vom Rektor gerügt). Engdahl war ein wahrer Verführer. So kann ich das heute beschreiben. Damals sagte ich wohl, daß er ein unglaublich vortrefflicher Redner sei. Ich finde jedoch nach wie vor, daß der Kerl ein Genie war, abgesehen von seinen Ansichten natürlich.

Es waren ungefähr fünfzig Leute versammelt. So widerfuhr mir das „Glück", daß ich hinterher beim Kaffee am selben Tisch wie er sitzen durfte. Er begrüßte mich freundlich und fragte mich, wer ich sei. Ich fühlte mich herausgehoben und war stolz. Damals war ich sechzehn Jahre alt.

Nach diesem Abend las ich Engdahl und **Der Weg voran** *noch* *intensiver – die Zeitung gab es übrigens auch am Kiosk zu kaufen. Ganz im Widerspruch dazu kaufte ich gleichzeitig noch eine andere Zeitung – sie hieß* **Trotz allem** *und wurde von Ture Nerman, einem Sozialisten, Rabulisten und Antinazi herausgegeben.* **Trotz allem** *war auf seine Weise phantastisch, wie ich fand, aber mein Herz schlug mehr für Engdahl.*

Auch Nerman war ein geschickter Schreiber, aber Engdahl war darüber hinaus auch noch ein glänzender Redner. Ich komme nicht darum herum, zu gestehen, daß ich nie in meinem Leben Vergleichbarem begegnet bin, und ich lauschte ihm bei mehreren Gelegenheiten. Ich bewunderte ihn und fuhr in den folgenden Jahren ziemlich oft nach Malmö, wenn er eine Versammlung abhielt. Dabei traf ich auf den Kanzleichef der Neuschwedische Bewegung, einen alten Seemann und netten Kerl namens Palmqvist. Ihren Jugendführer mochte ich hingegen nicht, wenn ich ihm auch schrieb und 1945 einmal mit einem Fünfer zu den Aktivitäten beitrug. Er hieß Bengt Olof Ljungberg und meldete sich bei mir, weil er noch mehr Geld haben wollte.

Die Neuschweden waren immer knapp bei Kasse.

Diese Clique bewegte sich sowohl politisch als auch praktisch völlig neben Lindholm und den anderen notorischen schwedischen Nazis. In Engdahls Bewegung gab es kaum einen Stiefel, keine Kampflieder, keine braunen Hemden. Ich erinnere mich dunkel, daß Ljungberg die einzige Ausnahme war. Sie waren sie selbst, und viele fand ich sympathisch. Mir gefiel der neuschwedische Gedanke über das Korporative, ich erlag der Idee von einem Großeuropa. Es sollte dauern, bis ich die konkrete Schlußfolgerung zog, daß Engdahls Rezept kein guter Weg zur Freiheit und Würde der Menschen war.

Nach seinem Abschluß in Osby zog Ingvar Kamprad nach Göteborg und besuchte zwei Jahre lang die Höhere Handelsschule. Er hatte der Lindholmerei den Rücken gekehrt und ging statt dessen ziemlich oft ins Lokal der Neuschweden, wo er „meist Ältere, ganz wenige Junge“ traf. In einem Lokal, das im hinteren Teil mit einer schwedischen Flagge und einer neuschwedischen, mit der Vasagarbe in der Mitte, geschmückt wurde, kochten ein paar freundliche Damen Kaffee, und es lag ein Duft von frisch gebackenen Wecken im Raum. Der örtliche Führer war der Oberstudienrat Bergkvist,

Biologielehrer, „unglaublich nett und taktvoll". Zweimal erhielt Ingvar Kamprad den Auftrag, zum Bahnhof zu fahren und Per Engdahl abzuholen, der einen Vortrag halten sollte.

Ich lotste ihn zum Versammlungslokal. Er war nämlich fast blind, hatte mordsdicke Brillengläser und konnte nicht allein über die Straße gehen. Auf dem Weg dorthin sollten wir auch in Bräutigams Konditorei Kaffee trinken. Dort wollte der schwachsichtige Reichsvorsitzende (sie sagten oft „RV"), daß ich ihm aus der **Göteborgs Handels & Sjöfartstidning** *vorlese, vor allem die Heute-Spalte - Torgny Segerstedts berühmte Kolumne. Engdahl behauptete, große Hochachtung vor diesem Hitlergegner zu hegen, nannte ihn „einen einfachen und feinen Mann".*

Es ist mir schon immer leicht gefallen, manchmal zu leicht, begabte Menschen mit Eigenschaften, die mir selbst fehlten, zu bewundern und mich auf sie zu verlassen. Ich hegte außerdem wegen seiner Blindheit eine Art zärtliches Gefühl für Per Engdahl, ich wollte ihm helfen. Aber ich verehrte auch seine Fähigkeiten und seine Intelligenz. Nachdem ich eine Spalte gelesen hatte, konnte Engdahl sie sofort auswendig, ja wortwörtlich wiedergeben. Das war imponierend.

Ich hatte den Eindruck, daß er mit offenen Karten spielte – daß er derjenige war, für den er sich ausgab, und kein anderer. Auf meine direkte Frage versicherte er mir, daß er weder Nazi, noch Faschist oder Rassist sei, daß es in seiner Bewegung aber extreme Gruppierungen gebe.

So, wie ich das heute vor dem Hintergrund dessen, was ich später gelernt habe, sehe, war er sehr wohl Rassist. Nicht speziell gegen Juden gerichtet. Aber er wiederholte gern, daß Rassenmischung stets ein schlechtes Resultat ergebe. Er sprach z. B. von den Malaien – einem je zur Hälfte indischem und chinesischem Blut entstammenden Volk. Von den Indianern sprach er auf die gleiche Weise, und ich ging ihm auf den Leim; so war das, er machte mich glauben, daß Rassenmischung falsch sei.

Dagegen hörte ich nie ein Wort des Hasses gegen Zigeuner, Juden oder andere aus seinem Mund. Aber er war Rassist; entweder verstand ich nicht, was im Programm der Neuschweden stand, oder ich las es nie oder war dumm genug zu meinen, daß das, was er sagte, sich gut anhörte und reichen mußte. Daß er sich später geändert haben soll, spielt keine Rolle.

1945 war der Krieg zu Ende, und ich verließ Göteborg, um beim Waldbesitzerverband in Växjö anzufangen, eine Arbeit, die Papa mir verschafft hatte. In der Stadt nahm ich an einer Anzahl Versammlungen mit einer Gruppe von Neuschweden teil, die den Krieg überlebt hatte. Ich begriff noch immer nicht, daß ich Opfer eines großen Denkfehlers war. Aber dann hatte ich das Glück, mit Ivar Peterson, dem Leiter der Abteilung für Öffentlichkeitsarbeit und der Zeitung **Forstkontakt**, *gut Freund zu werden. Er ging später zum* **Expressen** *und starb jung an Krebs – ich bewunderte ihn sehr.*

Ihm vertraute ich früh meine „Krankheit", die Verbindung zu Engdahl, an. Er erklärte mir, welcher Irrweg das sei, und legte geduldig dar, weshalb. Wir wurden gute Freunde und er hörte mir geduldig zu, obwohl ich schwer zu bekehren war. Ich erinnere mich auch deswegen an ihn, weil er, als ich meiner Gewohnheit getreu, mit Leuten Geschäfte zu machen, ihm zuerst eine Pendüle verkauft hatte und dann noch eine Armbanduhr verkaufen wollte, sagte:

„Mein lieber Ingvar, ich habe ja die Kirchturmuhr, wenn ich nach Hause gehe, und zu Hause habe ich jetzt die Pendüle, was soll ich da mit einer Armbanduhr ..."

Ivar Peterson, damals ein Mann von 40 Jahren, vermittelte mir, einem unsicheren 20jährigen, der ziemlich isoliert gelebt hatte, einige frische Auffassungen, die mir allmählich helfen sollten, „diese Herren", wie er Engdahl und Konsorten nannte, zu durchschauen. Er war ein strahlend froher Mensch, der alles tat, um mich zur Vernunft zurückzuführen, genau wie später der getreue Jurist von IKEA, Ola Ellwyn.

Aber nun machten andere Dinge mein Leben kompliziert. Ich war Engdahl mit der Zeit sehr nahe gekommen und sah zu ihm auf. 1948 vereinbarten wir, daß ich eines seiner Bücher herausgeben sollte. Es hieß **Politische Allgemeinbildung** *mit den Untertiteln „Wer war ... Was geschah ... Wie kam es ... in der Politik?"*

Es war eine politische Essaysammlung, ohne ideologische Untertöne, eher eine Beschreibung der Geschichte Schwedens und seiner Nachbarn von 1809 bis in die neueste Zeit. Der Punkt war, daß Engdahls Name nicht vorkommen durfte, vielleicht, weil da zwölf Zeilen über „die parteilosen Neuschweden" waren. Sein Pseudonym war Sten Jonsson. Unsere Abmachung lief darauf hinaus, daß ich ihm, sobald Geld aus dem Buchverkauf hereinkäme, anteilig sein Honorar bezahlen würde.

Das Buch wurde von einer Anzahl Provinzzeitungen positiv rezensiert, wirtschaftlich wurde es jedoch ein Flop. Ich tilgte lange Zeit hindurch meine Honorarschulden an Engdahl – immer wieder mal einen Hunderter. Wenn ich daran denke, hoffe ich, daß ich letztendlich meinen Verpflichtungen nachgekommen bin.

Es fiel mir also schwer, mit meinem Idol zu brechen. Nicht nur seine Krankheit hielt mich davon ab, mir etwas einfallen zu lassen, was ihn betrüben würde. Schrittweise hatte ich damit aufgehört, an seine Lehre zu glauben, ich war dabei, in die richtige Richtung bekehrt zu werden, und mehr als die Politik dominierten zunehmend die Geschäfte mein Leben. Ich hätte abspringen müssen, aber mir fehlte noch der Mut, zu sagen, daß ich nichts mehr mit ihm zu tun haben wollte. Deshalb verging eine lange Zeit, ohne daß es zum Bruch kam. Er schickte mir sein großes Buch **Die Erneuerung des Abendlandes** mit einer leicht bitteren Widmung, die von „Smålands schweigenden, ach so schweigenden Wäldern…“ sprach. Ich ließ nämlich nie etwas von mir hören, und darüber war er gekränkt. Oberflächlich las ich in dem 800 bis 900 Seiten dicken und engbedruckten Buch. Ohnehin lassen sich die Bücher, die ich wirklich zu Ende gelesen habe, an den Fingern einer Hand abzählen.

Engdahl hätschelte mich nicht wegen meines Geldes. IKEA war noch ein bescheidenes Geschäft, warf kaum mehr als ein ordentliches Taschengeld ab. Seine Bewegung schien jedoch ständig Kapitalbedarf zu haben. Von wenigen bin ich sooft um Unterstützung angegangen worden, wenigen habe ich so viele Absagen erteilt. Wenn Engdahl an mir hing, dann wahrscheinlich aus anderen als finanziellen Gründen. Viel später drückte er seine Anerkennung darüber aus, wie ich IKEA führte, und meinte, daß ich als Unternehmer die neuschwedischen Gedanken von Klassenlosigkeit etc. verwirkliche.

Bevor ich das erste Mal heiratete, diskutierten Kerstin, meine zukünftige Frau, und ich viel darüber, ob Engdahl bei der Hochzeit dabeisein sollte. Noch ehe wir uns entschieden hatten, schickte er ein Geschenk – einen feinen Möbelstoff von **Kinnasands Weberei**, wo sein Bruder Chef war.

Es gab kein Zurück – er hatte uns zu Ehren auch eigens ein Hoch-

zeitsgedicht geschrieben (Per Engdahl hatte bereits mehrere Gedichtsammlungen herausgegeben, denen vielleicht ein besseres Schicksal zuteil geworden wäre, wenn der Dichter politisch nicht der gewesen wäre, der er war). Wir hatten einige wenige uns Nahestehende zur Hochzeit in der Kirche von Solna eingeladen, unter ihnen Lennart Hylands Frau Tuss, eine Freundin von Kerstin.

Wir schickten ihm eine Einladung, und ich schrieb auch einen Brief, worin ich ihn bat, eine aufmunternde Rede zu halten, die meiner Frau guttun würde – sie hatte einen Hang zum Pessimismus. „Meine Zukünftige hat es etwas schwer, weil sie in keiner Weise im Leben einen Sinn entdecken kann, sondern findet, daß alles keinen Wert habe ...“

Engdahl kam und hielt uns beim Hochzeitsmahl im **Hasselbacken** *in Stockholm eine schöne Rede. Just dieser Brief mit der Einladung sollte im Herbst 1994 im* **Expressen** *veröffentlicht werden und den Beweis für meine angebliche Naziverbindung liefern. Dieser Beweis wiederum wurde in eine Affäre verwandelt, die während einiger schwerer Novembertage in jenem Jahr sowohl mich als auch IKEA in den Grundfesten erschütterte.*

Dann tauchte dieser Brief im Frühjahr 1998 erneut in unerfreulichem Zusammenhang auf. Wieder war es der **Expressen,** *der mir seine Spalten widmete. Jetzt hatte man meine frühen Kontakte zu Lindholm entdeckt und machte eine große Nummer daraus, weil ich davon nicht schon 1994 erzählt hatte. Den Grund habe ich nun ehrlich zu schildern versucht:*

Ich dachte, ich hätte meine Ansichten zum besseren verändert – vom rohen Nationalsozialismus zu Engdahls „gepflegterem“ Faschismus. Vielleicht war dies in meinem Inneren eine völlig zureichende Bekehrung vom Bösen. Ich schämte mich so kolossal für die Zeit mit den Lindholmern, daß ich nicht einmal meiner Frau Margaretha etwas davon erzählt hatte, was ja an sich schon schlimm war.

Mit Engdahl, das mußte reichen, gewissermaßen.

Außerdem: Ich war, was immer die Leute sagen, vor allem ein Kind, als dies geschah, und die Ereignisse, über die ich jetzt, so genau ich es konnte, Rechenschaft abgelegt habe, liegen mehr als 60 Jahre zurück. In den Nächten, in denen ich wach lag und über diese unerfreuliche Affäre grübelte, fragte ich mich: Wann können einem alten Mann seine Jugendsünden vergeben werden? Kann wirklich jemand meine Reue, meine Trauer über meine Verirrungen falsch verstehen? Ist es ein Verbrechen, daß ich von einer deutschen Großmutter und einem deutschen Vater erzogen wurde? Wie gesagt: Wann wird einem alten Mann wegen des Irrwegs in seiner Jugend vergeben?

Die Affäre, die ein Fall für die PR wurde

„...und nichts als die Wahrheit und nichts zu verschweigen, hinzuzufügen oder zu verändern..."
Aus dem Zeugeneid

„Freunde erkennt man in der Not."
Altes Sprichwort

Die Geschichte von Ingvar Kamprads nationalsozialistischem und faschistischem Interesse als junger Mensch bietet uns nicht nur ein Bild vom verschlungenen Pfad, der zu einer Überzeugung hin- und wieder von ihr wegführt. Sie ist auch ein Beispiel dafür, was in einem großen Unternehmen geschieht, wenn ein „vergleichsfremder" Faktor in den Geschäftsalltag einbricht, der die Glaubwürdigkeit des Konzepts zu unterminieren oder den Verkauf aufs Spiel zu setzen droht.

Es ist wenig verwunderlich, daß Management-Gurus die Engdahl-Affäre sorgfältig studiert haben, nicht als eine pikante biographische Abweichung im Leben eines Unternehmers, sondern als einen Fall, der sich auf Unternehmensführungsebene abgespielt hat. Betrachten wir auch in diesem Buch die Sache aus eben demselben Blickwinkel.

Es ist nicht übertrieben zu sagen, daß der Anruf des *Expressen*-Journalisten Tagesson am 21. Oktober 1994 bei IKEA und in Kamprads Leben wie eine Bombe einschlug.

Er bekam eine Gnadenfrist zum Nachdenken.

Er und sein Assistent Staffan Jeppsson wollten am nächsten Tag nach Seattle reisen. Tagesson wußte, daß Kamprad auf dem Weg dorthin war und flog nach Genf, in der Hoffnung, sein Interviewpartner werde von dort aus fliegen.

Aber Kamprad und Jeppsson flogen von Kopenhagen aus. Vier Tage später traf er, Jeppsson war Zeuge, im IKEA-Möbelhaus in Aubonne bei Lausanne auf Tagesson samt einem Fotografen.

Noch ehe Tagesson alle Dokumente vorlegte, hatte Kamprad

bereits beschlossen, über alles zu sprechen und „mehr zu erzählen, als er gefragt wurde“ (d.h. ein gut Teil dessen, was in vorigen Kapiteln und im Kindheitskapitel über die Großmutter erzählt worden war). Es ging alles ruhig vor sich, bis der Sonderberichterstatter des *Expressen* ein paar Papiere vorlegte, die man als Beweis dafür sah, daß Kamprad noch 1958 an einem europäischen Faschistentreffen in Malmö teilgenommen habe.

Plötzlich sollte es also nicht mehr um eine Jugendsünde, sondern um die politische Urteilslosigkeit eines reifen Großunternehmers gehen. 1958 war jedoch das Jahr, in dem in Älmhult das erste Möbelhaus errichtet wurde, IKEA befand sich in einer expansiven Phase und Kamprad wußte genau, daß er zu diesem Zeitpunkt jedes politische Interesse hatte fallen lassen und niemals an einem solchen Treffen teilgenommen hatte. Wenn schon nicht aus anderen, dann aus praktischen Gründen; er war vollauf mit dem Unternehmen beschäftigt.

Kamprad regte sich fürchterlich auf, Jeppsson hatte ihn noch nie so gesehen. Die Zornesröte stieg ihm ins Gesicht, und er schlug mit der Faust auf den Tisch: Das sei eine Lüge, und er werde es beweisen.

Nachdem Tagesson und Kamprad sich in seltsamer Stimmung getrennt hatten, ahnte man bei IKEA, welche Ladung binnen kurzem in den Medien hochgehen würde. Noch in derselben Stunde wurden Beschlüsse gefaßt, die dem Unternehmen und Kamprad selbst den Weg wiesen, wie sie in der nächsten Zeit agieren sollten:

Alles müsse auf den Tisch, sagte Kamprad. Wenn er sich in einem Punkt geirrt habe, wenn er unangenehme Fakten verdrängt oder vergessen habe – nun denn, dann müsse man das hinnehmen, aber ans Tageslicht müsse es. Es solle kein Versuch unternommen werden, auch nur im geringsten die Wahrheit zu verbergen. So lautete der Tagesbefehl – der hatte nur einen Haken:

Kamprad hatte den Umfang seines frühen nationalsozialistischen Interesses vergessen, das ihn erst zum Kontakt mit Engdahl geführt hatte.

Aber jetzt – im November 1994 – wurde die gesamte Leitung von IKEA mit diesem Befehl aktiviert. Man bildete eine Art Krisenstab mit dem Assistenten Jeppsson, der Pressechefin Elisabet Jonsson in Humlebæk und, als Sicherheitsfaktor im Hintergrund, dem Konzernchef Anders Moberg. Sie richteten sich in dem Raum ein, in dem Ingvar Kamprad sonst immer saß, wenn er IKEA International besuchte. Am Sonntag, dem 6. November, fuhr Kamprad nach Älmhult, wo Leif Sjöö, der Pressechef in Schweden, zu einer Kombination aus Back-up und Sparringspartner für ihn wurde.

An diesem Tag war eine große Zahl von Möbelhauschefs nach Älmhult gekommen, um im IKEA WAY-Programm ausgebildet zu werden. Am Abend sollten sie den Konzerngründer treffen, der ihnen die erste Lektion des *Testaments des Möbelhändlers* erteilen wollte. Eine notwendige Predigt über die Kultur der IKEA-Familie, den Geist von Småland, all das, was einst in den magischen 50er Jahren hier geboren worden war.

Es wurde extra ein Krisenhauptquartier eingerichtet, weil man fälschlicherweise dachte, daß der *Expressen* seine Enthüllung an diesem Tag veröffentlichen werde. Leif Sjöö übernahm eine besondere Verantwortung – er war bereit, am Montag, sobald man wußte, was der *Expressen* schrieb, ins Reichsarchiv nach Stockholm zu fahren und sich in das spezielle Archiv zu vertiefen, das Per Engdahl in historischer Absicht gestiftet hatte.

Gleichzeitig wurden alle Vorbereitungen getroffen, um das Personal auf den unterschiedlichen Ebenen zu informieren. Der IKEA-Chef befand sich in einer seiner mehrmals im Jahr wiederkehrenden „Trockenperioden“, in denen er absolut keinen Alkohol anrührte. Er trank den Kaffee, den jemand von der Bürorunde am Freitagnachmittag übriggelassen hatte, und er fand zwei vertrocknete Semmeln. Das war alles, was er in den zwei Tagen harter Arbeit aß.

Nun wurden alle Papiere hervorgeholt, eine Strategie zurechtgelegt, wie man der Kanonade der Medien begegnen wollte, und als man am späten Sonntagabend alles zusammenfaßte, machte sich so etwas wie Erleichterung breit, und jemand rief:

„Jetzt heben wir einen, das ist es uns wert.“

„Nie im Leben“, entgegnete Kamprad diszipliniert wie immer, „ich habe meinen trockenen Monat.“

Am Abend, als er mit den enthusiastischen Möbelhauschefs im Gasthauskeller zusammentraf – für so manche ist dies der Höhepunkt ihrer Karriere –, war er nach außen hin gesammelt und ruhig, aber eigentlich ziemlich gestreßt. Mitten im Vortrag schlich Sjöö mit einem Karton voller Dokumente herein, die der Presse und den

Angestellten übergeben werden sollten. Damit wollte man die noch unbekannten Beschuldigungen des *Expressen* widerlegen oder ihnen die richtigen Erklärungen und Hintergründe geben.

Am Abend fuhr Kamprad mit dem Auto nach Humlebæk, wo er sich am nächsten Tag den Medien zur Verfügung stellte.

Den ersten Artikel brachte der *Expressen* am Montag, dem 7. November, mit Aushängen an den Zeitungskiosken, großen Rubriken und einem vierseitigen Bericht mit der Quintessenz: Kamprad ist aktiver Nazi. Gleichzeitig informierte IKEA das gesamte Personal per Brief, Betriebszeitung und auf Versammlungen. In Humlebæk belagerten, wie erwartet, das Fernsehen, der Rundfunk und die schreibende Presse das Hauptquartier nördlich von Louisiana. Auf der Mattscheibe war ein gehetzter Kamprad zu sehen, böse, verzweifelt, müde und traurig zugleich. „Ich, der ich so viel für die Zukunft zu tun habe – ich soll Zeit aufwenden müssen, um darüber zu reden, was ich als junger Spund gedacht und empfunden habe?"

Er vermittelte damit auch ein Bild seines eisernen Willens zu kämpfen. In Wirklichkeit ist das seine Spezialität. Nur wer schläft, macht keine Fehler, wiederholt er beschwörend. Probleme sind eine Chance, hätte er seiner Predigt getreu hinzufügen können. Die Wahrheit, und nichts als die Wahrheit – hätte er aus dem Zeugeneid zitieren können.

Das Nachbeben in den ausländische Medien ließ nicht auf sich warten. Zwei Tage später brachten alle Medien weltweit die Nachricht. Mit in unterschiedlichem Grad angestrengten Witzen, die auf das Möbelunternehmen anspielten, präsentierte man die Angelegenheit mit Schlagzeilen wie:

„Nazi-Skelett im IKEA-Kleiderschrank".

Doch noch vor der Veröffentlichung war Ingvar Kamprad schon mit einem langen, handgeschriebenen Brief an all seine Mitarbeiter herangetreten (er schreibt nach wie vor alle Briefe in Druckbuchstaben). Kamprad richtete sich besonders an die Leute zu Hause in Älmhult, die Kerntruppe, fast Eidgenossen in der berühmten nahen „Familie". Der Brief wurde im Faksimile im *Älmhultsbladet* abgedruckt – für IKEA das, was ein Regierungsorgan für eine politische Partei ist. Er wurde eilends in alle Sprachen der IKEA-Welt übersetzt.

In dem Brief, den er in mehreren Versionen verfaßte (eine hat die

Überschrift: „Zehn Tage – bisher –, die ich nicht so schnell vergessen werde“), spricht der traurige, reuevolle große Vater zu den Seinen, und er beginnt sehr richtig mit den Worten: „Liebe IKEA-Familie“, darüber, als Überschrift: „Meine größte Niederlage.“

Damit hatte Kamprad den internen Ton in dieser Affäre angegeben. Er kleidete sich in Sack und Asche und gestand alles. Viele fanden, daß er ein paarmal zuviel um Verzeihung bat, aber das ist sein Stil, auch in persönlichen Konflikten (den Autor dieses Buches nicht ausgenommen). Er verglich diese Jugendsünde mit seinem, wie er selbst meint, gut belegten Talent, Mißerfolge zu produzieren, wie z.B., als er in den 50er Jahren seine Millionen durch eine Fernseherfabrik in Helsingborg verlor. Dann erzählt er von seiner weinenden sudetendeutschen Großmutter, die Hitler mochte. Kurz, präzis, aber dennoch detailliert zeichnete er nun den Hintergrund seiner Sympathie für Deutsches und seines Kontakts mit der Neuschwedischen Bewegung. „Dies ist ein Teil meines Lebens, den ich bereue“, schrieb er und sprach davon, wie er unglückseligerweise der Verleger von Per Engdahl wurde, mit einem Buch, das nur eine Flop wurde.

Kamprads Brief von diesem Tag ist für jeden ein persönliches Dokument, wenn auch kollektiv adressiert. Er schrieb wie an Freunde, aber in Wirklichkeit war dieser interne Canossagang eine Probe darauf, wieviel der Geist bei IKEA auszuhalten vermochte:

Du bist selbst einmal jung gewesen, und vielleicht findest du etwas in deiner Jugend, was du jetzt, lange danach, für albern und dumm hältst. In diesem Fall verstehst du mich besser. Dazu kommt noch, daß es 40 bis 50 Jahre her ist. Im nachhinein weiß ich, daß ich es schon früher als jetzt eine meiner Niederlagen hätte nennen sollen, aber das ist nun nicht mehr zu ändern!

Er beendete seinen Brief, indem er an all das erinnerte, was IKEA in Zukunft anzupacken hatte – die Markterschließung in China stand bevor. Und er rundete ihn mit seiner Paradezauberformel ab: „Das meiste ist ungetan - wunderbare Zukunft.“

Den für Ingvar Kamprad schmerzlichsten Artikel in der Presse brachte zwei Tage später, am 9. November, *Idag/Kvällsposten* mit der Enthüllung: „Nazi-Geld finanzierte den Start von IKEA“, eine

Behauptung, die im Frühjahr 1998 wiederholt und dann von Per Engdahls Sohn verifiziert werden sollte.

Hatten bislang Trauer und Enttäuschung Ingvar Kamprads Reaktion geprägt, so befiel ihn jetzt übermäßiger Zorn. Ein Mensch, der zeit seines Lebens seine Ehre dareingesetzt hat, sich niemanden gegenüber zu verschulden, empfindet die Anschuldigung, Geld geliehen zu haben, als einen Messerstoß direkt ins Herz, mag der Kreditgeber nun Faschist sein oder nicht. Es ist die Unterstellung, nicht auf eigenen Beinen gestanden zu haben, die schmerzt.

„Sie hätten mich des Mordes beschuldigen können, aber nur nicht, Geld geliehen zu haben“, rief er aus, denn es mangelt ihm nicht am Talent für absurden Galgenhumor.

Die Zeitung bekam er zur selben Zeit, als er in Lausanne bei der Vorstandsarbeit saß. „Als ich diese Geschichte las, geriet mein Mut wirklich ins Wanken.“ Nur wenige Minuten später kamen ihm die Tränen, aber aus einem ganz anderen Grund. Da tickerte nämlich ein seitenlanges Fax aus Älmhult aus der Maschine. Darin stand über den Unterschriften von Hunderten von Mitarbeitern lediglich der einfache Text:

INGVAR, WIR SIND DA,
WANN IMMER DU UNS BRAUCHST.
Unterzeichnet IKEA FAMILIE IOS (= IKEA of Sweden)

Da brach es aus dem großen Vater heraus. Er heulte wie ein Kind.

Später, als er sich wieder gefangen hatte, sandte er noch am selben Tag ein zweiseitiges handgeschriebenes Fax an *Älmhultsbladet* mit der Überschrift: DEN TRÄNEN WAR KEIN EINHALT ZU GEBIETEN.

Darin bedachte er alle Mitarbeiter für ihre Unterschrift mit einer brieflichen Umarmung. Er sprach ein weiteres Mal davon, wie sehr er sich für seinen früheren Umgang schäme, und er könne dementieren, daß er sich nie eine einzige Öre geliehen habe, um IKEA aufzubauen. Als die Sache aktuell gewesen sein sollte, habe IKEA bereits rund eine Million Kronen umgesetzt und hätte schon von daher keinen Grund gehabt, sich Geld zu leihen.

Zur selben Zeit, da dies geschah und Hunderte von unbarmherzigen Presseartikeln der ganzen Welt über Fax bei IKEA einliefen, war Leif Sjöö mit dem Wühlen in der umfangreichen Korrespondenz und den Reden Per Engdahls im Reichsarchiv fertig. Sjöös Auftrag von Kamprad war: Suche alle Dokumente, die mit mir und den Neonazis in Verbindung gebracht werden können und laß sie – unabhängig vom Inhalt – umgehend der Presse zukommen, schick mir aber eine Kopie davon. Es soll die Wahrheit dienen, und nichts als der Wahrheit.

Sjöö, der seit 1958 mit in Älmhult dabei war und die Ochsentour gemacht hat, fand eine Anzahl von Dokumenten, die einen Umgang belegen. In einem frühen Brief bittet der stets sparsame Ingvar Kamprad darum, ein paar Nummern der Zeitung *Der Weg voran* zugesandt zu bekommen, und unterzeichnet „mit nordischem Gruß".

In einem anderen – undatierten – Brief ist unter anderem die Rede davon, daß Kamprad den Neuschweden helfen sollte, von einem Verein in Göteborg Geld einzutreiben. In einem anderen Brief geht es um einen verschwundenen Hunderter, nach dem Per Engdahl gefahndet hatte. Der Brief ist schon deshalb interessant, weil er aufdeckt, wie bekümmert der junge Kamprad über den Möbelhändlerverband ist, der genau zu dieser Zeit die St. Eriksmesse gezwungen hat, die Teilnahme von IKEA zu boykottieren. (Kamprad drückt in dem Brief an Engdahl die Hoffnung aus, daß die sozialdemokratische *Aftontidningen* seine Sache unterstützen werde.)

In einem weiteren Brief bestellt Ingvar Kamprad für 100 Kronen zwei Bände eines Buchs von Engdahl *(Die Erneuerung des Abendlandes)* – er läßt sich auch positiv über *Der Weg voran* aus und hofft, daß Engdahl hereinschauen werde, wenn er in Älmhult vorbeikomme.

Schließlich fand Leif Sjöö auch das Dokument, das in der Presse als Beweis dafür ausgegeben worden war, daß Kamprad 1958 an einem faschistischen Europakongreß in Malmö teilgenommen habe. In Wirklichkeit handelte es sich um eine Geldspendenliste für den Vorsitzenden Engdahl, der an Neujahr 1959 seinen 50. Geburtstag feiern sollte. Laut dieser Liste gab Kamprad nichts. Das wichtigste aber ist: Sie zeigte, daß er so spät, wie es im *Expressen* behauptet wurde, nicht mehr politisch tätig war.

Mit Kamprads persönlichem Brief ans Personal und seiner Distanzierung von seinen verirrten Gedanken als junger Mensch („Ich schäme mich", „Ich bereue es", „Ich war dumm genug" und

„Ich traute mich nicht zu widersprechen") scheint der Skandal erst einmal überwunden.

Für die bohrenden Journalisten gibt es nichts mehr aufzugreifen – doch im Ausland war die Sache immer noch nicht aus der Welt.

Die jüdische Weltbewegung in Gestalt des Rabbiners Abraham Cooper vom *Simon Wiesenthal Center* in Los Angeles meldete sich mit der Forderung nach ausführlicher Rechenschaft zu Wort: Man deutete die Möglichkeit eines Boykotts der IKEA-Möbelhäuser in den USA an, wollte aber zuerst die Wahrheit wissen, weshalb IKEA in Israel keine Möbelhäuser habe, dagegen in den arabischen Ländern.

IKEA griff sofort auch an dieser „Front" ein, einerseits mit einem Brief Anders Mobergs, andererseits damit, daß der USA-Chef von IKEA, Göran Carstedt, nach Los Angeles geschickt wurde, um persönlich mit Cooper zusammenzutreffen. Er und Mobergs Brief überzeugten den Rabbiner davon, daß das Unternehmen Israel niemals diskriminiert habe, daß man, ganz im Gegenteil, seit langem dort einkaufe, Waren an israelische Kunden liefere und daß man positiv die Möglichkeiten untersuche, in Israel ein Möbelhaus zu eröffnen.

Das Center in Los Angeles begnügte sich damit. Kamprads „bitter regret" seines Engagements als junger Mensch und seine Versicherung, niemals ein Nazi gewesen, noch eine nationalsozialistische Organisation unterstützt zu haben, wurden akzeptiert, der angedrohte Boykott abgeblasen.

Damit war die „Naziaffäre" praktisch vorüber – für dieses Mal. Der Krisenstab konnte abgewickelt werden, IKEA hatte seine schlimmste Krise in den Medien, die es je erlebte, überstanden, und es gibt Leute, die meinen, daß das Unternehmen stärker daraus hervorgegangen sei, als es an deren Beginn war. Was die Sache entschied, war sicherlich der resolute Entschluß der Hauptperson, sofort die Initiative zu ergreifen, seine sehr persönliche Botschaft ans gesamte Personal, seine Zugänglichkeit gegenüber den Medien, als die Sache einmal auf dem Tapet war, seine klare Anweisung, daß nichts, aber auch gar nichts von dem, was aus dem Archiv auftauche, verborgen werden dürfe – auch wenn sich bald zeigte, daß nicht alles vollständig aufgedeckt worden war.

Doch in diesem Stadium bewirkte alles zusammen, daß die

Medien in positivem Sinne verstummten. Am 7. Dezember 1994 notierte Staffan Jeppsson erstmals seit dem 21. Oktober im Krisentagebuch, daß in der Angelegenheit von den Medien überhaupt keine Fragen an ihn oder Elisabet Jonsson eingegangen seien. Am nächsten Tag konnten sie endlich wieder den laufenden Geschäfte nachgehen. Nach wie vor verwaltete Jeppsson jedoch alle „gefährlichen" Bücher und Dokumente über Kamprads Jugendsünde – einschließlich der ungelesenen *Erneuerung des Abendlandes.*

So weit ist diese Schilderung der Engdahl-Affäre der nahezu perfekte „Fall" für jedes x-beliebige Medienseminar auf Managementebene. Totale Offenheit gegenüber der Öffentlichkeit, alles auf den Tisch legen, keine Versuche, die schnüffelnden journalistischen Spürhunde mit Quasibonbons zu füttern, sondern nur mit der Rohware: der Wahrheit. Der Wahrheit, soweit er sich ihrer erinnerte.

Es könnte kein besseres PR-Lehrbuch geben.

Im Frühjahr 1998 wurde indessen der Teil seiner Beziehungen zu rechtsgerichteten Bewegungen enthüllt, die er früher nur angedeutet oder verdrängt hatte. Jetzt lieferte der Veranstaltungsbesuch des Bauernburschen Ingvar in Moheda/Alvesta, als Sven Olov Lindholm vor schwedischen Nazis sprach, die Schlagzeilen – vor allem im *Expressen.* Auf Ingvar Kamprad fiel jetzt jedoch auch der Verdacht, daß er trotz allem Teile der Wahrheit über sich selbst zu verheimlichen versucht habe.

Kein Zweifel, daß Ingvar Kamprad erneut erschüttert war und viele seiner Freunde sich wunderten. Er hat unzählige Telefongespräche mit Menschen geführt, die in der Zeit, als sich dies zutrug, dabei waren, um herauszufinden, was eigentlich geschehen war. Ebenso unzählige Fragen hat ihm der Autor dieses Buches gestellt, um sein träges Gedächtnis aufzufrischen. Und er war nahe an der Grenze zur Verzweiflung, wenn er sich ein ums andere Mal im Jahr oder in der Begebenheit irrte.

Als Leiter eines Großunternehmens dürfte Ingvar Kamprad in der Beziehung einzig dastehen, daß er weder ein Tagebuch noch einen Kalender geführt hat, auf die man zurückgreifen könnte. Er reagiert allergisch auf das Sammeln von Bildern und Briefen, er scheint fast manisch nur nach vorn, auf das Morgen orientiert zu sein. Sein Gedächtnis ist ausgezeichnet, aber ungeheuer selektiv. Er kann sich exakt an die Preise des Schubladenelements *Tore* oder des

Bettes *Fridolin* erinnern, auch an den Namen des Polen, mit dem er sich über einen großen Möbelkauf einigte, aber man kann ihn ständig bei einer verkehrten Angabe von Jahreszahlen oder Namen ertappen, die keine unmittelbare Bedeutung für den Geschäftsbetrieb haben.

Als nach dem Tod der Eltern der Nachlaß aufgeteilt wurde, lautete seine Nachricht an die Schwester: „Kann man nicht ebensogut alles wegwerfen?“ Die Schwester Kerstin tat das Gegenteil – sie hob alles auf, und dank ihr waren wichtige Teile der Geschichtsschreibung in diesem Buch gut zu belegen und zu dokumentieren.

Als ich ihm die Frage stelle, ob sich in der Bibliothek des Hofes Hitlers *Mein Kampf* befinde, weiß Kamprad das nicht. Die Schwester gibt jedoch schnell Auskunft: Das Buch steht noch im alten Bücherregal des Vaters; eine deutsche, in alter, schwerleserlicher Fraktur gedruckte Ausgabe, fast unberührt. Und jetzt fällt es auch Ingvar Kamprad wieder ein: Er hat als Junge darin geblättert, es aber nie gelesen, es gehörte dem Vater. Auf dem Einband steht hinten mit Bleistift, daß das Buch im Einkauf einmal 7,20 Mark gekostet habe. Wahrscheinlich ist es ein Geschenk von der Verwandtschaft aus der Nähe von Leipzig.

Schließlich gelangt die dokumentarische Schilderung in „Memoiren“ dieser Art an eine kritische Grenze. Ingvar Kamprad ist nicht nur vom Autor, sondern auch von seinen Nächsten und Liebsten in dieser Sache schmerzlichen „Verhören“ ausgesetzt worden. Er hat zu antworten versucht, es aber nicht immer geschafft. Schließlich muß in einem solche Fall die Suche - wenn der Gegenstand es wert ist - den Experten, den Forschern überlassen werden. Bis dahin grübelt Ingvar Kamprad selbst über die Frage nach, ob er über die „Krankheit“ seiner Jugend alles gesagt hat. Er glaubt es, aber sicher ist er nicht.

Nicht ganz sicher.

Die Strategie der zehn Würstchen

„Ich sage zu den Finanzleuten: Was, zum Teufel, sind denn Prozente für ein Zeug?"

Es war 1995, als das Möbelhaus IKEA begann, heiße Würstchen für 5 Kronen das Stück – im Unterschied zum Normalpreis von 10 bis 15 Kronen – zu verkaufen.

Dieses Angebot wurde unmittelbar ein Erfolg und trägt heute zum wachsenden Restaurant- und Lebensmittelbetrieb bei, der 1997 1,6 Milliarden Kronen Umsatz machte und allein für einen Export aus Schweden von 700 Millionen Kronen steht. Das macht IKEA direkt oder indirekt zum führenden Lebensmittelexporteur des Landes.

Aber gerade hinter dem Heiße-Würstchen-Erfolg gibt es eine Geschichte, die „die Strategie der zehn Würstchen" verursacht hat und die viel darüber aussagt, wie das Unternehmen den Preis, die Konkurrenz und die Bedürfnisse und Wünsche der Kunden einschätzt.

Eines von IKEAs Grundprinzipien ist das vom „deutlichen Preisabstand". Es ist ins erste Gebot des *Testaments des Möbelhändlers* eingebettet – demjenigen, das dem Sortiment als der Identität des Unternehmens gilt.

Der Gedankengang ist ganz einfach.

Weil IKEA sich an die breite Masse wendet und diese in der Regel wenig Mittel hat, muß das Unternehmen nicht nur billig und auch nicht allein billiger sein – sondern viel billiger. Man soll kurz gesagt Dinge verkaufen, die in den Augen der Menschen erstaunlich billig sind.

Es müssen also Waren sein, bei denen Normalverbraucher leicht und schnell erfassen können, daß sie preiswert sind. Es hat folglich keinen Zweck, einen sehr schönen Schmuckgegenstand extra billig zu verkaufen, wenn die meisten den vergleichbaren Artikel nicht in einem feinen Laden gesehen haben und wissen, was er dort kostet, aus dem einfachen Grund, weil sie nie einen Fuß in ein solches Geschäft setzen.

Deshalb hatte Ingvar Kamprad die Idee, Würstchen mit Brot für fünf Kronen zu verkaufen.

Er fand, daß IKEA eine neue Art von Ware zu einem, wie er es nennt, atemberaubenden Preis brauchte. Sie sollte in dem kleinen Bistro verkauft werden, das sich gleich neben den Ausgangskassen befindet.

Alle Menschen, einschließlich mir selbst, die gerne Würstchen essen, wissen, was ein heißes Würstchen mit Brot an der Imbißbude kostet. Im Augenblick zwischen 10 und 15 Kronen. Ich schlug der Direktion vor, daß wir Würstschen für 5 Kronen verkaufen sollten. Sie sahen mich besorgt und verwundert an. Vielleicht hielten sie es für eine Schnapsidee, vielleicht erklärte ich es nicht richtig. Davon zu sprechen, in einem milliardenschwerden Möbelhaus Würstchen zu verkaufen, gehörte eigentlich nicht zur Tagesordnung.

Um die Idee zu verwirklichen, mußte ihr Urheber selbst mit ans Werk. Er setzte das Ziel, daß zwei Personen an der Theke in der Stunde 300 Würstchen verkaufen sollten. Man machte eine Reihe von Versuchen und testete sich zur besten Arbeitsstellung und funktionellsten Einrichtung durch.

Es dauerte seine Zeit, aber dann legte man los. Es wurde fast unmittelbar ein Erfolg. Heute werden im Prinzip auf der ganzen Welt nach der 5-Kronen-Regel Würstchen verkauft. Jedes Land hat ja sein entsprechendes Preisniveau. Am besten ist es, wenn man nur eine einzige Münze hinlegen muß (in der Schweiz kostete das Würstchen bei der Einführung also 1 SFR, in Deutschland 1,50 DM, in den USA 50 Cents, in Österreich 10 Schilling ...).

Da kam von meinen Mitarbeitern, die stets um das, was sie die Bruttogewinnmarge nennen, besorgt sind, der nächste Einwand: Die Rohware wird aber doch teurer werden. Müssen wir dann nicht den Preis erhöhen und sechs oder sieben Kronen nehmen?

In diesem Fall müsse das Projekt aufgegeben werden, erwiderte ich. Die ganze Idee baue auf dem deutlichen Preisabstand, dem leicht verständlichen Preis auf. Das Würstchen durfte also auch weiterhin fünf Kronen kosten, unabhängig vom Rohwarenpreis. Es ist nun nicht so, daß wir bei dem Geschäft verlieren, wir machen kei-

nen großen Gewinn an einem Würstchen, aber doch ein klein wenig. Am Ende ist es das, was zählt.

Es ist üblich, daß IKEA in jeder Produktgruppe immer wieder ein atemberaubendes Angebot im Sortiment hat – ein „Würstchen". Das Wort hat nun seine eigene interne Bedeutung erhalten, und Ingvar Kamprad hat seinen vielen anderen eine weitere heiße Kontrollaufgabe hinzugefügt.

Unlängst annoncierten wir einen Becher, der zehn Kronen kostete. „Komm zu IKEA und hol dir den Becher!" stand da. Ich wurde sauer – dieser Preis war viel zu hoch, der Becher durfte höchstens 5 Kronen kosten, auch wenn er unbestreitbar recht hübsch und von guter Qualität war. Es war der Preis, der nicht stimmte.

So kam es, daß ich meine Philosophie von den zehn (mittlerweile zwanzig...) Würstchen niederschrieb. Wir sollten rasch zehn verschiedene Produkte finden, die den „Würstchen-Preis" schafften. Die Faustregel war 3 + 1 + 1. Also drei Kronen für den Produzenten, eine Krone für den Finanzminister und eine Krone für uns. Jedesmal, wenn wir diese Gleichung nicht befolgen können, müssen wir uns vorsehen.

Jetzt haben wir diesen Becher, **Bang** *heißt er.*

In der Schweiz kostet er bei IKEA genau einen Franken – auf dem normalen Markt habe ich keinen unter drei Franken gefunden, und doch ist unser Becher sowohl vom Design als auch von der Qualität her besser. Früher verkauften wir von einem Becher in der Regel höchstens 700.000 Exemplare im Jahr, jetzt liegt der Trend des „Würstchenbechers" bei 12,5 Millionen.

Ingvar Kamprad suchte weiterhin nach neuen Würstchen:

Eines Tages fand ich im schwedischen Kaufhaus **OBS!** *ein herrliches Bierglas für 18 Kronen – ich gehe immer zur Konkurrenz und gucke, was da läuft. Es war so ein englisches Bierglas mit einer Markierung,* **40 centiliters,** *schwer und angenehm zu halten. Mir kam die Idee, daß dies ein gutes „Würstchen" abgäbe.*

Sofort ging ich zu einem unserer souveränen Einkäufer und sagte: „Björn, kannst du dieses Glas für eine Krone beschaffen? Du kannst zwei Millionen bestellen." Er erwiderte: „Nee, das kann ich nicht, aber vielleicht in einer Auflage von fünf Millionen." Das Ganze wurde beim Produktchef verankert, den ich wie üblich zuerst übergangen hatte, und als ich Björn zuletzt begegnete, hatte er einen Lieferanten an der Hand, der das Glas für 1,08 Kronen machen könne - es hänge nur davon ab, ob das Glas geblasen oder gepreßt werden müsse.

Ich habe gesagt, daß ich dieses Glas am liebsten für einen Fünfer verkaufen möchte, noch lieber aber drei für einen Zehner. Das würde hinhauen. Binnen kurzem hatten wir also an die zwanzig „Würstchen" im Angebot – die ganze Organisation war auf den Beinen.

Der Leser hat recht, wenn er sich fragt, warum ich als Chef im Ruhestand mich mit so etwas befasse. Es gibt drei Antworten darauf. Erstens ist es schwierig, es sein zu lassen, zweitens steht in meinem Vertrag, daß ich in Sortimentsfragen Vetorecht habe, und drittens sagen die Leute im Unternehmen oft: „Wenn dir etwas einfällt, laß von dir hören!"

Ich lasse also nun von mir hören. Jetzt geht die Jagd nach neuen „Würstchen" weiter. Massenhaft Mitarbeiter engagieren sich dabei. Neulich sah ich eine Kabelrolle, die wir für weniger als 20 Kronen verkaufen, während die Konkurrenten rund einen 50er nehmen. Ich glaube, daß dieses „Würstchen" ein millionenfacher Verkaufsschlager wird.

Unsere Preispolitik ist fundamental.

Der Stolperdraht besteht darin, uns aus dem Markt zu preisen. Unsere Finanzleute meckern ständig, daß wir unsere „totale Bruttogewinnmarge" auf einem bestimmten Prozentsatz halten müßten. Was, zum Teufel, ist denn das? Es führt dazu, daß die Waren mit den atemberaubenden Preisen, bei denen wir natürlich geringe Margen haben, in den Möbelhäusern in den Hintergrund gedrängt werden, und dann verkaufen sie sich natürlich nicht.

Ich entgegne den Finanzleuten, was zum Teufel denn Prozente für ein Zeug seien?

Prozente sind etwas Mystisches, das einzige, was uns bei IKEA interessiert ist, was wir am Ende der Saison noch in der Tasche haben.

Sie quatschen von „cash flow", und ich sage, daß ich nicht wisse, was „cash flow" sei, daß ich aber wisse, was ich in der Tasche habe.

Hätten wir für diesen Becher zehn und nicht fünf Kronen genommen, hätten wir natürlich an jedem Becher besser „verdient" – vielleicht 1,50 Kronen – und eine bessere „Bruttogewinnmarge" gehabt. Aber wir hätten nur eine halbe Million davon verkauft anstatt fast 12 Millionen, an denen wir nun pro Stück eine Krone verdienen.

Solche Erfahrungen werden leicht verdrängt oder außer acht gelassen. Dann haben wir den Stolperdraht. Aber nachdem es mehr als ein Jahrzehnt lang ein „Meckerthema" war, sind wir dabei, in dieser Hinsicht ordentlich aufzuwachen. Das freut mich enorm.

Der Traum vom guten Kapitalisten

> **„Was mich... am Laufen hält, ist das Gefühl, in einem umfassenderen Sinn an einem gigantischen Demokratisierungsprojekt teilzunehmen, wenn auch einem ganz anderen als dem, wovon man gemeinhin spricht.**
> **Deshalb bin ich so enttäuscht, wenn wir Fehler machen, an falschen Produkten scheitern. Es ist, als wäre es mein Fehler, als müßte ich einspringen, obwohl wir mittlerweile zu so vielen daran arbeiten."**

Ingvar Kamprad erzählt:

Kann der Kapitalismus gut sein?

Auf welche Weise kann ich als Unternehmer von bestem Nutzen sein?

Wie soll sich ein mitfühlender Unternehmer zwischen einer zentral gesteuerten Gesellschaft mit finanzieller und sozialer Unterstützung für die Bürger und einer Marktwirtschaft, die allzu leicht auf Kosten des Individuums durchgeht, orientieren?

Ich gestehe, daß ich ziemlich viel über diese Fragen nachgegrübelt habe.

Den harten Typ des amerikanischen Dschungelkapitalismus habe ich immer mißbilligt, und ich gestehe, daß ich gewisse sozialistische Sympathien hege. Per Albin Hanssons Vision vom Heim fürs Volk, den Traum vom eigenen Haus und Auto fand ich ungeheuer anziehend. Als ich jung war, konnte mich der brillante Ernst Wigforss mit seinen Überlegungen, wie der Kuchen in der Gesellschaft gerecht zu verteilen sei, faszinieren.

Neulich horchte ich jedoch auf, als ich im Fernsehen eine Diskussionsteilnehmerin die Marktwirtschaft verurteilen hörte. Sie wollte ihr ein Ende machen, das Wohl der Menschen müsse nun in den Vordergrund gestellt werden, sagte sie. Ich frage mich, wie. Und was ist das „Wohl" der Menschen?

In China sehe ich, wie die Machthaber einigen wenigen erlauben, ungeheuer viel Geld zu verdienen, mit dem Hintergedanken, daß das Volk es nach und nach besser haben soll. Der Kommunismus von heute darf offenbar aussehen, wie er will. Bleibt die Frage, ob ich als Unternehmer den Nutzen eines gewinnbringenden Unternehmertums mit einer dauerhaften, menschlichen sozialen Vision vereinbaren kann.

Ich möchte behaupten, daß das möglich sein muß.

Damit habe ich nicht gesagt, daß der Kapitalismus Niederlagen entgehen kann. Ich habe selbst einige verursacht. Scheitern gehört zu jeder Entwicklung. Aber mir geht es erst gut, wenn IKEA sich gut entwickelt und das Unternehmen ***gleichzeitig*** *deutliche Ziele hinsichtlich einer besseren Zukunft des Wohnens für die vielen Menschen, unsere Kunden, erreicht.*

Ein solches Unternehmensziel wirkt auf die Mitarbeiter.

Untersuchungen zeigen, daß Leute, die bei uns arbeiten, der Ansicht sind, wirklich etwas für eine bessere Gesellschaft zu tun, und daß es ihnen deshalb bei uns gefällt. Sie sind der Ansicht, daß sie mit ihrer täglichen Arbeit einen Beitrag zu Entwicklung der Welt leisten.

Ein wenig feierlich ausgedrückt, trägt unsere Geschäftsphilosophie de facto zum Demokratisierungsprozeß bei. Gute, schöne, billige Alltagsartikel feilzubieten, die viele kaufen können, hat, so scheint es mir, mit handfester Demokratie zu tun.

Schon früh fingen meine nächsten Mitarbeiter und ich an, uns des Ausdrucks „die vielen Menschen" zu bedienen. Es war, wie ich schon einmal erwähnt habe, Mitte der fünziger Jahre bei einem Messebesuch in Italien, daß ich zum ersten Mal, ohne mir dessen bewußt zu sein, diesen Begriff für mich formulierte. Tagsüber sah ich auf der Messe die modernsten und luxuriösesten Möbel der Zeit ausgestellt - sie kosteten sagenhaft viel. Abends hatte ich das Glück, zu einigen Italienern nach Hause kommen zu dürfen, und dort sah ich den Unterschied zwischen dem ausgestellten Luxus und der Einrichtung, die ein Alltagsmensch sich zu Hause leisten konnte.

Ich fragte mich, warum arme Menschen mit häßlichen Sachen vorliebnehmen mußten.

War es nötig, daß das Schöne sich nur eine Elite für teures Geld kaufen können sollte?

Ich fuhr nach Hause, aber die Fragen klangen in mir nach. Sie sollten zeit meines Lebens eine Antwort von mir fordern.

Demokratie ist als Instrument der Entwicklung von bemerkenswerter Trägheit. Wenn in einem Unternehmen alle erst gefragt werden müssen, wird nie etwas entschieden. Und selbst wenn man einen Mehrheitsbeschluß gefaßt hat, würden die unterlegenen 49 Prozent weiterhin über ihren Vorschlag diskutieren. In einer zunehmend technisierten Welt wird Demokratie in gewisser Hinsicht unhandlich. Wie soll ich, sachlich gesehen, über Kernkraft abstimmen können? Wie kann ich mit all meiner Unkenntnis die Sicherheit und die Investitionen auf diesem Niveau beurteilen? Wie, zum Henker, soll ich über die Europäische Währungsunion abstimmen – kann außer den Experten jemand diesen Begriff erklären und verstehen?

Trotzdem hat die Demokratie einen alles in den Schatten stellenden Vorteil: Alle Alternativen sind so enorm viel schlechter.

Selbst die liberalste Diktatur endet irgendwann grausam. Die rohe Gier, der ungezügelte Dschungelkapitalismus führen die Menschheit ins Verderben. Ich spielte in meiner jugendlichen Verirrung viel mit korporativen Gedanken, und ich zähle dies, wie angedeutet, zu meinen Niederlagen.

Heute trauere ich darüber, daß es so schwierig, vielleicht unmöglich zu sein scheint, einen Kontrollmechanismus zu ersinnen, der die schlimmsten Nachteile eines freien Unternehmertums abwehren könnte, ohne dem Grundsystem zu schaden.

Lange Zeit glaubte ich, daß das schwedische gemischte Wirtschaftssystem auf diesen Kontrollmechanismus gekommen sei.

Was IKEA betrifft, so bin ich stolz darauf, auf die vielen Menschen und ihr Wohnen ausgerichtet zu sein. Das steuert unser Sortiment, bestimmt unsere Forderung nach niedrigsten Preisen, das prägt unser Streben nach Effektivität und Schönheit des Designs, das motiviert uns in Umweltfragen. Wenn jemand durch eine zerstörte Umwelt Schaden erleidet, so ist dieser Mensch am schlechtesten gestellt.

Das einzige, was den Menschen einen guten materiellen Standard bescheren kann, ist ein verbreitetes Unternehmertum; daß es Unternehmer gibt, die von dem Gedanken besessen sind, einen Markt zu bedienen. Die Aversion wendet sich leicht gegen diejenigen, die Erfolg haben und ihr Geld verschwenden und in Luxus leben. Man vergißt dann schnell, daß die meisten ein ganz normales Alltagsle-

ben in relativer Einfachheit führen. Sie setzen das meiste ihres Reichtums dafür ein, ihr Unternehmen weiterzuentwickeln, und sie möchten gern, daß die nächste Generation den Bau fortsetzen wird. Ich bin einer von ihnen.

Denjenigen, die ständig das Unternehmertum kritisieren – und manche in Schweden haben dies viele Jahre lang getan – stelle ich die Frage: Was ist die Alternative? Planwirtschaft, zentrale Steuerung, Sozialismus?

Wenn das die Antwort ist, gibt es erschreckende Beispiele, und nach dem Fall der Mauer kennen die meisten die Wahrheit.

Als IKEA erstmals mit einem kommunistischen Land – es war Polen – Geschäfte zu machen begann, waren wir vor allem aus dem bürgerlichen Lager heftiger Kritik ausgesetzt. Es sei falsch, mit einem verabscheuungswürdigen System zu fraternisieren.

Ein solcher Gedanke ist begreiflich, aber wer ohne Schuld ist, werfe den ersten Stein. Wir wurden nach Polen getrieben, weil es im Schweden des freien Unternehmertums einen Möbelhandel gab, der unserer niedrigen Preise wegen eine Blockade gegen uns organisiert hatte. Der Kapitalismus, der angeblich der Konkurrenz und deren vorteilhaften Früchten huldigt, konnte in unserem Fall einen Emporkömmling mit einer neuen Sicht auf die Produktion und den Verkauf von Einrichtungsartikeln für das breite Publikum nicht ertragen.

Dies brachte mir viele schlaflose Nächte ein, in denen ich die Existenz des Unternehmens bedroht sah. Es führte aber auch zu einer noch stärkeren Entschlossenheit, zu kämpfen und Auswege zu finden. So geschah das Paradoxe, daß wir in ein kommunistisches Land gehen mußten, um unsere Versorgung mit Waren zu sichern, die in einem freien Land verkauft wurden.

Dies und nichts anderes leitete uns, als wir an Neujahr 1961 zum ersten Mal mit der polnischen Möbelexportorganisation Paged mühsam einen Geschäftskontakt aufbauten. Es war zu diesem Zeitpunkt schlicht und einfach eine Frage des Überlebens. Uns fehlten Stühle, die wir verkaufen konnten, Regale, Tische.

Nach einer Weile entwickelte sich neben dem Warenbedarf eine reifere Sicht auf unseren neuen Geschäftspartner: Vielleicht konnten wir einem isolierten Land eine Hilfe sein?

Wir begegneten in Polen Menschen, die nach Kontakten mit der westlichen Welt hungerten. Später kamen sie zu uns nach Älmhult gereist, wobei ein Funktionär die Möbelhändler beschattete – und sie wollten beinahe nicht mehr abreisen. Sie liebten Småland. Mir fiel auf, daß damals nur Sportler und Kaufleute und vielleicht noch Künstler den unter dem Kommunismus lebenden Völkern ein Guckloch öffnen konnten. Als sie unser schwedisches Modell sahen und unsere Lebensweise, in unseren Läden einkaufen und unsere Wohnungen besuchen konnten, regte sie das an, lästige Fragen über das System zu stellen und schließlich ihrem Volk dabei zu helfen, sein Joch abzuwerfen.

In der ersten Zeit in Polen betrieben wir qualifizierten Schmuggel. Wir führten Maschinen aus, Reserveteile, Kohlepapier, einfachste Werkzeuge. Wir besuchten Fabriken, die die Umwelt verpesteten und die aus einem Roman von Dickens hätten stammen können.

Wir sahen andere, die zur Hälfte modernisiert hatten, wo aber mitten am Fließband Frauen mit Schubkarren standen, um die halbfertigen Produkte weiterzubefördern. Kraft und Geld hatten nicht gereicht, die Rationalisierung zu vollenden.

Überall, wohin wir kamen, verspürten wir das Bedürfnis, einzugreifen und zu helfen. Langsam wirkten wir auf die polnische Möbelindustrie in Richtung Modernisierung ein, es war ein Geben und ein Nehmen: Zugegeben, wir kauften billig bei ihnen ein, wie wir jetzt 35 Jahre später angeklagt werden, es in Rumänien zu tun. Aber die Polen bekamen von uns eine neue Technik und langfristige Verträge mit einem Abnehmer, auf den sie sich verlassen konnten, im Gegensatz zu anderen ausländischen Kunden, die kamen, kauften und dann wieder verschwanden.

Heute haben wir das Resultat: Polen exportiert allein an IKEA jährlich für gut anderthalb Milliarden Kronen. Unsere erste Bestellung, daran möchte ich erinnern, belief sich auf weniger als 70.000 Kronen. Und Polen hat heute eine der führenden europäischen Möbelindustrien.

So kann es gehen, wenn Kapitalisten eingreifen. So sehe ich „den guten Kapitalismus" in seiner Paraderolle.

In Diskussionen greife ich gern zu einem imaginären Beispiel: Du bist Jelzin, und es klopft an deiner Tür, deine Sekretärin kommt mit einem Scheck über 20 Milliarden Dollar aus dem Ausland herein. Bitte sehr, Herr Präsident – mach mit diesem Geld, was du willst, um das Land zu entwickeln, die Weltbank schreibt in 20 Jahren alles ab.

Was macht der arme Jelzin? Wie bekommt er die Räder in Schwung?

An welchem Ende soll er anfangen, wie soll er wissen, wie die Industrie was und wie machen soll; wie herausfinden, ob sie tun können, was er möchte? Und wieviel Geld verschwindet nicht in irgendwelchen Kanälen!

Stellen wir uns vor, ein paar tausend schwedische Unternehmer kämen nach Rußland und jeder gründete einen Betrieb. Da wäre sehr schnell ein Ergebnis da. Einer fängt an, Zahnpasta zu produzieren, ein anderer macht hypermoderne Möbel, ein dritter stellt Büroklammern her – Kapitalisten sind enorm erfinderisch, wenn sie eine Marktlücke wittern, bei der sie Gewinn machen können.

Polen ist mein bestes Beispiel dafür, daß Handel besser ist als Entwicklungshilfe, daß guter Kapitalismus funktionieren kann. Wir stiegen auf allen Ebenen ein, nicht nur als Besteller, sondern nach und nach auch als Einzelhändler und Trendsetter. Heute gibt es in den meisten polnischen Wohnungen oder Büros etwas von IKEA oder von IKEA Inspiriertes. Wir haben das Denken über Wohnungseinrichtungen erneuert und geholfen, den Vertrieb von Waren zu modernisieren.

Ich gebe zu, daß Komplikationen entstehen können und auch entstanden sind.

Nehmen wir Thailand, ein derzeit von Währungskrise, Börsenunruhen und Unzufriedenheit des Volkes gebeuteltes Land. Wir haben dort einiges gekauft. Mitten im Urwald stießen wir z.B. in einem baufälligen Betrieb auf einen kleinen Fabrikanten, der gern für uns den Hutständer **Justus** machen würde.

Manchmal reicht es schon, die Tür zu öffnen, um zu erkennen, daß der Herstellungsbetrieb vor keiner schwedischen Kontrollinstanz oder Umweltweltorganisation bestehen würde. Reporter könnten einen Skandalartikel über diese Fabrik schreiben. Das Fernsehen würde einen Sensationsreport bekommen. Der baufällige Kasten im Busch ist eine Bedrohung für die Natur. Die Frage ist jedoch: Sollen wir die Beine in die Hand nehmen und, so schnell wir können, das Weite suchen und uns des Problems entledigen? Sicherlich ist es besser, einen moderneren Betrieb zu beschäftigen, der uns zwar fünf Prozent teurer kommt, aber unter Umweltgesichtspunk-

ten besser arbeitet.

Oder sollen wir uns mit dem Inhaber hinsetzen und darüber reden, ob wir nicht trotz allem zusammenarbeiten und ihm auf kürzere Sicht helfen können, seine Fabrik zu modernisieren und zu verbessern?

Meine Antwort ist, daß es falsch wäre, in solchen Fällen das Feld zu räumen. Nur mit Lieferanten auf diesem Niveau können wir uns selbstverständlich nicht halten, aber wir möchten immer gern welche dabeihaben, die mit uns wachsen. In diesen halb verfallenen Fabrikgebäuden, manchmal ohne Zufahrtsstraßen und mit einem abgenutzten Aluminiumkessel, der auf offenem Feuer köchelt, können kleine Wunder zustande gebracht werden.

Ich erinnere mich an eine Fabrik, die Fahrradkörbe herstellte. Sie hatten alte, mit Stahldraht zusammengehaltene Maschinen und absolut lebensgefährliche Schweißgeräte, die in Verschlägen ohne Ventilation benutzt wurden. Dennoch blieben wir, gewannen Freunde fürs Leben und bewirkten eine Veränderung. Heute haben sie sich vergrößert (nicht nur mit unserer Hilfe), wir haben ihnen ein bißchen technischen Rat gegeben und sie beim Einkauf moderner Geräte unterstützt. Die Dinge kommen allmählich in Fluß.

Zu Hause in Schweden ist es einfach, dazusitzen und uns dafür zu verurteilen, daß wir mit Lieferanten zusammenarbeiten, die keine solche Hochtechnologie wie etwa in Gnosjö aufbieten können. Aber wenn wir einmal nachdenken – wie können wir uns am besten für eine bessere Entwicklung einsetzen? Sollen wir in den Busch gehen und dem Besitzer eines Kleinbetriebs sagen: „Hör mal her, sorge erst mal für ordentliche Räumlichkeiten, beschaff dir bessere Maschinen und laß die Gifttonnen nicht mehr einfach da draußen rumstehen und leck werden, dann kommen wir wieder und bestellen Waren bei dir."

Oder sollen wir versuchen zu helfen, sofort zu helfen, Schritt für Schritt?

Dieselben Fragen durfte ich mir und unseren Angestellten erneut beantworten, nachdem das Fernsehen sich in einer Reportage auf die Kinderarbeit in indischen Fabriken, die uns belieferten, gestürzt hat.

In unserem Vertrag steht, daß wir keine Kinderarbeit akzeptieren, Lieferanten müssen in diesen Dingen die UN-Konventionen erfüllen.

Wir machen häufig Kontrollen, um zu überprüfen, ob unsere Lieferanten es so halten, wie sie es uns versprochen haben. Aber wir können selbstverständlich auch hinters Licht geführt werden. Unseren schriftlich niedergelegten Richtlinien gemäß müssen wir den Vertrag dann aufkündigen, und dabei frage ich mich: Ist es richtig, einfach nur aufzuhören?

Nun, wir haben es manchmal getan, und ich kann nur ahnen, was in den betreffenden Gegenden passiert ist. Zu Hause auf dem Hof in Småland halfen wir als Kinder mit, soweit es in unseren Kräften stand. In allen Kulturen sind Kinder frühzeitig in die Arbeitsgemeinschaft eingegliedert worden – aus unterschiedlichen Gründen. Einer aber wog schwer: Die Familie brauchte die Hilfe der Kinder. Es versteht sich jedoch von selbst, daß wir normal Denkenden gegen jede Form von Ausbeutung von Kindern als Arbeitskräften sind, ebenso wie gegen jede andere Form von Sklavenarbeit.

Unsere Entscheidungen, Verträge aufzukündigen, nachdem wir Kinderarbeit aufgedeckt haben, lösen Tragödien auch für die Kinder aus. Was ist ihre Alternative? Heißt sie Straße? Schulen gibt es oft nicht – wohin sollen die Kinder denn? Wie soll die Familie klarkommen? Es überraschte mich, daß ich nach der enthüllenden Reportage über den Fernen Osten im Fernsehen so viele Briefe von Leuten bekam, die uns baten:

Verlaßt die Philippinen nicht! Verlaßt die Inder und Vietnamesen nicht! Sie brauchen euch für das Wachstum auf dem Weg zu einem größerem Wohlstand und besseren Lebensbedingungen. Ich gestehe, daß diese Briefe eine starke Wirkung auf mich ausgeübt haben. IKEA will sich nicht drücken. Wir wollen an der Entwicklung beteiligt sein. Hinter der Kritik gegen die Kinderarbeit stehen auch nicht nur aufrichtig denkende Idealisten. Dahinter stehen auch gewerkschaftliche und andere Interessen, die im Import aus Niedrigpreisländern eine Bedrohung für die europäische Produktion sehen. Da spricht Eigeninteresse mit.

Die Wirklichkeit stimmt nicht immer mit unseren Ideologien, mit unserem Traumbild davon überein, wie das Leben sein sollte. Das Wirtschaftsleben muß sich nicht besser machen, als es ist, aber „der gute Kapitalist“ kann eine wichtige Rolle spielen. Ich sage nicht, daß er bewundernswert ist, denn der Kapitalist ist immer darauf aus, ein gutes Geschäft zu machen. Aber das Ergebnis seines Einsatzes kann sowohl für die Arbeitenden als auch für die Kundschaft erfreulich sein.

Ich verabscheue Kapitalisten, die in diese unterentwickelten Fabriken kommen, alles, was da ist, aufkaufen – schlichtweg zehntausend Fahrradkörbe! – und sich dann aus dem Staub machen. Unsere Art ist es, wiederzukommen, eine Verbindung aufzubauen, unser Wissen anzubieten, Mehrjahresverträge zu schließen, die Wichtigkeit von Liefersicherheit, Qualität und Umwelt zu unterstreichen. So haben wir es in Polen, in Jugoslawien, in Ungarn, in Tschechien gemacht, und so machen wir es in Taiwan, Thailand, Vietnam und China.

Übrigens, wo stände IKEA, wenn wir nicht über die schwedischen Grenzen hinausgegangen wären und gelernt hätten, mit dem kommunistischen Polen oder anderen Entwicklungsländern ins Geschäft zu kommen?

Die Wahrheit ist, daß auf lange Sicht die schwedische Produktionskapazität für unsere Bedürfnisse nicht ausgereicht hätte. Wir hätten auch nicht so niedrige Preise halten können, wie wir es getan haben, und damit auch keine schwedischen Produzenten dazu herausgefordert, besser und effektiver zu werden. Wir hätten auf lange Sicht keine internationale Expansion zustande bringen können, die Schweden heute Einnahmen in Milliardenhöhe beschert.

Vor einiger Zeit erhielt ich einen Brief vom Vorsitzenden des Gemeindevorstands in Älmhult. Er wollte, daß IKEA mehr Betriebe dorthin verlegt. Aber wir sind in der Gegend, in der das Unternehmen entstand, bereits enorm stark vertreten. Hier unsere Bedeutung noch zu vergrößern mag selbstverständlich erscheinen, wäre auf Dauer aber gefährlich und würde ein Ungleichgewicht herstellen. Wir brauchen Lieferungen aus allen Ecken der Welt, um den Betrieb zu Hause in Schweden zu sichern. Wir brauchen Schweden, um unser Profil in der Welt zu stärken.

„All business is local“, heißt es. Sicherlich. Ohne unser Herz in Älmhult wäre IKEA ein schlechteres Unternehmen, vielleicht hätte seine Geschäftsidee überhaupt nicht überlebt. Gefühle und Geschäfte schließen einander nicht aus – wir lernten Polen als unsere zweite Heimat lieben. Zuerst als Retter in einer Notsituation, als wir nicht genügend Stühle und Tische für unsere schwedischen Kunden halten, und später der Menschen, ihres guten Herzens und ihrer

Geschicklichkeit wegen.

Sie bedeuten uns viel und wir ihnen.

Wie ich zu wiederholen pflege: Am schönsten ist das Geschäft, bei dem weder Käufer noch Verkäufer verlieren!

Weihnachtsfest im Lager

„Darf ich um größtmögliche Ruhe ersuchen..."
François Bronett

Es ist der Tag vor Heiligabend 1997 in Älmhult. Eine dünne Schneedecke geht allmählich in ein Nichts auf. Aber noch liegt vorweihnachtlicher Frieden über der Gegend, durch die sich die Autokarawane ihren Weg zu dem riesigen Parkplatz vor dem Lagerhangar DC Nord, dem sogenannten Zementklotz, sucht, um sich zur Weihnachtsfeier zu versammeln.

Seit 1953 lädt Ingvar Kamprad seine Mitarbeiter in Älmhult am Tag vor Heiligabend zu einer schlichten Weihnachtsfeier ein. Beim ersten Mal waren es noch dreißig Pioniere, die seinem Evangelium lauschten und ein hübsches Weihnachtsgeschenk, das von den Steuerbehörden noch nicht als geldwerter Vorteil veranschlagt wurde, entgegennahmen. An diesem Tag, 44 Jahre später und mit 37.500 Mitarbeitern mehr in einem Konzern, der um 50 Milliarden Kronen Umsatz größer ist als damals, haben sich von Älmhults insgesamt 1.600 Angestellten knapp 1.000 angemeldet.

Rund um die Uhr wurde die Lagerhalle für das Fest hergerichtet, die Lagerware hinausgeschafft und fünfzig lange Tische gedeckt, die von dreißig leuchtenden Weihnachtsbäumen flankiert werden. Hinter einer Theke außerhalb des Festhalle stehen Kartons mit tausend Weihnachtssäckchen, die das Geschenk dieses Jahres beinhalten – heutzutage im Rahmen des fiskalisch Erlaubten.

In der Nähe des Rednerpults steht der gedeckte Tisch für die Ruheständler. Dort halten sich bereits eine Stunde vor dem Fest einige grauhaarige Veteranen auf und schnuppern die Lebensluft, die sie geliebt haben. Sie wissen, daß sich der Chef heute wie vor 44 Jahren besonders an sie wenden wird: die sagenumwobene Generation, die den Grundstein des IKEA-Imperiums legte.

Jetzt strömen die Menschen durch gewaltige Türen herein und füllen den Raum. Sie sind wie für eine Schlittenfahrt mit Schals, Mützen und Anoraks bekleidet. Und manche haben Heizkissen dabei, um sich daraufzusetzen, denn die Lagertemperatur beträgt exakt 12 Grad. Aus Lautsprechern ertönt Weihnachtsmusik.

Punkt 14 Uhr fahren langsam Gabelstapler, die mit farbenfrohen Schüsseln voller Reispudding beladen sind, in den Gängen zwischen den Tischen nach vorn. Rotgekleidete Ikeaner entladen die Last mit einer Geschwindigkeit, als ginge es um die Notspeisung Hungernder. In einem Minimum an Zeit haben sich alle mit *glögg*, dem schwedischen Glühwein, zugeprostet, Pudding, Milch und Schinkenbrote verzehrt, Kaffee getrunken und Pfefferkuchen dazu gegessen.

Was wir erleben, ist das größte Ereignis des Jahres bei IKEA in Älmhult, ein „Hochamt", eine Art Nachmittagsmette, und der Pfarrer, nein, der Hohepriester, ist persönlich zugegen.

Ein Vorbeter spricht die Einleitung – wie es sich für eine Messe gehört. Es ist der Geschäftsführer von IKEA of Sweden (IOS), dessen Präludium von spannenden Liefer- und Produktionsstatistiken erfüllt ist. Als folge er einem Rosenkranz der Produktivität, legt er in schneller Folge von Zahlen dar, daß IKEA seit dem vorigen Weihnachtsfest um 20 Prozent gewachsen sei. Auf das Testament (des Möbelhändlers) hinweisend, bestätigt er, daß alle sich angestrengt hätten, um für die breite Masse ein besseres Wohnen zu schaffen, und beschreibt, wie diese Arbeit in Form eines Wechselgesangs zwischen IKEA und der Kundschaft vor sich gehe: Beide Parteien arbeiteten je zur Hälfte.

Seit dem vorigen Jahr ist England in der Länderstatistik die Nummer zwei geworden, und man hat dem Konzern Spanien eingegliedert, genauso wie bald auch China. In Groningen, Nottingham, Hanau, Bologna, Zürich und Sindelfingen sind neue Häuser gebaut worden. Im nächsten Jahr kommen ebenso viele neue in Shanghai, Genua, Brünn, Krakau, Danzig, Stuttgart und Saarbrücken hinzu.

Mikael Olsson, der junge Direktor, ist ikeanisch ungekünstelt und spricht leise und so schnell, als wollte er sich beeilen, dem Hauptredner das Feld zu überlassen. Er rauscht über eine Million Lacktische und zehn Millionen bislang verkaufte Fünf-Kronen-Becher (genau die, Marke *Bang*) hinweg. Hastig weist er darauf hin, daß IKEA zwei Drittel aller Waren in den Industrieländern kaufe und in Schweden noch nie mehr gekauft habe als heute, daß es aber das Ziel sei, den Einkauf in Osteuropa und Asien innerhalb von fünf

Jahren zu verdoppeln.

Während er spricht, ist es totenstill, denn Erfolg ist eine Droge, die die Menschen verstummen läßt. Woran hier alle teilnehmen, ist eine Art Hausandacht, bei der die Zahlen des Weins mit der sühnenden Selbstkritik des gebrochenen Brotes gemischt werden, desgleichen mit frommen Wünschen („die Lagerhaltung und das Sortiment trimmen"), tief empfundenen Gebeten („Handel ist besser als Entwicklungshilfe") und schließlich dem Erbitten des Segens über Älmhult, „unser kulturelles Zentrum", und alle Mitarbeiter, die bald ins Auto steigen und zum Weihnachtsbaum und zu den Kindern nach Hause fahren werden.

Dann ist es Zeit für Ingvar Kamprad. Draußen an der Theke mit den Weihnachtsgeschenken liegt zwar die ganze Rede schon in IKEAs Mini-Prawda, dem *Älmhultsbladet,* abgedruckt vor, aber der große Vater hat es vorgezogen, an diesem Weihnachten seine Ausführungen anders zu verpacken, und man tut gut daran, auch genau auf die Zwischentöne zu achten.

Kamprad ist in Hochform. Er ist ein Nalen-Hedlund, ein schwedischer Billy Graham, ein Prediger, der zum Hausgott wurde, ein Erweckungsredner und Sitten lehrender Pastor. Er scherzt und zelebriert und vergießt buchstäblich eine Träne, als das Personal ihm hinterher 80.000 Kronen für die Krebsstiftung, die den Namen seiner Mutter trägt, übergibt. Er ist zu gleichen Teilen feierlich und weinerlich, demütig und visionär, er spricht im selben Atemzug über seine Frau Margaretha („Sie ist eine Art Oberbonze in unserer Kirche in der Schweiz"), wie er „euch alle herzlich in den Arm" nimmt.

Am Tag zuvor hatte das schwedische Fernsehen eine Dokumentation über Kinderarbeit auf den Philippinen und in Vietnam gesendet, aber der große Vater hält sich nicht mit Klagen über die bösen Reporter auf. Er dreht vielmehr den Spieß um und dankt dem Produzenten dafür, daß die Medien das Unternehmen unter strenger Kontrolle halten und daß „wir die Journalisten sowohl unserer Wohltaten als auch unserer Sünden wegen brauchen".

Da lachen alle, alle verstehen das.

Es ist die glänzende Rede eines Pfarrers, der an der positiven Resonanz seiner Gemeinde nicht zu zweifeln braucht. Manche mögen das populistisch nennen, aber was auch immer es ist, so ist es auch eine Wiederholung von 43 früheren Weihnachtsansprachen.

Und deshalb sind die Themen dieselben: die Philosophie von IKEA, das Kostenbewußtsein, der Traum vom guten Kapitalisten, die zur höchsten Moral erhobene Strebsamkeit, die Reue und Bußfertigkeit angesichts begangener Unterlassungssünden, das Glaubensbekenntnis über den Gewinn und die Herrlichkeit. Hier das gezügelte Selbstlob, das alle erhebt, und dort die ewige Erinnerung an das kleinste Lämmchen der Schafherde: Vergeßt nicht, daß wir gerade erst am Anfang stehen und daß das meiste noch ungetan ist.

Dann donnert der Applaus los, und als der gute Kapitalist stellt sich Ingvar Kamprad zwischen die Paletten mit dem Bücherregal *Billy* und dem Sofa *Emma* an den Ausgang und gibt jedem Mitarbeiter die Hand, tausend Hände werden gedrückt. Es kommt einer inneren Handauflegung gleich, so, als hätte man ihnen in einem Aufwasch die Sünden vergeben und am Schuljahresende eine Eins in Ordnung und Betragen erteilt. Fast wie neu erlöst können sie mit dem hübschen Weihnachtsgeschenk dieses Jahres unterm Arm – drei grünen Frotteehandtüchern mit Waschlappen – nach Hause in ihr wunderschönes Heim in der besten aller von IKEA möblierten Welten wandern.

Teil 6

Die Zukunft - „Das meiste ist noch nicht getan!“

Erben, aber nicht verderben

„Ich werde nie den späten Herbstabend 1974 in unserem Haus in Vedbæk vergessen, als Mama Margaretha alle Söhne hatte aufbleiben und auf meine - wie immer - späte Rückkehr hatte warten lassen. Ich hatte 15 Stunden lang gearbeitet, war müde und hungrig und kaputt. Peter war damals zehn Jahre alt, Jonas acht und Mathias fünf. Sie saßen im Pyjama auf dem gelben Sofa. Peter führte das große Wort und sagte: 'Papa, wir haben alle drei über die Sache diskutiert. Du tust uns leid, weil du so viel zu tun hast. Darum haben wir beschlossen, daß wir dir helfen werden, wenn wir groß sind.'“

Als Ingvar Kamprad zum ersten Mal Vater wurde, war er fast 38 Jahre alt. Er hatte diesen Augenblick herbeigesehnt - nicht zuletzt, weil er vom direkten Kontakt mit Annika, seiner Adoptivtocher aus erster Ehe, abgeschnitten wurde.

Er erlebte die Geburt seines Erstgeborenen intensiv. Für seine Frau war es eine schwere Entbindung, so wie sich die beiden folgenden als leicht erweisen sollten. Aber es ging alles gut, und der stolze Vater wackelte aufgeräumt aus dem Entbindungsheim, rief seinen besten Freund, den Zahnarzt in Älmhult, an und lud ihn zum Champagner ein. „Jetzt, Bruder“, sagte er, „sollst du etwas erleben, was es in meinem Haus noch nie gegeben hat und auch nie mehr geben wird. Wenn wir angestoßen und ausgetrunken haben, werden wir es wie die Russen machen - und das Glas hinter uns an die Wand werfen ...“

Ingvar Kamprad war glücklich.

Peter, der erste Erbe, war geboren.

Margaretha Kamprad sah zu, daß die anderen Söhne mit ein paar Jahren Abstand kamen, und die Lehrerin wurde zu Hause auf Elmtaryd Vollzeitmutter, während Ingvar Kamprad damit beschäftigt war, unablässig seinen Konzern auszubauen.

Hinterher sollte er sich sagen, daß der Preis zu hoch war und daß er es sich eigentlich nie verziehen hat, als Vater nicht häufiger präsent, sondern meistens nur „Geschäftsvater“ gewesen zu sein, der es der Mutter überließ, ein Heim zu schaffen, den Jungen die Ohren langzuziehen und ihnen Moral beizubringen.

An einem Punkt hat er versucht, dies auszugleichen oder sich zu bessern, wie immer man das nun ausdrücken will:

Von dem Moment an, da Ingvar Kamprad mit der Familie und IKEA ins Ausland ging, wurden seine Gedanken von dem Ehrgeiz in Anspruch genommen, einerseits seine Kinder davor zu schützen, in bittere Erbstreitigkeiten verwickelt zu werden, und sie, so sie es wollten, dazu auszubilden, eines Tages ins Unternehmen eintreten zu können. Erben, aber nicht verderben - so lautete das Motto.

Er konstruierte deshalb ein System, in dem seine Schöpfung IKEA vor den Streitigkeiten einer Erbteilung geschützt wurde und das dem Unternehmen ein „ewiges Leben“, wenn es denn so etwas gibt, garantierte.

Bei diesen Dingen seine Gefühle auszuloten ist eine delikate Sache. Wer kann schon die Beweggründe, Träume und Ängste eines Menschen in Fragen, die der Nachkommenschaft gelten, analysieren? Wer wagt es, eine Meinung zu den Visionen eines kapitalistischen Machterbauers von seinem Lebenswerk, das er in sichere Hände übergeben möchte, zu haben?

In einem Punkt war die Furcht des Gründers jedoch unverkennbar - mit dem Bau nicht fertig zu werden, bis die Jungen reif genug wären, Verantwortung zu übernehmen, wenn sie dies denn wünschten. In den letzten Jahren spielt die Familie für den alternden Kamprad eine immer größere Rolle, womöglich eine größere, als er sich ursprünglich einmal gedacht hat.

Heute hofft Ingvar Kamprad inständig, daß seine Söhne im 21. Jahrhundert das Imperium mitregieren. Die Hoffnung soll nicht um jeden Preis realisiert werden, aber der Vater hat immer zielbewußter dafür zu sorgen versucht, daß sie auf diese Aufgabe hin erzogen werden. Und die Söhne machen gern mit. In regierenden Familien ist das Königreich stets das zentrale und tägliche Gesprächsthema. Das beginnt bereits am Frühstückstisch und endet auch dann nicht, sollte man über Nacht ein Hotelzimmer teilen. Die Kamprad-Söhne gewöhnten sich an die vielen ausländischen Gäste, daran, daß an der abgenutzten Tischplatte in der Fischerhütte am See Geschäfte abgeschlossen wurden, daß das Leben IKEA war. Alle drei - Peter, Jonas und Mathias - haben nun während vieler Jahre innerhalb des Konzerns die unterschiedlichsten Dinge ausprobiert, jeweils an die Begabung und Veranlagung eines jeden angepaßt, aber im Prinzip Ingvar Kamprads Wunsch folgend, damit, wie er sagt, „alle drei einen Blick fürs Ganze“ bekämen.

Sie haben im Ausland gearbeitet, den Fernen Osten ebenso erlebt wie Polen und Kanada. Sie sind ihrem Vater in einer einjährigen Intensivausbildung, nicht zuletzt in der Kunst, ein Möbelhaus zu beurteilen, gefolgt. Peter leitet, als dieses Buch geschrieben wird, ein Möbelhaus, Jonas hat sich als Designer (mit mehreren eigenen Produkten für IKEA) und als Einkäufer etabliert, der jüngste Sohn ist äußerst warenkundig und träumt von einem eigenen Möbelhaus als nächstem Schritt.

Die drei sind ernsthafte, bescheidene junge Männer, die erst überlegen, bevor sie eine Antwort geben. Politischen Fragen weichen sie aus, ihr „Herz schlägt wohl mehr rechts“, nehmen aber Abstand zum „wilden Kapitalismus“. Zwei von ihnen haben Kinder, einer ist Junggeselle, einer ist verheiratet, einer lebt mit einer Frau aus - ja, woher wohl: Älmhult - zusammen. Sie haben sich noch nie für ein Interview zur Verfügung gestellt, sich noch nie zusammen fotografieren lassen; u.a. hat man als einen Grund die Gefahr eines Kidnappings genannt.

Nicht überheblich zu werden, Bescheidenheit zu zeigen gehört zur unverwüstlichen Basis Kampradscher Erziehung. Ihr Småländisch ist so echt wie ihre ererbte Sparsamkeit. Ihre Einfachheit in den Gebärden ist die Kopie einer Ungekünsteltheit, die beiden Elternteilen zu eigen ist. Sie sprechen Dänisch, Schwedisch, Französisch, Englisch und Deutsch. Einer von ihnen beklagt indes, keine Sprache perfekt zu können. Er müsse nachfragen, wenn er bestimmte Wörter nicht versteht. Was sie jedoch vollendet beherrschen, ist „Ikeanisch“, die Sprache, derer man sich im Unternehmen bedient, IKEAs eigenem Dialekt.

Selbst als Auf-dem-Papier-Milliardäre und multinationale Erben leisten sie sich keine Extravaganzen. Im Gegenteil. Wie x-beliebige Bürger höre ich sie davon sprechen, für verschiedene Dinge zu „sparen“. Das Motorboot auf dem Möckelnsee vor Älmhult z. B. wurde, nach viel Sucherei in Südschweden, gebraucht gekauft. Die Kunst des Handelns und Feilschens haben sie von einem großen Vorbild gelernt.

Eines von Peters Hobbys - neben Motorradfahren (Suzuki Savage) auch Fallschirmspringen - wäre vor ein paar Jahren beinahe ziemlich übel ausgegangen: ein komplizierter Beinbruch, der ihm fünf schwierige Operationen bescherte.

Unverdrossen hat er mit halber Fahrt und auf Krücken seine Arbeit getan.

Jonas ist leidenschaftlicher Musiker. Er war sowohl in Älmhult als auch in Lausanne Schlagzeuger in einer Band und übt gern in seiner kleinen Großstadtwohnung auf den Elektrodrums. Mathias, der Jüngste, liest viel (zur Zeit über Ethik und Moral) und angelt gern. Sie sind wie ganz normale junge Männer. Sie wurden in ein Leben und eine potentielle Verantwortung hineingeboren, die sie sich nicht selbst ausgesucht haben und von denen sie sich kaum vorstellen könnten, sie gegen etwas anderes einzutauschen,

Peter, 34, ist Ökonom, Jonas, 32, Designer. Mathias, 29, hat den Versuchen einer formellen Schulung getrotzt, aber am längsten im Konzern gearbeitet, zuletzt bei *Habitat.*

Wenige IKEA-Mitarbeiter haben also eine so vielseitige interne Ausbildung bekommen wie diese jungen Männer, vom schweißtreibenden Lager bis hinauf auf die kühle Ebene des Aufsichtsrats. Bei der INGKA Holding wurde dem Aufsichtsratsmitglied Jan I. Carlsson, dem Personalchef von Tetra Laval, das besondere Mandat auferlegt, neben dem Vater auf die Managementausbildung der Jungen ein Auge zu haben. Der Mann, an den sich die Brüder selbst am meisten anlehnen, ist jedoch Per Ludvigsson, die Eminenz der roten Gruppe in Brüssel.

Der Autor hat ein paar lange, offenherzige Gespräche mit den Kamprad-Brüdern geführt - sowohl in Småland und als auch in Humlebæk. Sie haben zugleich ihren Willen unterstrichen, Diskretion zu wahren. Deshalb ist unser redigiertes mehrstündiges Gespräch im nächsten Kapitel bis zu einem gewissen Grad anonym gehalten. Die verschiedenen Antworten können nicht ohne weiteres auf einen bestimmten Bruder zurückgeführt werden. Dies geschieht auch aus einer anderen menschlichen Rücksicht: Ihre interne Macht als exponierte Trainees im Führungskreis ist, wenn auch wenig präzisiert, so doch ein ständiger Beurteilungsfaktor für interne Zeichendeuter. Bis auf weiteres sollen sie wie normale, wenn auch ein wenig besondere Angestellte unter bald 38.000 anderen Mitarbeitern behandelt werden.

Dennoch vermitteln ihre Ansichten in unserem stark gerafften Gespräch ein Bild der Persönlichkeiten, die im Sinne des Vaters IKEA möglicherweise jahrzehntelang leiten werden. Hier sprechen die Erben eines der größten Möbelunternehmen der Welt, das in Form einer Stiftung betrieben wird. Es sind aber auch die reichen jungen Inhaber des großen, einhundert Läden umfassenden Einrichtungskonzerns *Habitat.* Er gehört zum größten Teil zur IKANO-Gruppe und bildet das unmittelbare Eigentum der Familie. Jeder der Jungen verwaltet darüber hinaus sein eigenes, nicht unbeträchtliches Vermögen, aber ihr Engagement ist wenig gestreut - Jonas hat ein bißchen Geld in ein Restaurant investiert.

Alles andere in ihrem Leben berührt IKEA - und IKANO. Ingvar Kamprad betrachtet seine Söhne mit einer Mischung aus besorgter Zärtlichkeit und professioneller Distanz, wie nur ein Vater mit höchster Verantwortung auch für eine globale Unternehmensgruppe das tun kann. Zur selben Zeit, da er hervorhebt, daß er mit seiner Adoptivtochter eine Abmachung getroffen habe, die sie außerhalb des Geschäftsinteresses stellt, gesteht er vorbehaltlos ein, daß er an seine Söhne keine deutlichen Erwartungen richte. Das hat mehrere Gründe - diese liegen in der Zeit, im Charakter, in den Kenntnissen und dem Wollen der Brüder sowie in Ingvar Kamprads eigener Ambivalenz:

Ich sollte kaum wünschen, daß die nächste Generation genauso eingebunden sein wird wie ich, daß sie praktisch zu Freizeit, Golf, ruhigem Familienleben, Vergnügen und anderem Guten auf der Welt nein sagen muß. Keiner meiner Söhne will sich in dieser Weise binden. Und wenn sie es wollen, dann wollen vermutlich ihre Frauen es nicht. Gleichzeitig sind sie ausgesprochen erpicht auf eine gründliche Ausbildung, bevor sie selbst das Gefühl haben, operative Verantwortung übernehmen zu können. Aber bevor sie die verschiedenen notwendigen Phasen durchlaufen haben, bin ich alt.

Nehmen wir Peter. Er muß beispielsweise noch die Sortimentsproblematik lernen; eine Zeitlang in Älmhult ist Pflicht, um das

Unternehmen zu kennen und eine Sache gut erledigen zu können. Für Mathias steht noch die Arbeit als Möbelhauschef aus, bevor er seine Ausbildung abgeschlossen hat. Nur Jonas ist in diesem Sinne fertig. Er hat eine Ausbildung, für die er selbst steht und die dem Unternehmen unmittelbar von Nutzen sein kann.

Es wurden mehrere Modelle diskutiert, wie meine Söhne in der Leitung mitwirken könnten, alle mit ihren Schwächen und Stärken. In einem Triumvirat könnte es auf dem Niveau des zweiten stellvertretenden Geschäftsführers für einen Kamprad Platz geben; denkbar wäre hierbei, daß die Brüder in bestimmten Intervallen einander abwechseln. Ein anderes Modell geht davon aus, daß wir drei verschiedene Zweige im Führungskreis haben (die rote, blaue und grüne Gruppe) - meine Söhne könnten für je einen Zweig die Verantwortung bekommen, sich aber auf der Aufsichtsratsebene der anderen beiden Zweige wiedertreffen.

Meine Hoffnung ist, daß ich bei der Auswahl des nächsten Konzernchefs von IKEA International dabeisein und die Jungs gleichzeitig auf dem Platz sehen kann, auf dem sie das Gefühl haben, der Verantwortung gerecht werden zu können. Ihre Stärken liegen auf unterschiedlichen Ebenen. Jonas hat Erfahrung mit den Produktionsbedingungen, Peter eine Neigung zu Struktur und Organisation und Mathias ein gutes Gespür für den Verkauf.

Ich möchte nicht, daß meine Söhne um Epauletten konkurrieren. Deshalb muß ich früher oder später jemanden ausgucken. Wenn keiner von ihnen die Sache so sieht wie ich, wird es eine interne Rekrutierung geben.

Aber: Eigentlich bin nicht ich es, der den Eid abnehmen wird, wenn meine Söhne eventuell eingeschworen werden, das müssen die operativen Leiter der Organisation tun. Wenn sie sagen, du schaffst diesen Job nicht, dann muß der betreffende Sohn sich etwas anderes suchen.

Das Problem Nummer eins des Unternehmens ist der Mangel an Leuten mit dem Zeug zu einem Leiter auf dem gesamten IKEA-Feld: Produktion (wo ja alles beginnt), Design/Einkauf/Sortiment, Verkauf. Das ist insgesamt ein komplizierter Prozeß - den müssen die IKEA-Leiter von morgen beherrschen, so sehe ich das. Um das Ganze zu managen, muß man das Detail kennen - das ist meine Philosophie.

Aber vielleicht läßt sich auch ein anderer Weg einschlagen - der des Generalisten. In diesem Punkt bin ich unsicher.

Ich selbst habe ja nun aus Altersgründen den Posten als Vorsitzender sowohl bei Stichting als auch bei IKANO abgegeben und bin auf die Position eines „Beraters" reduziert, weil die Gesetzgebung in Holland es so will. Vielleicht kann ich an einer anderen Stelle in der Organisation bleiben - als Vorsitzender in einem anderen Land, irgendwo als Praktiker. Außenstehende mögen sagen, daß unsere Organisation sich mit einer so aktiven Person wie mir, die umherrennt und dem Konzernchef von IKEA Stolperdrähte spannt, schrecklich ausnimmt. Aber das basiert alles auf einem rationalen Beschluß zwischen ihm und mir, als ich die Konzernleitung verließ. Solange ich die Kraft und Energie habe, mische ich mich also in die Fragen des Sortiments ein und mache weiterhin meine Arbeit auf der Seite des Einkaufs, wo ich mich besonders zu Hause fühle.

Kann ich von anderem die Finger lassen?

Ich glaube schon - wenn etwas verkehrt ist, fällt es mir schwer, nicht zu reagieren, aber wenn die Dinge laufen, ist niemand glücklicher als ich, nicht eingreifen zu müssen.

Gespräch mit den Erben

„Ich erinnere mich an diesen Augenblick ... ich mag 12 Jahre alt gewesen sein, er kam nach Hause und sagte: 'Jetzt habe ich IKEA weggegeben!' Dann erklärte er, daß es ihm gelungen sei, die Macht zu behalten ... daß wir aber das Geld nicht mehr hätten.
In diesem Alter verstand ich nur das Wort Geld; Süßigkeiten am Samstag, Taschengeld und so. Ich war total erschrocken: Was hat Papa getan? Hatten wir gar kein Geld mehr?“

Wer sind eigentlich die Kamprad-Söhne? Darf ich sie bitten, vorzutreten!
Wir sind alle drei als typische Kamprads erzogen worden und haben unerhört viel von Ingvar mitbekommen: seine Art zu denken, die Sparsamkeit, die Hartnäckigkeit, das Handfeste. Von Mama haben wir mitbekommen, uns zu kümmern. Auch die Fähigkeit, Menschen zu durchschauen - kann man sich auf sie verlassen oder nicht?

Wir wurden früh darauf trainiert, mit Geld umzugehen. Papa fragte uns: „Bist du dir wirklich sicher, daß es das ist, was du kaufen willst? Hast du dir genau überlegt, was du haben willst, und ist es das wert? Wenn du das kaufst, hast du nichts mehr übrig.“ So machte er es immer.

Was sagte der Vater über eure Zukunft?
Wir hätten uns gewünscht, daß Ingvar deutlicher gewesen wäre, aber andererseits - ich weiß ja selbst nicht immer, was ich will, und da ist es schwierig für ihn, deutlich zu sein. Peter sagte einmal zu Papa: „Sei du nur ungeduldig, wenn du Lust hast, aber dann mußt du etwas dagegen tun, sag, was du von uns erwartest!“ Er ist vielleicht ein bißchen zu stark, während wir ein bißchen zu abwartend waren. Das bewirkt, daß er unverständlich erscheint.

Wir hören gern zu, sind artig, es ist höllisch schwierig, sich zu behaupten, wenn er in der Nähe ist. Selbst wenn man seine Idee für schlechter hält, muß man sie fast hintanstellen, bis die Zusammenkunft vorüber ist, und sagen: „Hör mal, findest du nicht, daß wir es besser so machen?“ Sitzt man mit fünf, sechs Personen und mit Ingvar zusammen, dann warten alle auf das, was er sagen wird, da spielt es keine Rolle, was man selbst sagen möchte.

Aber seid ihr heute bereit, Verantwortung zu übernehmen?
Zuallererst: Wir haben ein wichtiges Erbe zu verwalten. Wir könnten uns statt dessen auf den Mond verkrümeln oder etwas ganz anderes machen, aber das wäre schade. Es gibt doch so viele Möglichkeiten. Unsere Aufgabe ist es, das Erbe zu nutzen, es auszubauen.

Wir wissen nicht recht, wie wir das deichseln sollen. In die Firma werden wir irgendwie gehen, aber wie, das ist nicht klar. Wenn Papa zehn Jahre jünger wäre - dann wären wir mit unserer langen internen Ausbildung rechtzeitig fertig, und dann hätte uns Papa an den Platz stellen können, wo wir seiner Meinung nach hin paßten.

Aber Ingvar erhöht mit jedem Tag den Druck auf uns: „Ihr müßt jetzt übernehmen.“ Das fing vor etwa einem Jahr an. Er hat sich ständig selbst beweisen wollen, daß er noch immer gleich stark ist, aber irgendwann muß auch er das Tempo drosseln. Zwischen 70 und 80 Jahren muß ein Mensch mit allem rechnen!

Als einer von uns in den USA arbeiten wollte, protestierte Papa: Das sei zu weit weg, um engen Kontakt zu halten. Wir arbeiten alle an unterschiedlichen Plätzen und treffen uns selten; wir sprechen deshalb wenig darüber, aber wir müssen auf dem Sprung sein, wenn Ingvar etwas passiert.

Was denkt ihr, würde geschehen, wenn „es passiert“?
Es gibt ein genaues Regelwerk, das „in the worst case“ in Gang gesetzt wird ... aufgestellt für die nächsten hundert Jahre ... Da gibt es Institutionen, die exakt wissen, wer was machen muß. Ingvar wird von einem Kreis von drei bis vier Leuten ersetzt, in den wir oder unser Repräsentant eintreten und in mehreren unterschiedlichen Gliedern steuern können. Nennen wir es eine Art obersten Familienrat. Das ist das erste, was in Kraft tritt. Dann gibt es sicherlich ein Erwachen: Jeder für sich muß sich entscheiden, wo er von größtem Nutzen sein könnte. Keiner von uns strebt Anders

Mobergs Posten an.

Eine Sache ist allerdings ganz klar: Wir werden uns in der Nähe der Firmenleitung befinden. Wir haben zu den meisten an der Spitze von IKEA Vertrauen. Hat Ingvar sich mit ihnen geeinigt, dann tun wir das auch. Dann zu entscheiden, was wir tun sollen, ist kompliziert. Wir brauchen tüchtige Berater, um das Richtige zu finden. Und die haben wir.

Wie lange habt ihr euch vorbereitet?

Ingvar spricht ja seit 1976 davon, seinen Abgang vorzubereiten. Beim ersten Mal klang das sehr unangenehm. Schon allein, daß er IKEA „weggegeben" hat. Ich erinnere mich noch sehr gut an diesen Augenblick, ich mag 12 Jahre alt gewesen sein, er kam eines späten Abends nach Hause und sagte: „Jetzt habe ich IKEA weggegeben!" Und dann erklärte er, daß es ihm aber gelungen sei, die Macht zu behalten, daß er weiterhin mitbestimmen könne, daß wir aber das Geld nicht mehr hätten.

In diesem Alter verstand man nur das Wort Geld; es stand für Süßigkeiten am Samstag, Taschengeld und so. Ich war total erschrocken: Was hat Papa getan? Hatten wir gar kein Geld mehr?

Erst wenn man größer wird und eigenes Geld verdient, sieht man ein, daß man nicht unendlich konsumieren kann. Dann weiß man, daß es bei Geld darum geht, ein Haus, ein Auto, ein Boot zu kaufen und es sich leisten zu können, eine Familie zu gründen und für die Kinder einen Hund anzuschaffen. Wenn du das dann alles hast, ist der Rest unwichtig. Wenn man begriffen hat, daß man Kontrolle und Einfluß haben kann, aber der Mühe enthoben ist, auf einer riesigen Brieftasche zu sitzen, dann ist man gereift und versteht, daß Geld nichts ist, daß es die Macht ist, die zählt.

Ingvar war wahrscheinlich so wie wir, als er jung war. Ich wette, daß er sich, als er sich mit 30 einen Porsche gekauft hat, verdammt gefreut hat und das nächste Mal vielleicht ein noch besseres Auto kaufen wollte, ja, damals war auch er geldgierig und wollte immer mehr haben... Als es dann so gut lief, daß er alles hatte, was er brauchte, machte er sozusagen um sich herum zu. Es war wie ein geschlossener Kreis, aus dem Unternehmen durfte kein Geld hinausfließen. Er wollte, daß die Firma länger lebte als er selbst; IKEA wurde zu einem Unternehmen mit Eigenleben.

Heute, aus der Perspektive der Erwachsenen, wissen wir die organisatorische Lösung, die Ingvar für IKEA gefunden hat, zu schätzen. Sie ist sowohl für uns als auch für das Unternehmen das Richtige. Völlig geschützt vor uns Jungen ist es nicht. Keine hohe Position kann verhindern, daß wir falsche Entscheidungen treffen und damit das Erreichte gefährden. Es ist jedoch angenehm, nicht mit einer Menge Besitz belastet zu sein.

Kann IKEA unendlich weiterwachsen?
Die Chancen sind groß, wenn wir das Konzept pflegen. Die Größe an sich braucht kein Ziel zu sein, aber es ist klar, daß es uns die Möglichkeit gibt, noch stärker zu werden, besser einzukaufen, vom Volumen her und so. Zu sagen, daß IKEA jetzt groß genug sei, wäre falsch, es würde Motivation und interne Kraft rauben. Weiter zu wachsen, das gibt Energie, Vertrauen und Stärke. Dagegen können wir, um Kräfte zu sammeln, für ein paar Jahre auf dem Status quo bleiben. Eine große Gefahr besteht darin, daß es mehr Spaß macht, sich mit neuen Projekten zu befassen, als in einem Haus die wöchentliche Runde zu machen.

Könnt ihr schon heute Einfluß auf IKEA ausüben?
Ja, aber das kann das Lagerpersonal auch. Das ist das Tolle an diesem Konzept, daß alle vernünftigen Angestellten sagen können, was sie meinen, und mit Ideen kommen können. Jeder trägt ja etwa ein Kilo Gehirn mit sich herum, gemeinsam können wir eine gewaltige Kapazität entwickeln. Ansonsten ist der Aufsichtsrat das Forum, wo wir Brüder uns ausdrücken können, wo wir gehört werden und wo das auch in Protokollen dokumentiert wird. Aber auch im Alltag - in gemeinsamen Kaffeepausen - übt man Einfluß aus, das tun alle, die dazu Lust haben. Wir sitzen heute im Aufsichtsrat von *Habitat,* IKANO und Inter IKEA Systems und sind als Beisitzer/Zuhörer auch in den anderen Aufsichtsräten von Gewicht dabei, um zu lernen.

Sind es also die Aufsichtsräte, in denen ihr vor allem wirken werdet?
Der Aufsichtsrat ist gut für den Überblick, aber nur dort zu sitzen und keine konkreten Kenntnisse von unten zu haben macht wenig

Sinn. Das habe ich z. B. bei IKANO gemerkt, als dort irgendwelche Versicherungsfragen auftauchten - ich war völlig inkompetent.

Was glaubt ihr, in Zukunft für IKEA tun zu können?
Am meisten Spaß würde es machen, innerhalb eines Jahres über 25 neue Möbelhäuser beschließen zu können; das wäre phantastisch, weil es bedeuten würde, daß wir unsere Sache so gut gemacht haben, daß man viel Geld lockermachen könnte. Das wäre ein gutes Zeugnis. Ich weiß nicht, ob dies in einem einzigen Jahr möglich ist, aber als Richtmaß wäre es wunderbar.

Meine *höchst persönliche Meßlatte* ist, mich als Chef um ein Möbelhaus kümmern zu können, das will ich drei Jahre lang machen. Ich halte mich selbst gern in einem Möbelhaus auf und habe verschiedene Vorschläge über denkbare Verbesserungen geschrieben.

Ich favorisiere die kleinen Möbelhäuser. Da sind einem die Produkte näher, die Gänge enger... Cinisello Balsamo in Mailand ist aus dem Blickwinkel des Konzepts eigentlich völlig verkehrt, aber man findet dort, obwohl es verdammt eng ist, eine Menge intelligenter Lösungen, auf die die Verkäufer und Dekoleute gekommen sind.

Ist Franchising an Außenstehende die Zukunft?
Vermutlich, und das bedeutet eine neue große Verantwortung. Wir müssen uns dessen, was wir wollen und können, ganz bewußt sein: Können wir helfen, können wir wirklich allen Ware beschaffen? Wirtschaften wir zentral schlecht, muß das ja ein anderer aus seiner Tasche bezahlen.

IKEA International ist zuerst dran. In Zukunft kann ein Haus auch von weiß Gott wem betrieben werden - es muß nur jemand sein, der oder die als stark und tüchtig eingeschätzt wird.

Was ist das für ein Gefühl, so reich zu sein, wie es beschrieben wird?
Man denkt selbst nicht daran, daß man reich ist, was die Leute nur schwer verstehen. Es gibt welche, die sich in einem eleganten Sakko und mit einem großen Auto bewegen und das Bedürfnis haben, zu zeigen, daß sie etwas sind. Wenn man aber wirklich reich ist, hat man kein Bedürfnis, es zu zeigen.

Von uns führt ja keiner ein Reiche-Leute-Leben, keiner von uns läuft unbedingt mit einer Krawatte herum... Ich habe mir zufällig gerade neue Schuhe gekauft, aber ich bin unterdurchschnittlich gekleidet, wenn ich das in der U-Bahn vergleiche. Das gefällt mir.

Wer sind eure Freunde - kann ein Milliardär „richtige" Freunde haben?

Ich habe enge Freunde, mit denen ich reden und vielleicht auch mal weinen kann, Kameraden von zu Hause in Lausanne, die absolut nichts mit meiner Arbeit zu tun haben. Ob man sich, wenn man reich ist, auf die Freundschaft verlassen kann, hängt davon ab, wie man sie pflegt, ob man sich selbst treu ist, ehrlich ist und sich vorstellen kann, jemandem eine helfende Hand zu reichen...

Freundschaft kann nicht darauf aufbauen, daß man etwas zurückbekommt. Ich kenne jedoch viele, die mir zur Seite stehen würden, wenn ich in der Patsche säße, und mehrere, denen ich sofort helfen würde.

Wie soll IKEA in Zukunft sein?

Mittlerweile schätze ich Ingvars Ziel, wenn er sagt, daß wir versuchen sollen, das Wohnen vieler Menschen zu verbessern. Während meiner ersten Ausbildung hielt ich das für einen Marketingspruch, ein Unternehmen soll Geld machen, Punktum! Damit soll man nicht hinterm Berg halten. Unternehmen sollen soviel wie möglich an die Aktionäre verteilen, darum geht es. Nur so können wir überleben. Aber - wir müssen uns auch fragen, welche Werte, welche Moral uns lenken, für welche Kultur wir stehen. Daß wir, extern und intern, wirklich korrekt sind, daß wir ehrlich sind. Es ist wichtig, klarzumachen, wie wir mit unserer Wohnkultur in anderen Ländern wirken wollen.

Es geht darum, etwas zur Entwicklung auf dem Gebiet des Wohnens beizutragen, daß wir dort, wo wir Partnerschaften und Geschäftsverbindungen haben, Menschen angemessene Möglichkeiten bieten, sich zu verbessern; es geht darum, Kompetenz zu entwickeln, darauf zu achten, daß es dort, wo wir produzieren, nicht zu schlimm aussieht, daß wir nicht nur gucken, wie billig und liefersicher die Ware für die richtige Qualität werden kann, sondern auch, ob wir darauf einwirken können, daß die Kantine, in der die

Arbeiter essen, gemütlicher wird und daß es Toiletten mit Papier gibt usw. Daß die Umwelt o. k. ist - wir müssen innerhalb der kommerziellen Grenzen, die die Wirklichkeit uns setzt, auch an die Lebensqualität künftiger Generationen denken.

Da kommen solche Dinge wie Kinderarbeit aufs Tapet. Das Problem ist mehr eine Entwicklungsfrage für das betreffende Land als für uns. Die Debatte ist verzerrt. Wir haben aber trotzdem Verantwortung, die, darüber zu sprechen, wie es in diesen Ländern steht und wie wir unserer Geschäftskontakte sehen. Wir wollen keine Kinderarbeit. Aber warum gibt es Kinderarbeit? Nur zu sagen, daß wir sie nicht fördern wollen, reicht nicht, wir müssen auch die Frage stellen, was mit den Kindern geschieht, wenn wir von einer Bestellung, einer Zusammenarbeit absehen. Sollen sie lieber auf die Straße gehen und ihre Körper verkaufen?

Ihr wohnt alle drei im Ausland. Wie wollt ihr das Småländische bewahren können?

IKEA of Sweden (IOS) sitzt nach wie vor in Älmhult, bestimmt das Sortiment und ist deshalb von großer Bedeutung. Wir haben uns oft darüber unterhalten, ob es nicht zu teuer sei, das beizubehalten. Es kann schwierig werden, qualifizierte Leute dazu zu bewegen, dorthin zu ziehen, Designer aus Italien wollen vielleicht nicht im kleinen Älmhult wohnen...

Wichtig dabei ist, daß Älmhult ein Vorbild ist und das Tempo hält, daß es nicht in eine geschützte Werkstatt verwandelt wird. Wir sind Leuten begegnet, die meinen, daß in Schweden ständig Kaffeepausen eingelegt würden und daß wir Schweden allen, die zu Besuch kämen, ein schlechtes Beispiel gäben.

Dennoch, es gibt nichts Besseres als Älmhult, trotz gewisser Probleme. Es stimmt, daß das Arbeitstempo in Asien höher ist. Wir trinken unsere Tasse Kaffee, natürlich, aber an unserem Platz, ohne die Arbeit zu unterbrechen. In Älmhult gibt es jedoch etwas, was kein anderer Ort hat: eine große Fachkompetenz. Nirgendwo sonst auf der Welt findest du eine solche Ansammlung an Möbelkenntnissen.

Es stimmt schon, daß zu Hause in Schweden die Entscheidungen mehr Zeit beanspruchen. Bei IOS dauert es bis zu zwei Jahre, ein Produkt zu entwickeln, bei *Habitat* dagegen nur ein Jahr. Der Unterschied besteht darin, daß Älmhult fordert, bei allem bis ins kleinste Detail perfekt zu sein. Was man dabei an Geschwindigkeit verliert, gewinnt man an Qualität. IKEA verwendet auf die Qualität heute mehr Energie als vor zehn Jahren, ebenso auf die Koppelung von Design und Produktion.

Was habt ihr von Ingvar Kamprads Führungsstil gelernt?
Er kann gut „zu den Massen sprechen", die Leute mitreißen. Uns hat er eigentlich nie ins Gespräch mit einbezogen, wir haben eigene Wege suchen müssen. Er hat uns unnötig unter Druck gesetzt. Aber im Aufsichtsrat werden wir mit demselben Respekt wie andere behandelt.

Ingvar hat sich in den letzten Jahren verändert. Früher diskutierte er unglaublich viel, bis sich alle einig waren. Er kann zuhören und seine Auffassung ändern, wenn man ihm gute Argumente liefert, sich selbst aber hunderttausend Argumente für das ausdenken, von dem er gerade will, daß es das Richtige sei. Ich hörte ihn aber nie sagen: „Das machst du jetzt so, auch wenn du nicht willst." Früher war es seine Stärke, seine Ideen immer sorgfältig an den Mann zu bringen.

In letzter Zeit ist Ingvar ungeduldiger geworden, weil aus Ideen, die er vorbrachte, nichts geworden ist, weil man sie nicht weiterverfolgt hat. Er ist enttäuscht, wenn das, worauf man sich geeinigt hat, nicht geschieht. Er wird böse, weil er weiß, daß er nicht bis in alle Ewigkeit dasein und alle kontrollieren kann. Die Zeit reicht nicht aus, deshalb ist er ungeduldig. Es gilt noch vieles zu erledigen.

Er tritt sicherlich vielen Menschen auf die Füße. Ein Chef, der Entscheidungen treffen muß, während der Gründer des Unternehmens noch lebt und agiert, muß eine starke Persönlichkeit haben. Ingvar mischt sich allzu gern ein - er sieht etwas, wovon er meint, daß es mit dem Grundkonzept nicht in Einklang steht, und dann gibt es natürlich ein Mordstrara, wenn er das anspricht. Damit ist nicht immer leicht umzugehen, aber im Grunde gehört alles zu einer Art Lernprozeß, wenn die neue Generation den Gründer ablösen soll.

Manchmal schießt Papa mit seiner Kritik auch übers Ziel hinaus. Ein paarmal habe ich ihn gefragt: „War das wirklich angemessen, ein so hartes Fax zu schreiben, stößt du den Leuten nicht vor den Kopf?" - „Da hast du vielleicht recht", hat Ingvar dann gesagt und die ganze Nacht daran gearbeitet, das Fax zu annullieren, bevor der Empfänger dazu kam, es zu lesen, und dann schickt er statt dessen ein neues und freundlicheres...

Er ist sich also dessen bewußt, daß er in gewissen Fällen drauf und dran ist, griesgrämig zu werden, und bemüht sich, diplomatischer zu handeln.

Warum arbeitet man gern für IKEA?
Niemand, der bei IKEA arbeitet, jedenfalls nicht auf einem höheren Posten, tut dies des Geldes wegen, sondern weil es Spaß macht und weil es so unverschämt gut läuft. Man kann sich schon fragen, warum. Ich sehe mir z. B. Frankreich an, einen schwierigen Markt. *Habitat* strampelt sich ab und verliert sogar gegenüber dem vorhergegangenen Jahr, während IKEA noch zwischen 10 und 20 Prozent zulegt. Wie kommt das?

Beruht es darauf, daß IKEA vor vier Jahren in der Krise war und daß wir nur aus Krisen lernen können? IKEA kann mit einem Nullergebnis nicht leben. Wir müssen immer expandieren, nicht zuletzt deshalb, weil wir kein Geld aufnehmen. Wir haben unsere Riesenkrise damals selbst erzeugt, aber wir brauchten sie. Das Ergebnis ist, daß es nun wieder volle Fahrt voraus geht. Alle ziehen am selben Strang, und das bei vielen neuen Projekten. Das einzig Unheimliche daran ist, daß viele dieser Projekte von Ingvar persönlich initiiert wurden; das ist ein schlechtes Omen. Es müssen auch aus anderen Richtungen Ideen kommen.

Starke Männer haben manchmal einen großen Nachteil: Sie lassen andere nicht hochkommen.

Wer wird in Zukunft die Visionen haben?
Das wissen wir im Moment noch nicht. Wir Brüder werden eine wichtige Rolle spielen - außerhalb des Managements. Wir werden für neue Gedanken einstehen, sie schriftlich darstellen und an die gesamte Organisation verschicken müssen. Man erwartet, daß es das in der Leitung Kamprads gibt, sonst wird die Seele von IKEA nicht überleben.

Unsere Aufgabe wird es sein, das Instrument zu sein, Strategien zu finden und im kleinen Kreis zu entwickeln. Ich glaube, das wird funktionieren.

Wir sind viel vorsichtiger als Ingvar und müssen uns einen anderen Führungsstil zulegen. Er selbst begreift das nicht, und wenn er etwas sagt, ist es immer noch Gesetz. Es sind viele Dummheiten herausgekommen, die Ingvar keineswegs so beabsichtigt hatte. Wir werden unsere eigenen Fühler ausstrecken müssen, andere Wege als Ingvar finden und hellhörig sein.

Wir versuchen, kreativ zu sein. Zu tun, was Ingvar getan hat - eine Idee entwickeln und den Rest anderen überlassen. Das kleine Samenkorn setzen und ein wenig gießen, damit es zu wachsen beginnt.

Und wenn ihr euch nicht einigt?

In der Organisation gibt es einen Mann, zu dem wir größtes Vertrauen haben. Das ist Per Ludvigsson, der Chef der roten Gruppe in Brüssel und eine Schlüsselfigur, wenn Ingvar einmal von der Bühne abtritt. Er wird nie nach außen hin in Erscheinung treten, er ist die graue Eminenz, der wir sehr trauen. Früher oder später werden wir drei Brüder sicher unterschiedlicher Meinung sein, und da verlassen wir uns darauf, daß er vermitteln und eine gute Lösung finden wird.

Was ist für euch „typisch IKEA"?

Ich denke an diesen Fahrersitz, auf den wir uns bei einem Traktorhersteller in Tschechien setzten. Den verkaufen wir jetzt als Stuhl - so einen gesäßgerechten, gepreßten Blechsitz mit Löchern... irgendwie frech. Er wird vermutlich auf unerhört simple Weise produziert. Pang, pang, ein Kilo Metall, und schon ist er fertig. Daß daraus ein Stuhl wurde, ist „typisch IKEA". Das gleiche wiederholte sich mit Fahrradsätteln, aus denen dreibeinige Stühle wurden.

Ein Gestalter präsentierte eine Idee, die ich nicht richtig verstand. Ich sagte, das es wohl eine gute Bank mit Tisch sei. „Bank mit Tisch!" sagte der Designer, „mein Lieber, siehst du denn nicht, daß das Aufbewahrungsboxen sind?" Aber es wurde tatsächlich eine Bank mit Tisch daraus. Ich hatte eben etwas anderes darin gesehen, als er mir zeigen wollte. Es gibt Hunderte solcher Produktbeispiele, wo wir an einem Ende angefangen und an einem ganz anderen aufgehört haben.

Das ist typisch IKEA.

Eine Schweigeminute im Aufsichtsrat

„Manche bedürfen ihrer Kleinheit, um zu empfinden. Andere benötigen ihre Größe. Wieder andere brauchen dich für ihre Verwandlung.“
Henri Michaux

Es war im Oktober 1986, der Ort das Hauptquartier in Humlebæk, die Bilanz sollte präsentiert werden, für Ingvar Kamprad die letzte als Konzernchef. Der Umsatz hatte 10 Milliarden Kronen überschritten, und Kamprads junger Nachfolger Anders Moberg, damals 36, hatte am 1. September das Ruder übernommen, munter kommentiert von seinem Vorgänger: „Es ist nun deine Sache, eine Null dazuzulegen.“

Der ebenfalls neu ernannte Leiter der Finanzabteilung, Hans Gydell, erinnert sich an diesen Tag jedoch eher aus einem anderen Grund, denn es war das erste Mal, daß die INGKA Holding B. V. einen Gewinn von mehr als einer Milliarde Kronen präsentieren konnte.

Würde es Champagner und Gänseleber geben? Szenenapplaus? Würde die Geschäftsleitung mit Blumen überhäuft werden? Alle warteten auf den Kommentar des Konzernchefs. Schließlich ergriff er das Wort und sagte in etwa: „Meine Herren, darf ich eine Schweigeminute vorschlagen - um unsere Zufriedenheit zu genießen!“

Und so geschah es. Ingvar Kamprad ist immer ganz er selbst. Er ist nie überheblich, zeigt Demut, nimmt nichts als selbstverständlich hin, ist ständig beunruhigt und auf schlechtere Zeiten gefaßt, nichts steigt ihm zu Kopf - ganz, ganz tief eingeprägt ist ihm, daß Erfolg der ärgste Feind des Erfolgs ist.

Viele Jahre später sollte er nach einer neuerlich glänzenden Bilanz dem stellvertretenden Geschäftsführer die Aufgabe stellen, bei der nächsten Aufsichtsratssitzung ein Szenario für eine tiefe Liquiditätskrise zu präsentieren...

Aber wie Hans Gydell später in bezug auf 1986 murmeln sollte: „Wendete man in Zukunft dasselbe Prinzip an, um von guten Gewinnjahren Notiz zu nehmen, würde es auf den Aufsichtsratssitzungen sehr still werden."

Und im November 1997 brach Ingvar Kamprad auf einer Bilanzversammlung des Aufsichtsrats der INGKA Holding in Helsingborg das lange Schweigen, das sich sonst ausgebreitet hätte (um es so zu sagen), und fing zu applaudieren an.

Er hatte genügend Grund, und seine Freude schien von Herzen zu kommen, er war so stolz wie glücklich.

Der Konzern hatte eine Art Tigersprung nach vorn gemacht. Verglichen mit dem Vorjahr war der Umsatz um mehr als 20 Prozent auf fast 46 Milliarden Kronen gestiegen, das Nettoergebnis vor Steuern auf 15,5 Prozent oder mehr als 7 Milliarden Kronen. Das Ergebnis nach Steuern belief sich auf 5,4 Milliarden Kronen, entsprechend 11,8 Prozent des Umsatzes.

Im Laufe des Jahres war die Mitarbeiterzahl entsprechend dem Umsatz von 33.400 auf 37.500 angewachsen, während gleichzeitig (was wichtig ist) die Kosten relativ gesehen gesenkt wurden.

Wie ein Außenstehender diese Bilanz sehen kann? Ist sie typisch IKEA, ist sie einzigartig, was sagt sie eigentlich aus?

Früher gab es in den Wochenzeitungen Spielseiten, auf denen die jüngste Leserschaft eine Linie von einer Zahl zur nächsten ziehen konnte, und das Ergebnis, das im Profil hervortrat, konnte ein Bär, ein Pferd, ein Wolf oder ein Schloß sein. Wenn man die Bilanz der INGKA Holding samt der Dispositionen und allem liest, ist es, als beschrieben die Zahlen die Kontur einer Persönlichkeit: Ingvar Kamprad.

Oder - was er selbst bevorzugen würde - daß die Linie die Kontur eines ganz speziellen Unternehmensgeistes nachzeichnete.

Das Profil des Jahresabschlusses per 31. August für das abweichende Geschäftsjahr 1996/97 war an sich eine Demonstration von Kraft und Energie. Das bedeutet nicht, daß die INGKA Holding - umgangssprachlich gesagt: die IKEA-Gruppe - vorher mittelmäßige Ergebnisse aufgewiesen hätte. Im Durchschnitt der vorhergegangenen fünf bis zehn Jahre hat der Gewinn vor Steuern und Finanzergebnis bei über 12 Prozent gelegen, und nach Steuern selten mehr als ein Zehntelprozent unter 8 Prozent. Als Anders Moberg jedoch nicht ohne gewisse Feierlichkeit das bisher beste Jahr des Konzerns präsentierte, waren er und Gydell auf ikeanische Weise schnell zur Stelle und verwiesen auf „außergewöhnliche"

Umstände, die zum Erfolg beigetragen hätten:

Da war - am sichtbarsten - ein positiver Devisen- und Kurseffekt, der sich auf ca. 650 Millionen Kronen belief. Es gab eine ungewöhnliche Zurückhaltung bei Investitionen in neue Märkte, „die großen, kostspieligen Investitionen, die für China und Rußland beschlossen wurden, kommen erst später...“

Aber kein Zufall der Welt konnte verbergen, daß auch eine Reihe von großen Stärken das Fundament für den großen Sprung nach vorn bildeten:

• Die Investitionen in Osteuropa begannen 1996/97 nach vielen Jahren Plackerei und Verlusten Gewinn zu bringen.

• Gleichzeitig wurden in den USA nach einem tiefen Minus positive Zahlen erwirtschaftet, nach äußerst schwierigen Zeiten in den 80iger Jahren.

• Das Ansteigen der Kosten wurde gestoppt; das Bewußtsein von Einfachheit und Sparsamkeit, diese Grundidee von IKEA, stellte sich allmählich wieder ein.

Aber vielleicht sind die darunter liegenden Zahlen - nicht nur die des eigentlichen Rekordjahres, sondern die Summe aus vieljähriger Tätigkeit - das wirklich Ausschlaggebende. Indem er auf kindliche Weise eine Linie von einem Jahr zum anderen zieht, sieht Hans Gydell, einst Ingvar Kamprads Assistent, ehe er als stellvertretender Geschäftsführer im IKEA-Büro in Humlebæk, Dänemark, das zweite Pferd im Gespann mit Moberg wurde, den Schatten des Gründers und seine ökonomische, unternehmerische Moral.

Mit einer Liquidität von 20 Prozent und einem Eigenkapitalanteil von 50 bekennen sowohl IKEA als auch Ingvar Kamprad Farbe. Die Zahlen spiegeln vor allem - Profianalytiker mögen das verzeihen - die Botschaften aus dem *Testament des Möbelhändlers* wider, die wir schon erwähnt haben. Denn so lautet ja das Gesetz seit der Entstehung von IKEA:

• Man soll zusehen, stets gut bei Kasse zu sein;
• Man soll eigene Immobilien besitzen;
• Man soll seine Expansion großenteils selbst finanzieren;
• Man soll sich nicht übernehmen.

Siehe die Grundprinzipien. Sie sind so gültig wie vor 50 Jahren!

Ingvar Kamprad bezahlte für sein erstes „Haus“ 13.000 Kronen in bar, als er 1953 in einer alten Schreinerei in Älmhult eine Möbelausstellung eröffnete; auf die gleiche Weise legte er nur 12 Jahre später die 17 Millionen Kronen hin, die erforderlich waren, um Kungens Kurva zu bauen, das Flaggschiff, das den Kurs für die Zukunft angab. In dem Moment, als es in anderen Unternehmen kriselte, es Zeit gewesen wäre, eine Neuemission zu verlangen oder zur Bank zu gehen und einen Kredit aufzunehmen, hat IKEA immer eigenes Kapital zur Verfügung gehabt. Nur Devisenrestriktionen und eine widerspenstige Reichsbank verhinderten, daß auch das erste Möbelhaus im Schweizer Ort Spreitenbach bar bezahlt wurde - ein zeitweiliges Darlehen von 5 Millionen Kronen von der *Nordfinanz Bank,* wo die *Handelsbanken* Teilhaberin war (und Jan Ekman genau wie heute bei INGKA im Aufsichtsrat saß), löste damals den Knoten, bis der Schweizer Betrieb seine Schulden zurückzahlen konnte.

Finanzielle Unabhängigkeit ist ein heiliges Prinzip des Gründers.

Ganz vereinzelt hatte IKEA aus gesetzlichen Gründen Partner (wie z. B. in Brüssel und Tokio), man fühlte sich dabei immer äußerst unwohl und schied, wenn es soweit war, mit großer Erleichterung aus dieser Zwangsehe. Dagegen beleiht man die Möbelhäuser beim Aufbau gern mit bis zu 70 Prozent (aber niemals das Warenlager, was unter Einzelhändlern wahrhaftig nicht unüblich ist).

IKEA besitzt heute über die ganze Welt verstreut 139 Möbelhäuser. Rechnen Sie selbst: Ein modernes großes Möbelhaus kostet zwischen 150 und 200 Millionen Kronen (es gibt welche, die sich der halben Milliarde nähern...), sie werden jährlich mit 4 Prozent abgeschrieben und gehen als eine sukzessiv steigende stille Reserve in die Bilanz ein.

Natürlich könnte das Unternehmen diesen gewaltigen Besitz kapitalisieren, indem man beispielsweise mit den Immobilien an die Börse ginge. Nichts dürfte Ingvar Kamprad fremder sein. Selbst Eigentümer zu sein bremst vielleicht das Tempo des Zuwachses, verleiht aber Sicherheit - „Kein Vermieter kann in zehn Jahren kommen und die Miete um 20 Prozent erhöhen" -, und Demut ist Gesetz: „Es ist ebenso wichtig, das, was wir bereits haben, zu pflegen, wie Neues anzufangen".

Im Grunde kann man an dieser Besorgtheit um die Liquidität und den Eigenkapitalanteil sehen, wie sich bei Ingvar Kamprad das Erbe des Freibauern mit dem Erbteil Kaufmann vermählt: Eine hohe Dosis von beider Moral gewährt optimale Freiheit. Der Bauer weiß aus bitterer Erfahrung, daß ein unfreies Land sein Verderben ist, der Kaufmann weiß, wenn man Geld in der Tasche hat, kann man die goldene Gelegenheit beim Schopf ergreifen.

„Es ist diese Politik", sagt Anders Moberg, „die bewirkt, daß wir es uns haben leisten können, in einem Land wie Polen oder vielleicht den USA Risiken einzugehen, Schwierigkeiten auszusitzen und den Erfolg abzuwarten. Langfristigkeit, darum geht es. Pflegen wir die Basis - d. h. das Konzept, den eigentlichen Handel -, sind wir sicher und haben zugleich die Möglichkeit, eine geschäftliche Chance wahrzunehmen. Ich kann also in ein Möbelhaus kommen und hören, daß die Grundstücke nebenan gerade aufgekauft werden. Warum greifen wir nicht sofort zu und sichern uns den Expansionsraum, sage ich, in ein paar Jahren brauchen wir diesen Boden, wenn wir weiterhin so wachsen. Laßt uns jetzt zuschlagen, Geld ist da..."

Schnelle Entscheidungen, die in anderen Unternehmen dem Oberbuchhalter Qualen bereiten würden, stützen sich bei IKEA auf eine reichliche Reserve für unerwartete Ausgaben. Nirgendwo in den Büchern ragt „die hochrote Schnauze des Leichtsinns" auf, es wird etwas auf die Seite gelegt, denn nach sieben guten Jahren können immer sieben schlechte Jahre kommen, hier wird für die Zukunft gebaut.

„Es steckt viel Småland in der Bilanz", beschreiben Moberg und Gydell das Ganze mit gewissem Understatement. „IKEA ist wie der Bauer, nachdem er eben gesät hat - die alte Ernte im Rücken, die Aussaat schon in der Erde."

Es ist das Resultat einer jahrzehntelangen einfachen Lebensführung, das nun sicher in den Kassen ruht, das die verschiedenen Gruppen im Konzern verwalten und das sich heute zusammengenommen um die 20 Milliarden Kronen in fundierten Mitteln bewegt. Es gibt Überlegungen, diese Vermögensmasse effektiver zu koordinieren.

Was will man denn mit diesen Reserven? Ingvar Kamprad sagt:

Ich lernte früh die alte Regel, daß ein Prozent weniger Verkauf zehn Prozent weniger Gewinn bringt. Wir verdienen heute gutes Geld, aber was ist, wenn uns nun ein paar Jahre lang der Wind ins

Gesicht bläst? 15 Prozent Defizit im Verkauf, und der ganze Gewinn wäre hinfällig. Deshalb bedeutet IKEA das Volumen so viel. Ich habe mich erschrocken, als wir in Humlebæk unsere „Kriegsspiele" gemacht haben, und mir ist klargeworden, wie schnell sich eine positive Entwicklung in ihr Gegenteil verkehren kann.

Dies ist der Grund dafür, daß wir auf allen Ebenen das Kostenbewußtsein nahezu manisch fördern. Jede Krone, die gespart werden kann, wird gespart. Das gilt auch für die Steuern.

Einmal hörte ich auf einer Konferenz den Ausdruck ***non creative costs*** *und fragte, was das sei - „unkreative Ausgaben"? Und die Antwort, die man mir gab, lautete: Steuern natürlich! Welche Einstellung man auch hat, Steuern sind und bleiben einzukalkulierende Kosten. In Schweden beträgt die Körperschaftssteuer 28 Prozent, der IKEA-Konzern bezahlte im vorigen Jahr auf den Jahresgewinn 23,5 Prozent. Kein dramatischer Unterschied, selbst wenn kleine Prozentzahlen auf unserem Niveau große Auswirkungen haben.*

Die Einkünfte der Inter-Gruppe basieren auf den Lizenzabgaben (3 Prozent des Umsatzes bei IKEA minus Unkosten). Dieses Geld gehört zu keinem speziellen Land, deshalb tun wir alles, um die Steuern zu minimieren. Das geschieht u. a. durch eine Firma auf den Niederländischen Antillen (wo ***Habitat*** *ebenfalls einen Firmensitz hat), wo Ausschüttungen niedrig besteuert werden. Dies ist um so wichtiger, als die Inter-Gruppe mit der Zeit ihr Vermögen durch glückliche Aktienplazierung immer geschickter verwaltet.*

Holland hat günstige Bedingungen für Holdinggesellschaften, und die Verkopplung von Holland und den Antillen ist sowohl bei kleinen als auch bei großen internationalen Unternehmen üblich. Schon als ich im Zusammenhang mit der Auswanderung aus Schweden meine vielen Firmen kaufte, wurden auch auf den Antillen Firmen registriert - das war sozusagen Standard, und sowohl Inter als auch IKANO haben folglich diese Verbindung. Wir befinden uns in guter Gesellschaft mit den Großen der Welt.

Die Sicht der IKEA-Führung auf die Bezahlung von Steuern ist einfach und geradlinig. Wir befolgen alle Gesetze und Bestimmungen, räumen die Gesetze allerdings gewisse Erleichterungen ein, nutzen wir diese Möglichkeiten. Oft werden uns in einem Land oder einer Provinz im Zusammenhang mit einer Firmengründung Steuererleichterungen angeboten, da sagen wir nicht nein. Beste

Möglichkeiten boten eigentlich die schwedischen Investititonsfonds, die uns einen gewissen Anteil des Gewinns steuerfrei absetzen ließen. Diese Fonds haben uns beim Bau der meisten schwedischen Häuser geholfen.

Man muß darauf hinweisen, daß die Steuergesetzgebung von Land zu Land beträchtlich variiert. Viele Länder bieten null Prozent Kapitalbesteuerung an, während sowohl Deutschland als auch Schweden bei 30 Prozent liegen. Die Tendenz ist, die Ungleichheiten Schritt für Schritt zu nivellieren. Wir müssen ständig unser Haus bestellen.

Der Aufbau von Reserven ist eine gute, alte Tradition bei IKEA. Das hat mit unserem Bedürfnis nach Unabhängigkeit und Bewegungsfreiheit zu tun. Die Inter-Gruppe dient mit ihrem akkumulierten Vermögen keineswegs als Sparkasse der Familie, sondern als eine sichere und im Moment wachsende Reserve für den Fall, daß der IKEA-Betrieb einmal so schlecht laufen sollte, daß er frisches Kapital braucht. Aus dieser Perspektive betrachten wir es als unsere Pflicht, alle Kosten niedrig zu halten - auch wenn diese Kosten Steuern heißen, und nicht zuletzt die Steuer, die unser internationales Kapital berührt.

Soweit Ingvar Kamprad. Wie ein Mantra wiederholt er, daß Geld kein Ziel an sich sei, nur ein Mittel. Vor dem Hintergrund seiner Philosophie kann man versuchen zu beurteilen, wie IKEA den Schritt über die Schwelle eines neues Jahrhunderts tun wird. Der Gründer tritt dann aus Altersgründen ab, eine neue Generation wird den Marsch anführen. Welche Chance haben die jungen Manager, den großen Sprung zu machen? Die Antwort ist: Sie haben auf jeden Fall ein wirtschaftlich starkes Unternehmen mit einem einzigartigen Geschäftskonzept als Katapult.

„Diesem Mann fehlt die Fähigkeit, sich zufrieden zu geben", sagte einmal der Veteran Hans Ax über Ingvar Kamprad. Und der gibt zu, daß er niemals, wirklich niemals, richtig zufrieden sei. Aber was er sich an jenem diesigen Novembertag 1997 in Helsingborg vielleicht doch gönnte, war doch der genußreiche Gedanke daran, wie glückhaft er das Management-Team, das den Konzern ins 21. Jahrhundert führen wird, zusammengeschraubt hat.

Anders Moberg bekam mit nur 35 Jahren in einem Lokal in

Amsterdam die Frage gestellt, ob er Ingvar Kamprads Nachfolger werden wolle. Er durfte es sich einen Monat lang überlegen. Moberg, geboren 1950, hatte trotz seines geringen Alters bei IKEA etwas vom Status des Veteranen, ohne indes zur Urclique von Älmhult zu gehören. Nicht zuletzt hatte er das richtige småländische Blut - die Eltern Kleinbauern - und wurde daher mit denselben Moralvorstellungen wie Ingvar Kamprad erzogen. In typisch ikeanischer Manier mangelte es ihm an einer akademischen Ausbildung. Er hatte jedoch als ordentlicher Handballspieler einen Ruf und gehörte zu den ersten jungen Leuten, die für das Führungstraining, das Anfang der 70er Jahre eingerichtet wurde, herausgepickt wurden.

Mit nur 24 Jahren wurde er ins europäische Ausland geschickt, zwei Jahre später bekam er die Verantwortung für die Kölner Niederlassung und war folglich einer von der himmelstürmenden, rund um die Uhr arbeitenden Gruppe junger „Cowboys", die von dem notorischen Wachstumsbeschwörer Jan Aulin angeführt wurde; wie sie mit wenigen Mitteln, aber unzähmbarem Optimismus das europäische Ausland eroberten, ist an anderer Stelle beschrieben worden.

Moberg hat, je nachdem, wie man rechnet, 10 bis 15 Möbelhäuser „auf dem Gewissen": das heißt in Gang gebracht, mit eröffnet etc. Er hat es übrigens dankend abgelehnt, Kommandeur des Flaggschiffs in Kungens Kurva zu werden - er konnte sich nicht vom Unternehmertum in Frankreich losreißen, wo er auch gerade Landeschef gewesen war, als er Ingvar Kamprads Angebot bekam.

Ihm wurde nach einigem Grübeln klar, daß er sich kaum mehr im Spiegel betrachten könnte, wenn er ablehnen würde. Er sagte zu Ingvar Kamprad: „Für dich ist es ein größerer Mißerfolg als für mich, falls es in die Binsen geht..."

Es ging aber alles glatt. Allerdings wird es noch ein paar Jahre dauern, bis der Umsatz die Null zulegt, über die Ingvar Kamprad 1986 gescherzt hat, während IKEAs Komplexität ebenso rasch zunimmt, wie die grundlegende Geschäftsidee unverwüstlich erscheint. In dem sukzessiven Verwandlungsprozeß, der sich vollzieht, ist Moberg ein Chef mit bescheidenem Profil, der es bewußt vermeidet, mit der Legende Ingvar Kamprad zu konkurrieren. Ganz im Gegenteil: Er scheint mit bemerkenswerter Bescheidenheit zu verstehen, daß IKEA seinen Gründer braucht, solange es ihn gibt. Und dessen einzigartige Kompetenz nicht auszunutzen wäre nahezu ein Vergehen.

Zwischen dem rastlosen Ingvar Kamprad und dem, wie es scheint, seelenruhigen Moberg hat es von Anfang an eine deutliche Arbeitsteilung gegeben; berühmt ist das Vetorecht des ersten in Fragen des Sortiments, denn in diesem Unternehmen gilt ja Erfahrung als das wichtigste. Sie teilen sich auch einen Assistenten (diese Aufgabe wechselt zwischen verschiedenen jungen Begabungen), was den Vorteil bringt, daß beide jeweils wissen, was der andere treibt. Derjenige, der die Freiheit hat, sich in allen Bereichen zu bewegen, ist natürlich Ingvar Kamprad. Wie ein Eichhörnchen kann er bei IKEA im gewaltigen „Lager" der Probleme und Möglichkeiten, Traditionen und Visionen sozusagen von Regal zu Regal zu hüpfen - Moberg muß dafür sorgen, daß die Regale an ihrem Platz sind und daß sie halten.

Das Konzept wurde in einer Zeit geboren, in der die Gedanken, Ansichten und Entscheidungen des Urhebers in einem Kreis ausgesprochen wurden, der alles aus berufenem Munde hörte. Heute ist der Abstand zwischen dem Zentrum und der Peripherie groß und die Notwendigkeit der Bestimmtheit, was Grundregeln, Richtungsangaben und Entscheidungen betrifft, proportional eher noch größer. Es ist Mobergs Sache, das organisatorisch zusammenzuhalten. Gleichzeitig ist es, solange er lebt, Sache und Verantwortung des Gründers, sein Wissen, seinen Einfallsreichtum und seine Energie als derjenige, der noch viel lebendigen Geist in die Flasche bläst, weiterzugeben.

„Es darf nicht so kommen, daß wir bei dem sich entwickelnden neuen IKEA Leute haben, die nur exakt das tun, was in den schriftlichen Anforderungen steht", sagt Anders Moberg. „Wir müssen Raum bekommen für das, was historisch IKEAs und Ingvar Kamprads Stärke war: Unternehmertum, Querläufertum, neues Denken. Kein Möbelhaus solle wie das andere sein, sagte Ingvar einmal. Und: Nur mit einer gewissen Einheitlichkeit und Konzentration der Kräfte im Auftreten erreichen wir die Durchschlagskraft für unsere Geschäftsidee."

So wird die junge Generation vor die doppelte Aufgabe gestellt, das Originalrezept in Ingvar Kamprads Geist zu verteidigen und zu vertiefen, während sie zugleich offen sein muß, um Neues zu integrieren, das in verschiedenen Ecken der Welt auf lokaler Ebene oder als Folge technischer und politischer Entwicklung entstehen kann.

Anders Moberg vermeidet bewußt großartige Szenarien; er bleibt auf dem Teppich und läßt erst mal Visionen, die jenseits der Jahrhundertwende verwirklicht werden sollen, außer Acht. „Im Moment", sagt er, „sind wir am Ball und bewegen und verändern praktisch alle fünfundzwanzig größten Häuser - die, die so viel verkaufen, daß wir fast durchgängig zu wenige Ausgangkassen, zu kleine Lager, zu kleine Restaurants etc. haben."

Zwanzig dieser großen Häuser, alle in Hauptstädten gelegen, stehen für mehr als 35 Prozent das Verkaufs von IKEA, aber für mehr als 60 Prozent des Ergebnisses; sie zu entwickeln ist die Basis dafür, daß sonstige Projekte realisiert werden können. Diese Häuser, einige machen einen Umsatz von als einer Milliarde Kronen - brauchen mehr Parkplätze, mehr Toiletten, mehr Geldautomaten, höhere Kapazitäten bei allem, damit die Kunden es angenehmer haben und die Abnutzung in Schach gehalten wird. Aber überall kann - und muß IKEA stärker werden.

In einer Stadt nach der anderen wird umgebaut, was das Zeug hält, in Chicago wird gerade ein Megahaus errichtet. Eine kraftvolle Konsolidierung ist im Gange. Das demnächst wichtigste ist - laut Moberg -, jeden Markt noch besser zu durchdringen, so daß man keine Konkurrenten hochkommen läßt. IKEA hat überall als Nischenunternehmen begonnen, schlägt sich aber heute mit den Riesen um wichtige Segmente. Schweden steht, was den Marktanteil angeht, mit einem Prozentsatz zwischen 20 und 25 an der Spitze; auf anderen Märkten liegt das Unternehmen in der Regel unter 10 Prozent.

In den USA (wo es immer besser läuft) erfordert das teure Marketing an sich eine höhere Marktdeckung, aber auch anderweitig gilt die Regel: je tiefer die Durchdringung, desto besser die Kostenstruktur, desto mehr kann IKEA auf das Volumen setzen, das im Wettbewerb seine konzeptionelle Trumpfkarte ist.

Heute und in absehbarer Zukunft liegt Europa mit ca. 85 Prozent des Umsatzes von IKEA in Führung. Die USA und Kanada mit ungefähr 12 bis 13 Prozent des Umsatzes können auf ausgewählten lokalen Märkten in ihrem eigenen Rhythmus wachsen. „Die Leute fragen uns: Warum expandiert ihr nicht schneller, warum laßt ihr euch Zeit? Ich antworte, daß ich es für besser halte, es gelassen anzugehen. Ich habe einen enormen Respekt vor den USA, der knallharten Konkurrenz, den ausgeklügelten Methoden und Attitüden..."

Im Gedankengang des Konzernchefs klingt eine Gruppe an, die gerade dabei ist, bereits eroberte Bastionen auszubauen und weiterzuentwickeln. Da ist Australien, das nie so recht in Schwung kam, jetzt aber genauso aufgepäppelt werden soll wie seinerzeit Kanada, nachdem IKEA dort Ende der 70er Jahre das Franchiseunternehmen aufgekauft hatte. Da wird ein neues Modell von teilhabenden Franchisenehmern in bereits existierenden Häusern immer mehr diskutiert. Es könnte geschickten Geschäftsleuten im Konzern, die in keinen anderen Stab eingegliedert werden können, neue Karrierewege ebnen, aber auch das Unternehmerische fördern, ohne das auch die beste Firma stagnieren könnte.

Großzügig überlassen Moberg & Gydell der nächsten Generation Afrika und Südamerika: „Die muß auch eine Nuß zu knacken haben..." Aber auf einem Gebiet wollen sie den Becher bis zur Neige leeren: Jenseits der Jahrhundertwende setzt IKEA auf den größten mit schönem Schein lockenden Markt der Welt: auf China.

Der große Sprung nach vorn

„To create a better everyday life for the majority of people.“
Ingvar Kamprad in *The Living Concept*

„Wir müssen Vertrauen haben zu den Massen.“
Der Vorsitzende Mao Tse Tung 1955

Mitte März 1998 knirscht man an Asiens Börsen nach dem schlimmsten finanziellen Debakel noch mit den Zähnen, in Peking wird der 9. Volkskongreß eröffnet, und die Botschaft an die tausend allmählich selbständiger denkenden Parteimitglieder, die sich im Parlament am Platz des himmlischen Friedens versammelt haben, ist eindeutig und scharf: Entwicklung, kräftige Rationalisierung, Industrialisierung, Entbürokratisierung, Steigerung der Effektivität, Bekämpfung der Arbeitslosigkeit...

Irgendwann gleich nach dem Anbruch des 21. Jahrhunderts soll die Maxime aus der Mao-Bibel verwirklicht werden und China eines der führenden Industrieländer der Welt werden. Es eilt, und es hat seinen Preis, einen Markt neben den vielen anderen zu entwickeln.

Es ist ein Tag mitten in dieser Aufbauphase, als der 48jährige Anders Moberg, in der 20-Millionen-Metropole Shanghai landet, um mit seinen bald mehr als 300 Mitarbeitern in China zusammenzutreffen, vor allem auch, um an der Ecke Long Hua West und Zhong Shan South Road das 143. Möbelhaus und zugleich das Haus Nummer eins hinter der chinesischen Mauer einzuweihen.

Just an diesem Tag wird das naßkalte Wetter von der Frühlingssonne abgelöst. Auf The Bound - der Strandpromenade der Stadt vor einem Horizont von Wolkenkratzern und Kränen auf der anderen Seite des Flusses - tummeln sich Tausende von Menschen in der plötzlichen Wärme. Das Rauschen des Verkehrs scheint im Getöse von zwanzigtausend verschiedenen Bauprojekten zu ertrinken. Chinas größte Stadt bereitet sich emsig mitten darauf vor, Anfang des nächsten Jahrhunderts Asiens Finanzzentrum zu werden.

Es sind die Tage der großen Veränderungen für die volkreichste

Nation der Welt. Shanghai boomt, es ist auch für IKEA ein besonderer Moment.

Ein neues Möbelhaus zu eröffnen, ist, wie ein Kind zur Welt zu bringen, eine Revolution im kleinen, eine Art Wunder.

Am Anfang war das Staunen immer groß, wenn es soweit war. In Älmhult gab es bei diesen Anlässen zur Freude der „Verwandschaft“ lange Zeit Torte, nach und nach wurde es dann etwas sachlicher, mehr so wie in einer Familie mit mehreren Kindern. „Herrje, noch ein Balg mehr“, und niemand erinnerte sich mehr daran, wo das letzte zur Welt gekommen war, in Nottingham oder in Stuttgart? Die Kinderschar zu vergrößern war angenehm und willkommen, gewiß, wurde aber auch zum Alltagsereignis. Heute nennt man zu Ingvar Kamprads heimlichen Entzücken bei IKEA einen Zwieback die „Kamprad-Torte“...

Dennoch ist und bleibt die Entstehung eines neuen Möbelhauses das höchste Symbol und sorgfältig geplante Ereignis der wirtschaftlichen Erweiterung. Jedes Jahr viele „Kinder“ zur Welt zu bringen, ist ein Beweis für die hohe Potenz des Unternehmens. Die jungen Leute wollen deshalb ständig die Anzahl erhöhen, der alte Gockel (sprich Ingvar Kamprad) hält sich etwas zurück - die bereits geborenen zu pflegen ist ihm genauso wichtig.

Wenn jedoch eine „Geburt“ in China ansteht, ist es etwas Großes.

Die Etablierung in Shanghai wurde im Aufsichtsrat der INGKA Holding im August 1995 gefaßt, die Idee entstand jedoch viel früher bei einem Besuch Lars Göran Petersons und Ingvar Kamprads in Kanton. Anfänglich schwankte man zwischen China und Japan - welches Land mochte am geeignetsten sein für die Errichtung eines Möbelhauses? Für Ingvar Kamprad war die Entscheidung ziemlich einfach. „Die Japaner hatten bereits das meiste von dem, was es Gutes im Leben gibt, für die Chinesen dagegen würde IKEA etwas ganz Neues bedeuten können.“

Auf Anhieb wurden erst mal 100 Millionen Kronen veranschlagt (die sich als ganz und gar nicht ausreichend erwiesen) und Ingvar Kamprad wettete mit seinem Geschäftsführer Moberg um eine Flasche Whisky, daß der es niemals schaffen werde, das erste chinesische Möbelhaus noch vor der Jahrhundertwende zu eröffnen. Aber der Prozeß verlief schneller als erwartet, Landeschef Birger Lund in

Peking erforschte den Markt, es wurden Hausbesuche bei chinesischen Mittelschichtsfamilien gemacht. Die Schlußfolgerungen waren eindeutig: Ein Niedrigpreiseinsatz beim Wohnen würde bei der breiten Masse Interesse finden. Und die Grundlage schien erstaunlich: Nehmen wir an, wie Ingvar Kamprad sagte, daß innerhalb eines Jahrzehnts 20 Prozent zur chinesischen Mittelschicht gerechnet werden könnten, dann wäre der Markt plötzlich ebenso groß wie ganz Europa...

Im Frühjahr 1997 wurde der erste Möbelhauschef formal ernannt: Peter Anderson, der Kanadier mit der Künstlermähne. Neue Mittel wurden bewilligt, und im Oktober landete der Norweger Erik Arneberg mit den ersten Leuten seiner Aufbaugruppe. Er ist ein Veteran, der eine Menge Möbelhäuser gelayoutet hat, dieses Mal als eigentlich frischgebackener Ruheständler im Einsatz.

Aus Gävle, Stockholm, Helsingborg, Jönköping, Sundsvall, Örebro, Malmö, Oslo, Birmingham, Uppsala, Linköping, Älmhult und Göteborg hatte er sorgfältig 18 Favoriten ausgewählt, mit denen er besonders gern arbeitete, Experten für alles - von der Dekoration bis zu den Möbeln und der Küche - die nun eine gut aufeinander abgestimmte Pioniertruppe eine Art „Entbindungsstation“ bildeten, eine der größten Einsatztruppen, die es in der Geschichte des Unternehmens jemals gegeben hat.

Schon am Tag nach der Eröffnung traten sie die Heimreise an. Die Hebammen, Narkoseschwestern, Krankenpfleger hatten das Ihre getan, nun mußten, wie es die Regel ist, die einheimischen Kollegen, die in der Zwischenzeit eingearbeitet worden waren, übernehmen. Zurück blieben einige wenige, wie z. B. der schwedische Möbelchef und die ebenfalls schwedische Personalchefin.

So wird die „Geburt“ eines Möbelhauses, die von ebensoviel Aufregung begleitet wie von hoffnungsvoller Empathie begleitet war, das Konzentrat gesammelter Begabung, Erfahrung und Energie von IKEA, ein Symbol dafür, daß das Unternehmen noch immer Potential hat. Die Gründer der Häuser aus anderen Zeiten wurden von dem Ereignis angelockt, so wie hohe Staatsräte in früheren Zeiten eine königliche Niederkunft bezeugt hatten, fuhren sie nach Shanghai und erinnerten sich nostalgisch daran, wie sie selbst einst daran beteiligt gewesen waren, ein Haus in die Welt zu setzen, in Deutschland, Kanada, Schweden...

Als eine Hosteß beim Verteilen von Gutscheinen an die glücklichen ersten 188 Besucher beinahe niedergetrampelt wurde, als Sofas umkippten und einem die Produkte aus den Händen gerissen wurden, da lächelte der alte Fuchs Thomas Blomqvist, eine Legende aus der Zeit der Eroberung Deutschlands. Eine Eröffnung ohne Chaos und lange Schlangen, ohne Schrammen und Rempeleien ist einfach kein guter Start.

Für IKEA hat die „Niederkunft" in Shanghai einen höheren Symbolwert als irgendeine andere Neuinvestition seit langer Zeit. Vielleicht kann sie mit der Eröffnung in Spreitenbach verglichen werden - dem ersten Schritt hinaus auf den europäischen Kontinent. Genau wie das Haus in der Schweiz das Signal zur Eroberung Westeuropas war, hofft man, daß Shanghai den Absprung zu einem vielleicht noch höheren Ziel schaffen wird - nämlich einen Markt für mehr als einer Milliarde Chinesen zu gewinnen. Der Vertrag mit einem chinesischen Partner über die Eröffnung eines Hauses in Peking an der Dritten Ringstraße im Xichen District ist bereits geschlossen, der künftige Chef wurde im Frühjahr 1998 benannt; in Kanton wartet schon ein passendes Grundstück. Moberg ist offen für weitere chinesische Großstädte, denn es sind vielleicht an die fünf, sechs, sieben Häuser nötig, damit der Markt vor Ort Volumen bekommt und IKEA effektiv als Lieferant fungieren kann. Tatsache aber ist, daß China damit „geöffnet" ist und alles seinen Lauf nehmen kann.

Deshalb kann ebendieser Tag in Shanghai im März 1998 künftig als der erste einer neuen Epoche bezeichnet werden.

Aber es ist natürlich auch alles eine Frage der Perspektive. Denn wo beginnt eine Tendenz? Wann macht man den ersten Schritt auf ein unsichtbares Ziel zu? Wie kommt man zu einem neuen Denken? Wann tritt ein Paradigmenwechsel ein? Ja, wie wird in einem Unternehmen die Zukunft geboren? Geschieht dies nicht täglich, durch die Dynamik kleiner Schritte?

IKEAs Verhältnis zu Asien ist wie eine junge Liebschaft mit mehr Zukunft als Geschichte.

Nachdem das rote Musikkorps mit einem chinesischen Dirigenten vor dem glasblitzenden Möbelhaus in Shanghai seine Sorza-Komposition zu Ende gespielt hat, nachdem der schwedische Botschafter anstatt ein Band durchzuschneiden, ein flaggenbemaltes

Brett zersägt hat, nachdem unzählige Shanghaier die Polizeikette durchbrochen und das Haus gestürmt haben, so daß das Drehkreuz, das die Zahl der Besucher zählt, wie ein Holzscheit gebrochen ist, erscheint hoch über der Menge ein Gesicht, das vom sogenannten *Döderhultarn,* dem Holzbildhauer Axel Petersson, persönlich hätte geschnitzt sein können. Es ist der IKEA-Veteran Lars Göran Peterson, Chef des mehrere Milliarden Kronen umsetzenden Trading-Unternehmens in Älmhult, der gelassen die chaotische Szene betrachtet.

Er ist an diesem magischen Tag der von Moberg eingeladene Ehrengast und erinnert sich nun an ein ganz anderes Bild. Am 18. Oktober 1977 kommt er zusammen mit einer kleinen småländischen Delegation zum erstenmal in ein armes, ziemlich darniederliegendes China. Die Kulturrevolution ist vorüber, die Wunden bluten noch, aber das gewaltige Land will sich, angesichts des dringenden Bedarfs an harten Devisen, Kompetenz und Frischluft langsam wieder der Welt öffnen.

Die Schweden sind über Hongkong angereist, mit der Bahn nach Kanton und zu der großen Industriemesse geschleust worden. Dort unterzeichnet Lars Göran die erste Direktbestellung bei einem chinesischen Produzenten. Es handelt sich, wenn wir die Papiere richtig deuten, um eine Partie von 66 Orientteppichen im Wert von 70.500 Kronen und um 10.000 runde Strohteppiche, im Katalog sollten sie später ausgerechnet *Kivik* (Anm.: Ort, in dem der größte Jahrmarkt Schwedens stattfindet) heißen. Er bekam zehn solcher Teppiche für 58,50 Kronen. Dann kaufte er noch Bambusrollos, emaillierte Schüsseln und Kannen.

Diese Bestellungen im Wert von etwa 100.000 Kronen waren der Beginn eines Handels, der heute ein paar Milliarden wert ist. So begann der Sprung nach China, der nun innerhalb von ein paar Jahrzehnten den Schwerpunkt von IKEAs Standorten und Ergebnissen verlagern könnte.

Seitdem hat der Direktimport aus China stetig zugenommen, ganz besonders in jüngster Zeit. Allein im Einkaufsbüro in Shanghai stiegen die Einkäufe in einem einzigen Jahr um 57 Prozent, und das Ziel des jungen Chefs Fredrik Asplund ist es, im Jahr 2000 für eine Milliarde Hongkongdollar einzukaufen. Anders Moberg würde nie die Sprache darauf bringen, aber in der Organisation gibt es Leute, die immer häufiger davon sprechen, innerhalb von fünf Jahren den Umsatz von IKEA auf mehr als 100 Milliarden Kronen zu verdoppeln, damit also um die extra Null zu steigern (so wie es Ingvar Kamprad von Moberg scherzhaft gefordert hatte, als dieser die Konzernleitung übernahm).

Und in Shanghai zeigt der Trend in dieselbe Richtung wie in den anderen Einkaufsbüros in China - Shekou und Qingdao - und, wie hinzugefügt werden muß: überall in der Region. Das gleiche Lied hört man in Neu-Delhi (das im Jahr bis zu fünf Millionen Meter Stoff kauft und indirekt 200.000 Inder beschäftigt), desgleichen in Ho Chi Minh Stadt und bald kommen zwei neue Einkaufs-Büros in China hinzu. Überall soll der Einkauf verdoppelt werden, überall das Potential für Produktionen untersucht werden, die in das zukünftige Szenario passen:

Soll sich das Wachstum von IKEA verdoppeln können, geht das nur, wenn je Warenlieferung konzeptgemäß garantiert werden kann, und da ist Asien ein Schlüsselfaktor. Methodisch durchkämmt man die gesamte Region nach der besten Qualität, den niedrigsten Preisen, der sichersten Lieferung, so wie man es bereits in Taiwan, Südkorea, auf den Philippinen, in Malaysia, Singapur und Hongkong getan hat - an den beiden letztgenannten Orten gibt es insgesamt fünf rentable Möbelhäuser.

In den nächsten Jahren und im 21. Jahrhundert kommt es auf Asien an.

Überall sucht man nach günstigen Einkaufsmöglichkeiten und Kapazitäten, so wie einst und immer noch in Polen, in Ungarn, Rumänien etc. Und überall verkauft man mit Erfolg sowohl das Konzept wie auch die Leitsätze aus dem *Testament des Möbelhändlers,* denn die Welt ist voller Smaländer. In China könnte man die Mao-Bibel von 1955 zur Hand nehmen und lesen: „Fleiß und Sparsamkeit müssen zum allgemeinen Prinzip erhoben werden." „Schlichtheit ist eine Tugend", sagte Kamprad schon 1973.

So kam es, daß es wie die Kopie einer Weihnachtsansprache des IKEA-Chefs klang, als der junge amerikanische Industrielle John C. Wallace am 26. Januar 1998 in einer riesigen Produktionshalle des Möbelunternehmens *RAPEXCO* in der Nähe von Nha Trang an der Küste von Vietnam vor seinen 2.700 das Tet-Fest feiernden vietnamesischen Arbeitern eine Neujahrsansprache hielt. Und ganz richtig: Ingvar Kamprad ist auch sein Idol.

Wallace sprach über neue phantastische Produktionsrekorde - *RAPEXCO* produzierte 1997 fast eine halbe Million Stühle für IKEA; er erklärt den Arbeitern, die höchstens 800 Kronen im Monat verdienen, die Bedeutung von Qualitätskontrolle und *on-time-shipping,* und beschrieb seine Zuversicht, was das Unternehmen und die Mitarbeiter betrifft, beinahe wie eine Religion.

„Meine größte Sorge ist, daß wir uns angesichts dessen, was wir getan haben, gemütlich zurücklehnen", sagte er, und über die Weltmeere schallte das Echo aus Elmtaryd Agunnaryd. Abschließend huldigte er IKEA dafür, daß das Unternehmen ihm die Mittel und den langfristigen Auftrag gegeben habe, vor allem die Herstellung von Rattanmöbeln zu erweitern. Ingvar Kamprads Besuch bei ihm, seine Ideen und sein Vertrauen bildeten einen Höhepunkt, sagte Wallace, die es ermöglicht hätten, jährlich mehr als tausend Container mit Rattanmöbeln für IKEA zu füllen.

So verbreitet der Älmhult-Geist seine Kultur auch in Asien durch *listande,* Pedanterie und Effektivität. Man schließt unerbittliche Verträge, die das Verbot von Kinderarbeit festschreiben, und predigt die bekannte Älmhult-Moral. In der Lampenfabrik in Dong Sheng bei Shanghai, die 500 Mitarbeiter hat und den schwedischen Möbelriesen mit Millionen von Tischlampen versorgt, prangt eine Tafel an der Wand, auf der handgeschrieben auf chinesisch der Satz steht: *„Qualität ist unser Leben."*

Dies läßt uns eine neue Kontur von IKEAs Zukunft erahnen. Hier in Asien, wo uralte Produktionsmethoden jetzt schlagartig durch moderne ersetzt werden - alles nach wie vor zum Niedrigpreis - werden immer mehr Basisteile für IKEA gebaut werden.

Ingvar Kamprad spricht oft mit bäuerlicher Skepsis über die Zukunft. Er fühlt sich unwohl, wenn die Dinge allzu schnell passieren, als ob die Ernte bereits eingefahren sei. Er weiß seit seiner Kindheit, daß beim besten Bauern trotz vielversprechender Aussichten Mißernten vorkommen können, und er ist deutlich gereizt, wenn, wie er meint, Visionen mit der Realität verwechselt werden.

Während er an Geschichte ziemlich desinteressiert ist, hat er doch ein Unternehmen geschaffen, das von der Zukunft besessen ist. Das kann sich z. B. in seiner Umweltpolitik zeigen. IKEA möchte nicht laut darüber sprechen, was man macht, aber das Ziel ist, niemals aus ökologischen Gründen eins auf die Finger zu bekommen. So kann der sommerliche Familientag in Älmhult dem stolzen Besuch der Mitarbeiter in der Recyclingzentrale gewidmet sein, kurz bevor *Rock-Ragge* (Anm.: schwedischer Rockstar) seine Show abzieht, so ist auch die Materialeinsparung (hier ein Millimeter und dort noch einer) ein Beweis für sinnvolles Wirtschaften und die sparsame Verwendung von Rohstoffen. Ja, sogar die flachen Pakete, die eine Transportkosten- und Energieersparnis von 20 bis 30 Prozent gebracht haben, sind Ausdruck dafür, daß altmodische Tugenden mit modernem Umweltdenken zusammengehen können, folglich nichts, womit man prahlen müßte, sondern eher etwas Selbstverständliches.

Aber all das handelt gleichwohl davon, die Zukunft in geschäftlicher Hinsicht mit einer Hypothek zu belasten. Ingvar Kamprads Herkunft förderte eine ökologische Philosophie. Wenn der chinesische Kunde nun durch die Tür des Möbelhauses in Shanghai tritt, durch das inzwischen sorgfältig reparierte Drehkreuz gezählt wird und auf chinesisch die Testergebnisse des Sofas *Haby* liest, dann schreibt man in einem Land, dem es noch an westlichem Konsumverhalten fehlt, das es aber, so sicher wie das Amen in der Kirche, eines Tages bekommen wird, den Beginn einer neuen Zukunft.

Nichts widerspricht dem Gedanken, daß China eines nicht mehr fernen Tages der größte IKEA-Markt sein wird, der von seinem gewaltigen Hinterland aus noch nicht erforschten Produktionsquellen und noch unbekannten Rohstoffbeständen versorgt werden wird. Bis dahin mag diese Entwicklung in einem Land, in dem ein Transport über tausend Kilometer ebenso lange dauert, wie eine Ware von Hongkong nach Rom zu liefern, noch wie ein weiter Weg erscheinen...

Eines Tages in einem anderen Zukunftsszenario, tritt vielleicht das alte Versandhauskonzept, einst die Wiege von allem, einen neuen Siegeszug an, diesmal via Internet, und sogar China kann aus einer solchen Perspektive gesehen ein „kleiner" Markt werden.

„Wunderbare Zukunft."

Diese beiden Wörter sind in diesem Buch immer wieder vorgekommen, und es sind die letzten im *Testament des Möbelhändlers.*

Der 17jährige aus Elmtaryd hat fast alles verwirklicht, wovon er geträumt hat.

Hätte er sein IKEA auch heute schaffen können?

Der Autor stellte ihm diese Frage vor vielen Jahren, und damals wie heute antwortete er:

Ja, wenn auch unter anderen Voraussetzungen.

Nach wie vor werden viel zu viele gute Produkte für eine Minderheit von Kunden hergestellt. Wenn du in einen normalen Optikerladen gehst, gibt es möglicherweise noch Brillen für 800 Kronen zu kaufen, aber dann tut sich eine Kluft auf bis zu dem, was du am liebsten hättest, wofür du aber 5.000 Kronen hinblättern müßtest, ein großes schwarzes Loch zwischen dem Besonderen und dem, was sich Normalverdiener leisten können.

Ich glaube schon, daß man auch heute noch zum selben Thema wie dem unseren einen neuen Dreh finden könnte. Aber die Ausgangspunkte wären anders. Der größte Unterschied ist vielleicht der, daß die Leute es heutzutage ein bißchen zu gut haben, um zu wagen, etwas in Gang zu bringen. Bist du von Anfang an arm, hast aber eine gute Idee, dann hast du alles zu gewinnen, und nichts zu verlieren. Doch Leute mit einem mittleren und sicheren Einkommen - warum sollten die für eine gute Idee harte Arbeit und eigenes Geld riskieren?

Vielleicht ist es das, was für IKEA die Zukunft gerade in Asien so verlockend erscheinen läßt. Dort ist das meiste noch ungetan, dort gibt es schwindelerregende Chancen, deren Richtung die steinerne Ackereinfriedungen Ingvar Kamprads einst wiesen. Das Projekt Asien ist, als würde man das karge und arme Småland ein zweites Mal „möblieren". Wie Mao im Oktober 1945 sagte: „Die Welt schreitet vorwärts, die Zukunft ist hell, und niemand kann die allgemeine Entwicklungsrichtung dieser Geschichte verhindern."

Teil 7

Wer ist Ingvar Kamprad?
Was ist IKEA?

Porträt eines Mannes und seines Lebenswerkes

„Ich bin ein typischer Schwede. Es fällt mir schwer, ohne Schnaps zu lachen."

„'Was möchtest du werden, mein Kleiner?' fragte Tante Inga. 'Ein neuer Ivar Kreuger', sagte ich."

„Lauf Sammy"
Titel eines Romans von Budd Schulberg über einen amerikanischen Kapitalisten

In den frühen fünfziger Jahren begegneten sich der alte Marcus Wallenberg und Ingvar Kamprad bei einem Bankgespräch in Växjö. Der Nestor der schwedischen Wirtschaft wollte den Aufsteiger Nummer eins kennenlernen.

„Wie nett, Sie zu treffen, Ingenieur Kamprad", sagte Wallenberg. Für den jungen Kamprad war es das erste Mal, daß ihn jemand Ingenieur nannte. Es klang ein wenig ungewohnt.

Sie trafen sich noch zweimal, beide Male sprach Wallenberg ihn mit Ingenieur an.

Wer ist dieser Mann, dem wir durch das Buch folgen? Wie sollen wir ihn nennen? Ingenieur? Fabrikant? Erneuerer? Dompteur? Den größten Kleinunternehmer der Welt? Womöglich alles auf einmal oder etwas ganz anderes, worauf wir noch nicht gekommen sind, weil er ein Mann mit so vielen Gesichtern ist?

Aber wer er auch sein mag - was treibt ihn, was läßt ihn so denken, wie er denkt, was lenkt seine Entscheidungen, was sind seine Sehnsüchte, Ängste, Freuden? Ja, warum „läuft Sammy"?

Und wie funktioniert das gegenseitige „Feed-Back" zwischen dem Mann und seinem Lebenswerk? Wieweit besteht IKEA aus Ingvar Kamprad, wieweit Kamprad aus IKEA? Ist es die Doppelbelichtung der Motive Ingvar Kamprad und IKEA, worin wir das Geheimnis ahnen? Was bedeutet ihm sein Geld?

Es gibt Tage, an denen sehe ich ihn als Gefangenen seines eigenen Systems, besessen davon, sein Haus zu bauen, und zugleich darin eingeschlossen. An dem Tag, an dem IKEA ihn losläßt, wird das Leben für ihn nicht mehr lebenswert sein. An dem Tag, an dem er IKEA losläßt, verändert sich das Unternehmen, aber niemand kann vorhersehen, wie.

Das Kopf-an-Fuß-Unternehmen IKEA.

Er liebt es, möchte ihm stets so nahe sein wie damals, als er mit Kalle, dem Sohn des Pferdepflegers, Kopf an Fuß lag, wird nie müde, es zu verbessern, möchte nie von der Arbeit nach Hause gehen. Lacktische, Duschvorhänge, Regale, der Becher *Bang*, ein neues Schneidebrett, das Schubladenelement *Tore*, die Niederlassung in Petersburg, der „Abfallholzwald" als Rohstofflieferant, die Frage eines IKEA-internen Botschafters, Sperrholz in Möbeln, Immobilien in Kuala Lumpur - könnte das etwas sein?

Er stellt tausend Fragen, fordert auf, provoziert, läßt los, kommt aber wieder darauf zurück, baut mit einem einzigen freundlichen Wort auf, zerstört mit einem unbedachten, umarmt, küßt und irritiert mit seiner Sparsamkeit, die manchmal purer Geiz ist, manchmal nur Gedankenlosigkeit, die sich Freunden gegenüber jedoch in Herzlichkeit und Freigebigkeit verwandelt. Mit tausend Gedanken bombardiert er die Seinen, die Ideen stauen sich in ihm, lärmen und wollen heraus, um verwirklicht zu werden, bevor er danke und tschüs sagt. „Der Teufel in mir befiehlt, daß ich noch so vieles schaffen muß, ist aber niemals zufrieden. Etwas in mir sagt, daß das, was ich im Moment mache, morgen noch besser gemacht werden könnte."

Bilder von ihm, die vor meinen Augen aufsteigen:

- Ingvar Kamprad an einem Samstagmorgen auf dem Markt in Lausanne bei der Jagd nach einem Verkäufer von Ansichtskarten, die 40 Centimes billiger sind als an dem Stand, an dem ich welche gekauft habe.
- Ingvar Kamprad im Wald am Möckeln-See - das Falkenauge für den kleinsten Pfifferling, den er keinem anderen gönnt.
- Ingvar Kamprad auf der Veranda der alten Fischerhütte mit dem von Messern vernarbten Tisch, auf dem so viele Barsche ausgenommen und so viele Geschäftsverträge mit einem Handschlag und einem Schnaps besiegelt wurden.
- Ingvar Kamprad zusammen mit den jungen Führungstalenten

bei der Ausbildung in Älmhult - nervös und glücklich zugleich. Ein Aristoteles mit seinen Lehrjungen, die Kaffeetasse in Reichweite, die Oberlippe vom Tabak gerundet, die Zukunft im Blick, massiver Körper, rastlose Bewegungen.

- Ingvar Kamprad in der Sauna - ständig diskutierend, so daß er in Schweiß gebadet ist, aber mehr vom Reden als von der Hitze.
- Ingvar Kamprad im Möbelhaus in Aubonne - oder welchem Haus auch immer auf der Welt -, eifrig, gereizt („Wo haben die denn das Preisschild?") oder auf dem Spielplatz - rastlos-glücklich („Kannst du nicht ein Bild von mir und den Kindern machen: So muß das aussehen.").
- Ingvar Kamprad während der Sortimentstage - ein 72jähriger mit Vetorecht unter 32jährigen, die die Bestseller des 21. Jahrhunderts planen: der alte Hengst in der Herde schnaubender Jungpferde...
- Alle seine Briefe („an den Autor vom *Möbelhändler"),* alle Faxe, alle Telefonanrufe („Der alte Kamprad ist es, der stört"), alle Interviews von morgens um sieben Uhr bis Mitternacht, das Käsebrot im Kühlschrank, die Griebenwurst in der Pfanne, der riesige Gin-Soda mit Zitronenstückchen nach fünf ermüdenden Aufsichtsratssitzungen, unser Ringen, mitunter fast Streit um Begriffe, Buchpreise und Übersetzungen...

Wer ist er, außer daß er mir schrittweise ans Herz gewachsen ist und dort für immer in einer „niedrigpreismöblierten Kammer" wohnen bleiben wird („Aufbewahrungsmöbel werden eine große Sache in der beengten Welt von morgen, bei Aufbewahrungsmöbeln müssen wir die Besten werden")?

Er ist nicht leicht zu begreifen. Wie alle Künstler ist er ein „Sowohl-als-auch":

Er ist ein Artist, das personifizierte Schaffen, mit der Künstlern eigenen Besessenheit, Kompromißlosigkeit, Rücksichtslosigkeit, dem Eifer und der Unfähigkeit zu sagen: Jetzt reicht es, jetzt habe ich das Meine getan. Denn das größte Kunstwerk bleibt stets noch zu schaffen, und das, was ich gestern machte, ist überhaupt noch nicht wirklich fertig...

Sein Können hat nichts mit Kunst im üblichen Sinne zu tun. Ich frage ihn: „Wie bist du zu deinem Geschmack gekommen?" Und er antwortet spontan: „Ich habe keinen Geschmack, ich könnte nicht mal mein eigenes Zimmer möblieren. Aber", fügt er hinzu, „ich kenne andere, die das könnten."

„Mensch", sagt er, „wenn ich doch nur ein bißchen kulturinteressiert wäre! Wie Margaretha, sie liest Romane. Ich kann höchstens ein paar alte Kataloge hernehmen und darin blättern..."

Er liebt die Negation, widerruft das eben Gesagte, verwirft das eben Getane. Er ist sein eigener Widersacher. Bei einem Lob fließen auch kritische Bemerkungen mit ein. Bei Kritik blutet ihm manchmal das Herz, das Lachen liegt dicht neben dem Weinen.

Sein Gefühl für Richtig und Falsch ist so ausgeprägt wie seine Schlauheit, sein Geschäftssinn und sein Selbstmitleid.

„Er hat in der Tasche einen Gummiball mit einem Schlauch zum Tränenkanal. Wenn er weinen will, drückt er ihn", sagt ein treuer Mitarbeiter. Als wir über die Söhne sprechen, steigen ihm sofort große Tränen in die Augen. Er erzählt, wie er dem Jüngsten einmal eine Ohrfeige gab, weil er nicht essen wollte, und wie er darüber noch immer von Trauer und Zorn gegen sich selbst ergriffen werden kann (Mathias sagt übrigens, daß er es vergessen hätte).

Seine komplexe Führung hat rund um die Welt Anlaß zu Forschung, Büchern und Tausenden von Artikeln gegeben. Meine Favoritin ist Miriam Salzers Dissertation *Identity across Borders* (Universität Linköping), die sich auf den Geist von IKEA konzentriert. Aber nur wenige haben einzufangen versucht, woher er die Inspiration zu seiner Führung genommen hat, wie sich Unternehmertum, Chefsein und Führungsstil geformt haben.

Er hat das Janusgesicht der Führung. Er ist ungeheuer stark, fast autoritär und zugleich anpassungsfähig, beinahe hätte ich hellhörig geschrieben. Er geht an der Spitze und steht gleichzeitig dahinter, ist Kapitän und Demokrat in einem. Er wollte eigentlich nicht Offizier werden, aber als er es doch wurde, liebte er die Gemeinschaft in Uniform und war stolz darauf, zum „Bauernzwölfer" in Eksjö zu gehören.

Er ist der Überlegene, alles Wissende, der ein Gespür für die Begabungen seiner Mitarbeiter hat und unermüdlich die Beteiligung aller an Freud und Leid predigt.

Man könnte sagen, daß er eine Schwäche für starke Persönlichkeiten hat, manche würden sagen für „starke Männer". Er bewundert vorbehaltlos viele - von Gidel Storch bis Hans Werthén und von

Erling Persson bis zu den tüchtigen Mitarbeitern: z. B. Bruno Winborg von *Swedwood* oder Lars Göran Peterson, den Einkaufsveteranen. Aber seine frühen, alle überschattenden Vorbilder scheinen die energische Großmutter und der von ihm sehr verehrte Vater zu sein. Von ihnen inspiriert, konnte er leicht von den Nazis und später von Engdahl fasziniert werden, eine damalige Bewunderung, die er trotz allem, was geschehen ist, auch nicht leugnet.

Es gibt in diesem Führenden auch einen sich Fügenden. „Es fiel mir nicht schwer, mich in der Schule unterzuordnen", schreibt er mir einmal:

Im Manhem, wie das Knabenhaus im Internat in Osby hieß (das Mädchenhaus hieß Solgården), fügte ich mich ohne Murren in den recht verbreiteten Pennalismus. Mein „Chef" war eine Zeitlang ein sommersprossiger Bursche namens Robert. Ich mußte sein Bett machen, seine Schuhe putzen und Botengänge für ihn erledigen, und ich wurde aufgefordert zu petzen - was ich jedoch ablehnte. Schließlich wurde er meiner müde und ließ mich in Ruhe. Mein Zimmerkamerad Wolfgang weigerte sich mitzumachen und bekam viele Prügel.

Erst seine Erfahrungen als Geschäftsmann lehrten ihn, alle Arten von elitärem Denken oder Schurigelei zu verabscheuen. In den kommunistischen Ländern, mit denen IKEA intensive Geschäftsbeziehungen aufbaute, erlebte er das Gerede von Gleichberechtigung als reinste Makulatur. In den Läden, die den Parteibonzen vorbehalten waren, gab es alles, was dem Volk verweigert wurde. Ein weiterer Grund, seine Botschaft von einem besseren Alltag der breiten Masse zu verkünden.

Heute verwirklicht IKEA seine Philosophie in Polen, in Ungarn, in China, in Tschechien und bald auch in Rußland.

Menschen zu führen heißt vor allem zu motivieren. Auf diese Weise kann man sonst willenlose Menschen dazu bringen, Großtaten zu verrichten. Was aber meine eigene Führung betrifft, bin ich vielleicht allzu demokratisch gewesen, oft ein wenig zu langmütig bei Übertretungen. Bei Einkaufsverhandlungen durfte Ragnar Sterte den Bösen spielen, während ich der Gute war, der ausglich, wenn es brenzlig wurde...

Eines Morgens rufe ich ihn an und frage, wie alles so laufe. „Ja", sagt er, „es geht gut. Bald muß ich mir jemanden schnappen und anschnauzen, damit sie nicht glauben, daß es immer so weitergeht..."

Die Hauptverwaltung in Humlebæk, sagt er, habe ein verdammt großes Manko: „Da ist kein Möbelhaus in der Nähe, keine Möbel, gegen die man treten kann..." Die Direktionen müssen in der Nähe der Möbelhäuser liegen.

Eines Tages, als der Autor von der INGKA Holding in Amsterdam zurückkehrt, erwartet ihn ein langes Fax. Die Überschrift lautet:

„Mit Hosenträgern und Gürtel - im guten wie im schlechten. Eine kleine Selbstprüfung."

Dann folgen fünf Seiten in Druckschrift und unverkennbarem Stil, die der klare Gegenbeweis für seine angebliche „Wortblindheit" sind. Wäre nämlich die Erde von Wortblinden im Kampradschen Sinne bevölkert, gehörten Schriftsteller und Briefeschreiber dazu. Er schreibt oft unterhaltsam, sehr persönlich, pädagogisch, dicht. In Wirklichkeit ist er in Worte verliebt, er kennt ihre Macht, benutzt sie raffiniert und geschickt...

Wie kann ein Mann, der so hervorragend sein Glück gemacht hat, in vollem Ernst behaupten, daß er unsicher sei? Ist sein Werk nicht der Beweis für große Sicherheit im Handeln und Denken?

Aber so sieht sich Ingvar Kamprad selbst nicht, und nach fast einem Jahr in seiner Nähe dämmert mir allmählich, worauf er aus ist - vielleicht auf ein abschließendes Lob: „Du bist der Beste!" Aber er kann auch darüber verzweifeln, daß nicht alles exakt so wurde, wie er es wollte, denn er ist ein Meister des Details - ein Pedant im besten Sinne.

Schon bei unserer ersten Begegnung sprach der Ehrendoktor der Universität Lund (dieser Tag war ein Glückstag in seinem Leben!) davon, wie „sozial unsicher" er sei. „Ich bin eine so nervöse Person", sagte er. „Ich muß bereits anderthalb Stunden vor Abflug auf dem Flughafen sein, um mich sicher zu fühlen, und ich schäme mich schrecklich, wenn ich zu einer Verabredung eine Minute zu spät komme." Er brauchte Jahre, um seine Schüchternheit zu überwinden, sich an die Ausgangskassen zu stellen und unbekannte Leute zu befragen: „Ich mußte mich selbst am Kragen packen und sagen: 'Guten Tag, ich arbeite hier. Was halten Sie von uns?' Ich setzte mir als Regel, mindestens mit zehn Kunden zu sprechen.“

So kommt er immer wieder mit einem fast bitteren Unterton auf seine „Mankos“ zurück, ein unverbesserlicher Lieblingsausdruck, den er auch anwendet, wenn er nur mit dem linken Fuß zuerst aufgestanden ist. Er wollte, er wäre ein anderer, aber im nächsten Augenblick dankt er ebenso offenherzig Gott dafür, daß diese Handicaps doch durch eine Anzahl guter Eigenschaften ausgeglichen seien. In einem Augenblick also das Netz ausgeworfen, um Trost zu bekommen, und im nächsten unverfälschter Stolz, Freude und Glück darüber, derjenige zu sein, der er ist.

„Keiner übertreibt so wie ich“, gibt er eines Tages zu. „Es ist deine Sache, das, was ich sage, auf das richtige Maß zu bringen.“

Demjenigen, der den Erfolg von IKEA sieht, kann es schwerfallen, diesen Kampf des Selbstzweifels nachzuvollziehen. Und dennoch - auch im Herbst seines Lebens noch und trotz eines erstaunlichen Lebenswerks lebt in Ingvar Kamprad ein Outsider, der sich stets bedroht fühlt: ein kleiner, naiver 17jähriger Unternehmer, der Krach schlägt, wenn jemand eine Öre verloren hat und der heult, wenn man ihn nicht versteht. Noch heute verbirgt sich hinter dem Großinvestor ein Bauernbürschchen, das auf den Zehenspitzen steht und ängstlich durch die Augen des Erwachsenen lugt und fragt: „Tauge ich etwas? Oder ...?“

Er erzählte mir von seinem Verhältnis zum ehemaligen Ministerpräsidenten Ingvar Carlsson, einem Mann, mit dem er hin und wieder gute Gedanken ausgetauscht hat und den er bewundert. Er hielt ihn für grundehrlich. Woran er sich aber besonders erinnert, ist Carlssons Geschichte über die Demütigung in der Schule, als einer hervorgehoben zu werden, der Studienbeihilfe bekam. Die Scham, wenn der Rektor den Namen von dem aufrief, der es sich nicht leisten konnte.

In solchen Dingen kennt Ingvar Kamprad sich aus, da ist er einer von uns allen: nicht dazuzugehören, nicht ins Establishment zu passen, Wut gegen Unrecht zu empfinden. So hat er, ebenso wie seine Frau und die Kinder, stets darauf geachtet, sich zum aufgeblasenen Neureichen zu entwickeln. Mit Vorliebe kommt er auf eine alte Schlagzeile im *Aftonbladet* von 1968 zurück:

„Der Möbelkönig, der nicht wie ein Kapitalist aussieht."

Die Zeitung berichtete in dem Artikel von dem „schwierigen Kapitalisten, der viel zu sympathisch ist..." Genau das möchte er sein. Rebell und Volksfreund, Patriot und Kapitalist, Magnat und „kleiner Mann", und das alles in einer Person.

Einfachheit und Sparsamkeit des Milliardärs sind mehr als Mythen - sie sind Wirklichkeit. Er verzichtet auf äußeren Klimbim, feine Kleider, protzige Uhren und Luxuskarossen (er fährt einen alten Volvo Kombi). Das ist so sehr ein Teil seiner selbst und seines Unternehmensimages geworden, daß er sich beim besten Willen nicht davon befreien könnte - die Folgen wären katastrophal. Als er einmal Geburtstag feierte, zögerte er, Wein zu kaufen: Die meisten brächten wohl selbst etwas mit, meinte er.

Folge ist, daß niemand bei IKEA mit der Businessclass reist, denn der höchste Chef fliegt mit *Apex*-Tickets und grämt sich zu Tode, wenn er auf etwas Teureres umbuchen muß. Falls Kamprad seine Gewohnheiten änderte, würde die Kostenstruktur des Imperiums zusammenbrechen. Als wir eines Tages unsere Kalender sichteten, wurde ein erneutes Treffen gestrichen, weil Kamprad vorher noch seine Bonuspunkte bei der *SAS* ausnutzen mußte. Mitarbeiter sehen ihn am Vorortszug von Kopenhagen nach Humlebæk seine Koffer schleppen: Sollen sie helfen? Er weist jedoch jede Hilfe zurück, er ist nichts Besonderes. Er möchte spüren, wie es ganz normalen Leuten geht. Kein Privatchauffeur, kein Butler, kein großes Gefolge - er hebt sich nicht von der Masse ab.

Der ehemalige Aufsichtsratsvorsitzende des Weltunternehmens hat dennoch ein eigenes Büro, im Möbelhaus in Aubonne. Es besteht aus dem Schreibtisch *Signatur* mit Schubladenelement, dem Stuhl *Karmila,* einem Telefon, einem Wandschirm und dem Bücherregal *Billy* sowie einem handgeschriebenen, an die Wand gelehnten Schild: „INGVAR" steht darauf.

Soviel zum Büro eines Milliardärs!

Es kommt noch ein Papierkorb für den verbrauchten Kautabak dazu, und davon gibt es eine Menge.

Wenn wir in der Hauptverwaltung ein Mittagessen zu uns nehmen, bezahlt er aus dem eigenen Portemonnaie. Wenn ich ohnehin fliege, freut er sich, wenn ich ihm in Arlanda aus dem Duty-free-Shop zwei Großpackungen *Generalsnus* mitbringe. Jemand flüstert mir ins Ohr, daß ihm ein heruntergesetzter *Ballantines-Whisky* ein besonderer Genuß ist...

Håkan Eriksson, der Polenveteran, erzählt, wie er und Ingvar Kamprad nach Warschau kamen und im *Forum Hotel* absteigen wollten. „Gibt es das *Grand* nicht mehr?“ fragte Kamprad. „Doch, das ist aber heruntergekommen“, sagte Håkan, „das Wasser bleibt beim Duschen weg, es wimmelt von Kakerlaken...“

„Können wir es nicht trotzdem versuchen?“ meinte Ingvar Kamprad, und das feine Hotel wurde storniert. Am nächsten Morgen sah Eriksson eine Kakerlake aus seinem Koffer schlüpfen, er mußte umpacken und verspätete sich zum gemeinsamen Frühstück um 7 Uhr. Ingvar Kamprad begrüßte ihn mit einem munteren „Mahlzeit“. „Kakerlaken im Zimmer!“ sagte Håkan trocken. Ingvar hörte nachdenklich zu und sagte: „Du, Bürschchen, eigentlich ist das doch ein ganz gutes Hotel - man darf nur nicht überall Freunde mit aufs Zimmer bringen...“

Bei diesem Vorsatz, einfach zu leben, gibt es aber auch Ausnahmen:

In seiner IKEA-eigenen Mietvilla außerhalb von Lausanne wohnt auch ein pensionierter Polizist mit Frau - als Wache, wenn Ingvar Kamprad auf Reisen ist. Er kaufte auch für das Geld aus einem guten Aktiengeschäft mit der Fluggesellschaft *Cross Air* ein Weingut in Südfrankreich. Er wollte es genießen und seiner Frau das ersehnte ruhige, sonnige Idyll schenken. Es wurde erst seines, nachdem es in eine Gesellschaft (bei IKANO) integriert wurde. Mittlerweile und zur Strafe für seinen Leichtsinn sorgt er sich unablässig um die Rentabilität des Gutes und vermietet Zimmer, damit es sich trägt...

Ein paarmal kommt er auf das Weingut zurück und fragt sich, ob man es in diesem Buch überhaupt erwähnen sollte, denn was werden die Leute im Unternehmen dazu sagen...

Sich nichts zu gönnen, sich nicht über andere zu heben... Wenn der Heimatverein in Agunnaryd den Köhlertag feiert, ist er Ehrengast. Er reiht sich jedoch als letzter in die Schlange am Büfett ein, obwohl man ihn auffordert, als erster hinzugehen. Aber das kann er einfach nicht.

Gleichwohl möchte er natürlich glänzen, gleichwohl sehnt er sich nach Anerkennung - und bekommt sie mehr als andere, genau wie er sie von der Großmutter, von der Mutter und vom Vater bekommen hatte. Er ist derart an Liebe gewöhnt, daß er unruhig wird, wenn er auch nur den Anflug vom Gegenteil zu ahnen meint.

Zufriedenheit zu zeigen, ungeachtet dessen, wie gut alles läuft, ist jedoch für ihn gleichbedeutend mit Überheblichkeit und indirekt das gleiche wie der Anfang des Rückschritts. Sein bäuerliches Mißtrauen gegen ein wohlwollendes Schicksal hält ihn auf dem Teppich: Ja, die Ernte war in diesem Jahr zwar gut, aber niemand weiß, wie der Herbst wird, weswegen es das beste ist, nichts im voraus zu entnehmen...

Eines Abends unterhalten wir uns über Geld und Triebkräfte. „Was treibt dich eigentlich?" frage ich. Er antwortet gequält, als wäre genau dies seine Achillesferse:

Vielleicht eine Art Snobismus. Etwas, was mit der Freude, gesehen zu werden und etwas zu beweisen, zu tun hat. Auf eine spezielle Art prominent zu werden... Eine Art Stolz oder Eitelkeit, die etwas anderes in mir verdeckt...

Er sagt, daß er eine ehrliche Antwort auf die Frage suche, ob es Spaß mache, Geld zu verdienen. Aber er wisse nicht, ob er eine finden werde. Er habe dieses Stadium irgendwie hinter sich.

Aber war es nicht spannend, die erste Million zu verdienen?

Das muß es wohl gewesen sein, ich weiß es nicht mehr. Als der erste Hunderter, der erste Tausender auf das Postgirokonto 134561 einging - ja sicher, in diesem Moment muß ich sehr glücklich gewesen sein, aber das habe ich vergessen. Alles, außer der Kontonummer...

Geld kann man ja nicht essen. Wohlhabend zu werden, das ist eine Sache, aber die Triebfeder, ist die nicht, das zu verwirklichen, wovon du geträumt hast? Und etwas tun zu können für Vater, für Mutter, für dich selbst oder sonst jemand, der dir etwas bedeutet?

„Ich wollte ein neuer Kreuger werden." Diese Antwort gab ich Tante Inga in Älmhult, als sie fragte: „Na, mein Kleiner, was möchtest du werden, wenn du groß bist?" Ich war ungefähr fünf. Alle sprachen über Ivar Kreuger. Ich wollte wie er Geld verdienen.

In den 50er Jahren hast du einen Porsche gekauft und dann noch einen...? beharrt der Autor, um eine Schwachstelle zu finden.

Jetzt sprichst du eine andere Seite meines etwas miesen Lebens an. Als ich bei den Waldbesitzern in Växjö anfing, war ich zwanzig. Gleichaltrige gingen samstags tanzen. Beim Militär, als alle ins Wirtshaus zogen, ging ich dummer Kerl in mein Kellerbüro. Immer die Geschäfte an erster Stelle. Ich verlor einen ungeheuer wichtigen Teil meiner Jugend dadurch, daß ich nur arbeitete. Viel später, als meine erste Ehe in die Brüche ging und es bei mir wirtschaftlich gut lief, da pausierte ich gewissermaßen und begann zu tanzen, zu feiern und zu saufen. Ich mußte auf den Putz hauen und etwas nachholen.

Damals kaufte ich mir einen Porsche. Dann hatte ich Scherereien damit, und das wollte ich nicht zugeben. Also besorgte ich mir einen neuen, der ganz genauso aussah, der auch weiß war, mit solchen roten Lederbezügen, so daß niemand merkte, daß ich großzügig Geld ausgegeben hatte... nur meine Nächsten...

Wenn ich aber lese, daß ich 50 Milliarden Kronen wert sei, sage ich: „Wie gut, daß es gut läuft." Aber dann denke ich: „Was für Dummköpfe sind das, die so etwas schreiben?" Ich kann die Stiftung ja nicht verkaufen, und was sollte ich mit dem Geld anfangen, wenn ich es denn nun hätte?

Aber Milliardär genannt zu werden - das finde ich gut, wenn damit gemeint ist, daß ich eine Menge Dinge verwirklichen kann, nicht für mich selbst oder meine Familie, sondern für das Unternehmen. Dann bin ich stolz darauf, mein Glück gemacht zu haben. Nicht wegen des Geldes, sondern wegen des Glücks, daß mein Konzept seine Wirkung getan hat...

Geld bedeutet dir also nichts mehr?

Ich hoffe, ich bin ehrlich, wenn ich sage: nein. Ich kann nicht ehrlicher sein, als zuzugeben, daß ich praktisch nicht weiß, ob ich ehrlich bin. Die Mittel des Unternehmens sind die eine Sache, meine eigenen eine andere.

Ingvar Kamprads Verhältnis zum Alkohol ist „ein Kapitel für

sich". Seine Frau sagt bei der Erinnerung an ihre erste Begegnung ein wenig müde, aber liebevoll, daß „er in einem ausgefransten Zustand war" - ein schönerer Ausdruck als „alkoholisiert". Schnaps gehörte dazu, wenn man auf dem Land groß wurde. Die jungen Kerle tranken immer Fusel, bevor sie zum Tanzen zogen. Kamprad erinnert sich mit einem gewissen Widerwillen an dieses gegorene Gesöff, einer Mischung aus Honig, Zucker und Kartoffeln...

Er erinnert sich auch an seinen ersten Rausch - das Ergebnis davon, daß er in der Küche heimlich die Flaschen austrank, die Papa Feodor hatte stehenlassen. Der Junge wurde bewußtlos, Mutter Berta weigerte sich eine Woche lang, ihren Sohn zu sehen, und Feodor sprach ganz ernsthaft mit ihm, nachdem er aus seinem Koma aufgewacht war...

So wurde der Griff zur Flasche früh zu einer Gewohnheit. Er erzählt in höchst sachlichem Ton, wie die Dinge lagen, als er sich als Alkoholiker zu sehen begann:

Es muß Anfang der 60er Jahre gewesen sein - manchmal zitterten mir morgens die Hände. In Polen gab es ja andauernd Schnaps. Bei den Besprechungen, davor, danach und währenddessen.

Dann hielt ich es für eine gute Art, zu vergessen. Ich hatte ein paar durchwachte Nächte, meine damalige Ehe schritt ihrer bitteren Auflösung entgegen, die Nerven spielten verrückt. Ohne es zu merken, war es schon vor dem Essen der eine oder andere Drink geworden.

Schließlich ging ich zu meinem Hausarzt. „Hans", sagte ich, „du brauchst nicht zu sagen, daß ich mit dem Trinken aufhören soll, denn das will ich nicht." Da gab er mir einen guten Rat: „Leg dreimal im Jahr drei Wochen am Stück eine Alkoholpause ein. Zum einen überzeugst du dich damit selbst, daß du das Trinken lassen kannst, zum anderen können sich die Nieren und die Leber regenerieren."

Noch ehe ich ins Büro kam, hatte ich mich entschlossen: es soll dreimal im Jahr sein - fünf trockene Wochen jedesmal. Später habe ich es auch mit sechs Wochen versucht, einmal zehn, einmal habe ich ein viertes Mal im Jahr eingelegt.

Entgegen allen Gepflogenheiten bezeichnet er sich als Alkoholiker - aber „unter Kontrolle".

Ein alter Mitarbeiter hörte auf, weil er Probleme mit dem Alkohol bekam. Ich schrieb ihm in einem vierseitigen Brief, daß ich ihn lediglich als beurlaubt betrachte und er danach wieder willkommen sei. Er war überglücklich und kehrte zurück. Aber eines Nachts kam er mit seinem Auto von der Straße ab, er hatte trotz Behandlung wieder zu trinken angefangen.

Es wäre fürchterlich, wenn ich gezwungen wäre, ganz darauf zu verzichten. Meine große Herausforderung ist, mäßig zu trinken, so wie andere nur ein Glas Wein am Tag zu sich nehmen. Das Problem ist, daß ich mehr haben will...

Die Erzählungen mehren sich. Das Bild von Ingvar Kamprad ist komplex, wie Bilder von Menschen, denen man nahegekommen ist und von denen man schon so viele Facetten kennt. Der Mann, mit dem ich während eines Jahres gesprochen habe, ist nicht nur einer, sondern viele.

Ist er zufrieden mit seinem Leben?

Ich glaube, er will diese Frage nicht hören.

Eigentlich kann weder er noch ein anderer Ikeaner von sich behaupten, wirklich zufrieden zu sein. „Ich glaube, ich habe Zehntausenden meiner Angestellten die Hand gereicht", sagt er mit einer Art Stolz, als bestünde darin das Glück. „Ich schaffe wahrscheinlich noch ein paar tausend mehr..."

In der Berührung der Mitarbeiter wird seine Illusion, einer großen Familie anzugehören, Wirklichkeit. Vielleicht liegt darin die Antwort auf die Frage, wie es IKEA ergehen werde, wenn der Gründer einmal nicht mehr ist. Wie sehr braucht die Seele des Unternehmens noch sein Handauflegen, seine sowohl physische als auch mentale Anwesenheit, seine Unermüdlichkeit, seine Leidenschaft, seine Kenntnisse...

Nehmen wir nur mal seine Spezialität: die Preise. Er ist besessen von Preisen, alles vergleicht er, den Gurkenpreis, die Hotelpreise, die Zahnpastapreise, den Preis von Sperrholz, Biergläsern, Tabak und Schnaps, die Einkaufsbons seiner Frau liest er mit Faszination. Eines Abends in Humlebæk zeigt er mir die mehrere hundert Seiten starke Preisliste aller Modelle des enormen IKEA-Sortiments. „Früher hatte ich die meisten Preise im Kopf", sagt er etwas müde, aber auch mit einem gewissen Stolz, aber auch mit einer Art Trauer.

Heute sei er nicht mehr hundertprozentig auf dem laufenden. Als ob es überhaupt möglich wäre, 20.000 Artikel inklusive Teilmodellen im Kopf zu behalten ...

Was bleibt, ist, daß diese schwer zu begreifende Fähigkeit, sich in allen das Unternehmen, dessen Menschen, Produkte und finanzielle Fragen in Details zu erinnern und gleichzeitig den Überblick zu behalten, seine Meisterleistung ist. Hat dieses Beispiel genügend Mitarbeiter angesteckt, ist das Exempel so unauslöschlich, daß das Konzept von IKEA für absehbare Zukunft ausreichend in Fahrt kommen kann? Wer führt den Konzern in seinem Sinne fort? Was bedeutet Småland an dem Tag, da er seinen Hut nimmt und nicht mehr mit einem einzigen Wort die Stimmung in einem ganzen Möbelhaus bestimmen kann?

Eine grenzenlose Verantwortung ruht auf den Schultern derer, die das Erbe verwalten werden.

Noch ein Bild steht vor den Augen des Autors:

Spätherbst in Småland, unfreundlicher Wind vom Möckeln-See her, wir wandern durch das feuchte, wogende Gras an den ewigen mit Steinmauern umgebenen Feldern vorbei, die als Poster in den Möbelhäusern rund um die Welt hängen, um an eine Moral, einen Ursprung zu erinnern. Wir stehen in einem atemberaubend schönen Birkenhain mit sanften und trotzdem kräftig weißen Stämmen. „Hier will ich einmal liegen“, sagt er. Dann geht er weiter: „Ich habe schon mit einem Pfarrer gesprochen. Er war hier und hat den Ort gesegnet, wir hatten eine kleine Zeremonie.“

Später am selben Abend:

Du hast mich gefragt, was ich an den Menschen am liebsten mag. Meine Antwort ist Demut und Willensstärke. Sich zu kümmern. Willig zu sein, in der Gemeinschaft aufzugehen. Am meisten aber schätze ich wohl Demut.

Ich sehe ihn an und denke, daß er denjenigen beschreibt, der er selbst sein möchte.

Ingenieur Kamprad, sagte Wallenberg.

Fax von Ingvar Kamprad

An den besten Schriftsteller von:
Der alte Möbelhändler

Mit Hosenträgern und Gürtel - im guten wie im schlechten. Eine kleine Selbstprüfung.

Woher kommt eigentlich mein Mangel an Selbstsicherheit, und was bedeutet er für meine Arbeit und für mich als Menschen? Und was bedeuten meine „Mankos"?

Viele Jahre lang versuchte ich, das meiste zu verdrängen und vor meiner Umwelt wie auch vor mir selbst zu verbergen, aber im nachhinein kam ich dahinter, daß dies die falsche Taktik war. Es gab doch gar nichts zu verbergen. Die Geschäfte gingen gut, die Geschäftsidee trug sich, und wir hatten gemeinsam eine prima Unternehmenskultur geschaffen. Ich wurde manchmal sogar mutig und begann, mit allen meinen Mankos zu prahlen.

Aber woher kommt meine Unsicherheit?

Ist das erblich bedingt oder beruht es darauf, daß ich als Kind in einem äußerst geschützten Milieu mit einer Unmenge Liebe lebte und nichts über die Härten des Lebens lernte?

Eigentlich spielt das ja keine große Rolle, man ist, wie man ist.

Das mangelnde Selbstbewußtsein hat vor allem bei mir selbst etwas angerichtet und bewirkt, daß ich eine Menge Zeit verloren habe.

Warum habe ich solche Angst, aus dem Haus zu gehen, ohne Geld dabeizuhaben? Warum kontrolliere ich zwei-, dreimal, ob ich den Paß, die Fahrkarte und Geld bei mir habe? Ich kenne diese Situation, habe sie schon tausendmal erlebt. Warum werde ich nervös, wenn ich eine Rede halten oder einen Behördenvertreter treffen muß? Warum habe ich Höhenangst? Warum bin ich ein organisatorischer Chaot, warum so entscheidungsunlustig, warum unfähig, ein Protokoll zu schreiben, warum kann ich mich so schwer konzentrieren? Warum kann ich mich nicht auf einen Gedanken konzentrieren? Warum sitze ich manchmal tagelang an einem einfachen Schreiben? Ich schreibe es, zerreiße es und schreibe es wieder neu.

Ich habe z. B. Hilfe gegen meine Höhenangst gesucht. Beim Besuch von zwei unterschiedlichen Psychologen stellte ich fest, daß nicht ich es war, der hier Hilfe brauchte!

Die zweite Gruppe von Mankos, die ich habe, basiert auf meiner geringen Aufnahmefähigkeit. Es ist manchmal bitter, nicht folgen zu können und große Lernprobleme zu haben.

Nehmen wir Sprachen. In der Schule konzentrierte ich mich auf Englisch. Ich lernte mehrere Stunden am Tag, aber es reichte nur für „ausreichend". In Deutsch bekam ich „mangelhaft" und in Französisch „ungenügend". Ich leierte ein Wort oder einen Satz immer wieder herunter oder schreib die Sache hundertmal auf. Nix, die meisten Wörter blieben nicht hängen!

Als wir vor 20 Jahren in die Schweiz kamen, machte ich sechs Stunden am Tag bei einer wunderbar geduldigen Lehrerin einen zweiwöchigen Intensivkurs in Französisch. Hinterher sagte sie, daß sie trotz langer Erfahrung noch nie einen solchen Fall wie mich erlebt habe. Ermutigend, nicht wahr?

(Zwei Tage lang habe ich versucht zu lernen, was Kopf oder Zahl auf französisch heißt. Möchtest du es wissen? Es heißt „pile ou face".

Die Schreibschwierigkeiten! Übers Buchstabieren bin ich hinausgekommen - habe immer *Bonniers Wörterbuch* bei mir und auf Reisen ein normales Taschenlexikon.

Was hat das mit Hosenträgern und Gürtel zu tun?

In die Arbeit übersetzt bedeutet es große Sicherheitsmargen. Ich pflege zu sagen: Wir, die wir die Verantwortung tragen, dürfen nie das Vertrauen der Angestellten aufs Spiel setzen, d. h. sie sollen nicht erleben müssen, daß wir ihre Jobs riskieren. Das Unternehmen soll niemals ohne Geld auf den Marktplatz gehen.

Wir haben drei Sicherheitsregeln eingebaut:

- eine hohe Liquiditätsreserve;
- keine wechselseitigen Garantien; zwischen unseren verschiedenen Firmen dürfen nur bis zu einer bestimmten Höhe und für begrenzte Zeit Garantien gegeben werden;
- wir sollen die meisten unserer Häuser selbst besitzen und eine begrenzte Beleihung haben. Auf diese Weise können wir in heftigen

Stürmen durch Mietreduzierungen den Handelsbetrieb stützen. Ein amerikanischer Berater sagte: Entscheide dich - Immobilien oder Einrichtungsbranche. Er begriff nicht, daß wir beides wollten.

Die Unsicherheit und Entscheidungsunlust haben dazu geführt, daß ich mich fast immer mit urteilsfreudigen Sparringspartnern umgebe. Daß ich von ihnen richtiggehend abhängig bin. Es bedeutet oft, daß Entscheidungen gut begründet sind - trotz meiner.

Diese Unsicherheit gebiert Ungeduld - ich bin praktisch nie zufrieden. Aber zugegeben: das zeitigt Ergebnisse, es führt voran.

Nicht an Märchen zu glauben - d. h. sich nicht nur auf Berichte und Statistiken zu verlassen, sondern so oft wie möglich die Wirklichkeit zu prüfen ist eine weitere Konsequenz aus diesem meinem Gefühl der Unsicherheit.

Der Autor, mit dem ich mit Freude Kontakt aufgenommen habe, ist ein bißchen schwierig zu handhaben. Er hat ständig seine eigenen Bewertungen, aber manchmal läßt er mich auch zu Wort kommen, wie z. B. mit dieser Selbstprüfung.

(Fax vom 28. Januar 1998)

Anhang

Ingvar Kamprad: Darum dieses Buch

„Anfangs waren wir uns einig, daß es ein Buch über IKEA mit mir als Beilage werden sollte. Es kam nicht ganz so. Andererseits gab es ja nur mich am Beginn...“

Jetzt, so im nachhinein, bin ich froh, daß es nicht schmerzlicher war. Ich, der ich nie eine Home-Story zugelassen habe, sollte plötzlich mit einem bekannten Autor in meinem Haus sitzen und von meinem Konzept, von Ideen und von mir selbst erzählen. Ja, von Dingen erzählen, die ich vorher nie jemandem erzählt habe. Ich habe in der Öffentlichkeit immer versucht, eine klare Grenze zwischen Arbeit und Privatleben zu ziehen. Ganz selten nur habe ich die Tür zu letzterem einen Spaltbreit geöffnet.

Ich bewundere Bertil Torekull für seine malerische Art, eine Geschichte mit wild durcheinanderfließenden Gedanken, Einfällen und Ideen wiederzugeben und aus dem, was ich und viele andere erzählt haben, die Bruchstücke für eine Beschreibung des Unternehmungsgeistes und der dahinterstehenden Menschen herauszupicken. Jetzt, so im nachhinein, ist es auch an der Zeit, dem Autor seinen Wortbruch zu vergeben. Anfangs waren wir uns einig, daß es ein Buch über IKEA mit mir als Beilage werden sollte. Es kam nicht ganz so. Andererseits gab es ja nur mich am Beginn der Geschichte von IKEA.

Und so kam es:

Im September 1996 hatte ich Gelegenheit, für ein paar Tage mit drei meiner ehemaligen Assistenten aus der späteren Zeit zusammenzukommen. Nach 15 Jahren enger Zusammenarbeit, die von Offenheit in allen Fragen geprägt war, kennen sie mich besonders gut. Ja, ich erinnere mich an keine Frage, die ich nicht mit einem der drei hin und her diskutiert hatte. Wir haben auch zusammen Ideen ausgebrütet, wobei auch meine kritisch beleuchtet und ergänzt oder auch zurückgewiesen wurden.

Es ist nicht übertrieben, wenn ich behaupte, daß die Geschichte IKEAs ohne die Klugheit meiner Assistenten, ohne deren Kenntnisse und vor allem das große Interesse für unsere Unternehmenskultur – das, was wir umgangssprachlich den IKEA-Geist nennen – anders ausgesehen hätte. Schon in den 60er Jahren lernte ich, wie wertvoll es ist, mit einem tüchtigen Assistenten zusammenarbeiten zu können, und bin der Meinung, daß dies zusammengenommen die beste Schule meines Lebens war.

Nun gut, zurück zum September 1996 und dem Treffen mit den dreien. Sie haben in den 80er und 90er Jahren während unterschiedlicher Perioden mit mir zusammengearbeitet, und es erschien mir sinnvoll, sie mir jetzt als Berater zunutze zu machen. Auf dem Programm standen diverse Familienfragen und die Frage interner und externer Publizität.

Es ist für ein Elternteil immer schwierig, die Fähigkeiten seiner Kinder richtig zu beurteilen. Auch wenn ich unseren drei Söhnen sehr nahestehe, besteht natürlich die große Gefahr einer subjektiven Beurteilung. Zu meiner großen Freude sind alle drei Söhne daran interessiert, „Papa zu helfen". Es ist wirklich leicht, solche Kinder in den Arm zu nehmen!

Bei dem Treffen mit den Assistenten bekam ich wertvolle Ratschläge, wie die Eigenschaften meiner Söhne am besten genutzt werden könnten, und auch Vorschläge für deren weitere Ausbildung.

Bei dem anderen wichtigen Thema des Treffens handelte es sich um die interne und externe Publizität. Im Lauf der Jahre habe ich eine Menge Schreiben über alle möglichen Dinge verfaßt, nicht zuletzt über unsere Geschäftsidee und unsere Unternehmenskultur, aber auch über viele andere Fragen höchst unterschiedlicher

Gewichtung. Es bereitet mir große Mühe, diese Texte zu verfassen, weil ich sowohl langsam denke als auch schreibe.

Wir kamen schnell überein, daß ich versuchen sollte, für den internen Gebrauch das Zukunftstaugliche aus diesen Texten in Form eines kleinen Buches zusammenzufassen und mit Ratschlägen für die künftigen Generationen zu versehen. Ratschlägen, die auf all den Puzzleteilen aufbauen, die ich während der Jahre in Gesprächen mit Tausenden von Mitarbeitern aus der gesamten IKEA-Welt zusammengetragen und zu einem einheitlichen Muster zusammenzulegen versucht habe. Ich habe großen Respekt vor dieser Aufgabe und hoffe nur, daß meine Kraft dazu ausreicht.

Externe Publizität. Ja, seit gut zehn Jahren schon machen mir ziemlich viele Autoren und Verlage, die gern „Meine Memoiren" schreiben würden, ihre Aufwartung. Ich habe die ganze Zeit über großen Widerwillen dagegen empfunden und mich so gut wie möglich gewehrt. Es kann doch kein größerer Kreis daran interessiert sein, was Ingvar Kamprad sich als kleiner Junge einfallen ließ, daß es ihm in der Schule schlecht erging, daß er gegenüber Mädchen schüchtern war usw., in alle Ewigkeit. Oder wie ich als junger Mensch einen politischen Irrweg beging, den ich bitter bereut habe. Einer von vielen Autoren schlug vor, das Buch so zu schreiben, daß man es zu Studienzwecken für künftige Unternehmer benutzen könnte. Das war das einzige Mal, daß ich richtig zuhörte, aber ich lehnte bis auf weiteres ab. Bei dem Treffen mit den Assistenten kam man aber zu dem Schluß, daß ich nicht recht hätte. Es würde auf jeden Fall eine ganze Menge über IKEA geschrieben werden, und ich würde der Sache mehr nützen, wenn ich selbst daran mitwirkte.

Noch ehe der Tag zu Ende war, war ich überredet. Es sollte ein Buch über IKEA und mich werden, in dieser Reihenfolge. Es war leicht, mit meiner Ansicht Gehör zu finden, daß ich das Buch nicht selbst schreiben könne. Alle drei wissen, daß ich viel Zeit brauche, um selbst einen kurzen Text zu verfassen. Wir diskutierten deshalb über denkbare Autoren und einigten uns irgendwann auf denjenigen, der dieses Buch nun geschrieben hat.

Ich freue mich sehr, daß Bertil Torekull die Herausforderung angenommen hat! Nicht nur weil er prima schreiben kann, sondern auch wegen seiner Urteilskraft und seiner guten Kenntnisse des Wirt-

schaftslebens. Außerdem kennt er IKEA von früheren Interviews her ziemlich gut.

Wir stellten keinen besonderen Zeitplan auf, sondern legten nur fest, daß es rechtzeitig vor der Jahrhundertwende erscheinen sollte. Wie alle drei vorhergesagt hatten, sollte eine ganze Menge über IKEA geschrieben werden. Es war deshalb wichtig, schneller als ursprünglich geplant in Gang zu kommen.

Die drei Assistenten

Wie ich schon vorher erwähnt habe, bin ich während all der Jahre dadurch verwöhnt worden, daß ich einen Assistenten an meiner Seite hatte, mit dem ich die Geschicke und Abenteuer des Tages teilen konnte. Jemanden, mit dem ich neue Ideen diskutieren konnte und von dem ich Anregungen bekam, von großen strategischen bis zu kleinen Detailfragen im Getöse des Alltags. Klugheit und große Tatkraft prägen sie alle. Sie sind darüber hinaus Kontrollinstanzen eines organisatorischen Chaoten wie mir gewesen – wahrlich keine leichte Aufgabe.

Ich nenne hier nur die drei, die für das Zustandekommen dieses Buches von Bedeutung waren. Sie sind ein gutes Beispiel für meinen jetzigen als auch meine früheren Assistenten. Bei der Ernennung meines Nachfolgers Anders Moberg, 1986, legten wir eine klare Arbeitsteilung zwischen uns fest. Dabei beschlossen wir auch, uns einen Assistenten zu „teilen". Das hat sich als sinnvoll erwiesen. Es hat die Information zwischen uns erleichtert und sicherlich viele Mißverständnisse aus dem Weg geräumt.

Hans Gydell hat schon eine lange IKEA-Karriere hinter sich und wurde in den frühen 80er Jahren mein Assistent. Er beherrscht die Kunst, mit wenigen Mitteln gute Ergebnisse zu erzielen. Heute ist er Leiter der Finanzabteilung, zugleich stellvertretender Geschäftsführer des IKEA-Konzerns und die graue Eminenz hinter Anders Moberg, das heißt, er spielt dieselbe Rolle, die er schon für mich gespielt hat.

Anders Dahlvig wurde 1988 mein Assistent – „geteilt" mit Anders Moberg. Er hat ebenfalls eine lange IKEA-Erfahrung. Liebt Einfachheit, Einmannlösungen und unsere Kulturfragen. Er ist jetzt stellvertretender Verkaufsleiter des IKEA-Konzerns.

Staffan Jeppsson übernahm 1990 den Platz von Anders. Er hat „nur" 18 IKEA-Jahre auf dem Buckel und ist mittlerweile für die „Eingeweide" all unserer Häuser zuständig. Ein kluger und effektiver Praktiker, ein geschickter Organisator mit ausgeprägtem Umweltbewußtsein.

Es gibt natürlich Hunderte von anderen bescheidenen und willensstarken Enthusiasten in unserer Unternehmensgruppe, die ich gern namentlich nennen und über die ich gern etwas erzählen würde; solche weiter unten auf der Leiter wie auch weiter oben. Viele, mit denen ich sowohl unter den Pionieren als auch in neuerer Zeit zusammengearbeitet habe. Ich weiß, daß wir einander brauchen und daß wir IKEA gemeinsam aufgebaut haben. Wenige der Ideen sind allein meine eigenen. Die meisten haben wir vor Ort gemeinsam ausgebrütet. Vielleicht habe ich deswegen gelernt, gegen alle Mitarbeiter-Schreibtische, die weit von der Wirklichkeit, d.h. unseren Möbelhäusern und unseren Kunden, entfernt stehen, skeptisch zu sein?

Während der Arbeit an diesem Buch hatte ich viele angenehme Zusammenkünfte mit dem Autor, der mich wirklich gezwungen hat, mein Gedächtnis auch hinsichtlich vieler Details anzustrengen. Wir kamen sofort überein, daß das Schlüsselwort Aufrichtigkeit sein sollte, und so ist es auch gewesen. In meiner Natur liegt es, das Positive und das Negative zu übertreiben. Wenige Menschen haben so viel gelacht und geweint wie ich. Niemals nur ein Stückchen Schokolade, sondern entweder gar keine Schokolade oder gleich die ganze Tafel. Ja, so war es gewesen. Der Autor ist ein guter Moderator gewesen, auch wenn ich finde, daß er selbst gelegentlich übertreibt, was meinen persönlichen Einsatz betrifft.

Torekull hatte selbstverständlich freien Zugang zu unseren Archiven über alles, was im Lauf der Jahre über IKEA geschrieben wurde - und da ist eine Menge zusammengekommen.

Er hat eine bewundernswerte Feldarbeit mit vielen Interviews, eigenen Beobachtungen und Reisen in nahe und ferne IKEA-Länder geleistet. Er hatte freien Zugang zu der 37.000 Menschen umfassenden IKEA-Familie, zu unseren Lieferanten und zu ehemaligen IKEA-Angestellten. In den meisten Fällen hat er sich seine Interviewpartner auf eigene Faust ausgesucht.

Selbstverständlich hat er sich auch mit meiner Frau Margaretha unterhalten, die in all den Jahren eine besonders gute Beraterin gewesen ist, besonders tüchtig in der Einschätzung von Personen. Sie hat auch die ganze Last der Betreuung und Erziehung unserer Kinder getragen. Ihre Sprachkenntnisse kamen uns während der Internationalisierungsperiode ebenfalls gut zupaß – ich selbst bin auf sprachlichem Gebiet äußerst untalentiert.

Die Kinder: Das ist es vielleicht, was mir im Leben am meisten fehlt – daß ich nie die Zeit hatte, oder richtiger gesagt, mir nie die Zeit dazu nahm, sie in ihren jungen Jahren mehr als sporadisch zu begleiten. Die wenigen Ausnahmen sind mir als glückliche Märcheninselchen im Gedächtnis geblieben. Torekull widmet den Kindern ein eigenes Kapitel des Buches. Das gibt mir ein gutes Gefühl.

Ich habe auch von meinen vielen persönlichen Schwächen erzählt: mangelnde Selbstsicherheit, Entscheidungsunlust, fehlende Sprachbegabung, chaotisch im Organisieren und eine schrecklich geringe Lernfähigkeit. Glücklicherweise hat mir Gott die Gabe verliehen, meine Schwächen zu erkennen, so daß ich Gelegenheit habe, sie z.B. durch die Wahl meiner Mitarbeiter zu kompensieren. Außerdem habe ich einen guten Riecher fürs Geschäft und eine gehörige Portion gesunden Menschenverstand.

Und schließlich – ich werde oft gefragt, ob ich als junger Mensch die Entwicklung, die IKEA genommen hat, habe voraussehen können. Selbstverständlich nicht, wenn auch meine Träume schon früh sehr kühn waren. ***Mein Leben sollte darauf hinauslaufen, zu beweisen, daß eine funktionelle und gute Ware nicht teuer sein muß.*** *Das gilt auch heute noch. Wir haben noch einen weiten Weg vor uns oder, wie ich viele Male geschrieben und womit ich Hunderte von Memoranden abgeschlossen habe:*

Wir stehen gerade am Anfang! Wunderbare Zukunft!

Epalinges, 1. Juni 1998
(gez. Ingvar Kamprad)

Der Autor: So wurde das Buch geschrieben

> **„Es ist lebensgefährlich, Bücher zu schreiben..."**
> Mark Twain

Der Möbelhändler kam direkt zur Sache, als er im April 1997 aus Lausanne anrief: Wollte ich bei einem Buch über IKEA, worin er selbst die Geschichte, „wie alles kam", erzählen würde, die Feder führen?

Die Frage schlug bei mir eine empfindliche Saite an.

Als Redakteur bei *Veckans affärer* und *Dagens Industri* in deren Anfangsjahren hat mich das Rätsel, was die Triebkräfte eines schöpferischen Unternehmers ausmacht, sein „kreatives Geheimnis", immer stärker in den Bann gezogen. Welche menschlichen Energien bringen ein Unternehmen zum Leben und Blühen – was läßt sie untergehen? In einer Zeit, in der die Konzentration auf finanzielle Transaktionen und Ökonomismus in Reinkultur den Blick auf das Wirtschaftsleben prägt, schien mir die Rolle des Individuums immer öfter erst an zweiter Stelle zu kommen.

In Büchern wie *Med Facit i hand* (übersetzt: Mit dem Fazit in der Hand), 1982 vom *Östgöta Correspondenten* herausgegeben, das von dem Schreibmaschinenunternehmen in Åtvidaberg handelt, und *På spaning efter ett företags själ* (übersetzt: Auf der Suche nach der Seele eines Unternehmens), 1987 vom *Streifferts Verlag* im Zusammenhang mit den ersten fünfzig Jahren von *SAAB* herausgegeben, war ich tiefer in das Zusammenspiel zwischen Individuum und Unternehmen eingedrungen, und dieses Thema hat niemals seinen Reiz für mich verloren. Nun aus berufenem Munde die persönliche Version des Gründers zu bekommen, wie ein Unternehmen entsteht und sich entwickelt, dem konnte ich nicht widerstehen.

Mein Verhältnis zu IKEA ist – das eines ziemlich treuen Kunden! Eine persönliche Beziehung zu Ingvar Kamprad war bei einigen wenigen, aber intensiven Begegnungen aufgebaut worden. Unsere gemeinsame Sicht auf unternehmerische und schöpferische

Tätigkeit hat die Porträts oder Interviews, die ich in verschiedenen Zeitungen veröffentlichte, geprägt. Vor vielen Jahren übernachtete ich zufällig auf Elmtaryd und traf dabei sowohl Ingvar Kamprads ehrwürdigen Vater Feodor als auch seine freundliche Schwester Kerstin. Ich erinnere mich, daß Ingvar Kamprad damals versuchte, mir als Pyjama ein Flanellhemd aufzudrängen, das er besonders billig im Dutzend in Prag gekauft hatte ...

Die Bedingungen für die Arbeit waren schnell festgelegt.

Der Glaubwürdigkeit wegen verlangte ich, von IKEA finanziell völlig unabhängig zu sein; ich habe mit anderen Worten alle wesentlichen Kosten für Reisen, Unterkunft, Verpflegung und Recherchen selbst getragen – dafür bin ich fleißig zu Griebenwurst sowie *köttbullar* mit Preiselbeeren eingeladen worden. Ingvar Kamprad seinerseits stand mir nicht nur persönlich zur Verfügung, sondern auch die Mitarbeiter des Unternehmens. „Niemand wird vor dir Geheimnisse haben", versprach er. Das Versprechen wurde im großen und ganzen eingelöst, doch bestimmte Bekenntnisse waren ihnen schwer zu entlocken – das betraf nicht nur die schmachvolle Geschichte von der Anziehungskraft der nazistischen Mythen und Bewegungen der 30er Jahren auf den jungen Kamprad.

Die Interviewpartner, die ich brauchte, um das komplexe Bild eines Unternehmens zu vervollständigen, über das nicht einmal der Gründer alles weiß, habe ich selbst ausgesucht; Reiseziel, Anlage und sonstige Prioritäten des Buches habe ich selbst festgelegt. IKEA hat auch keinerlei Sonderabsprachen mit dem Verlag getroffen; der Auslandsverkauf wird von einem freien Agenten gemanagt.

Diese trivialen Tatsachen erwähne ich, nachdem man mich oft gefragt hat, wie ich mich dabei fühle, „von IKEA gekauft" zu sein. Gleichwohl ist man natürlich berechtigt, über die tatsächliche Unabhängigkeit eines Autors zu philosophieren, da er schrittweise ein ebenso enges Verhältnis zu seinem „Opfer" entwickelt wie ein Verhörbeamter zu einem Gefangenen. Sympathien entstehen, Bande werden geknüpft, man fährt im selben Abteil dem Ziel der Reise entgegen. Hilft einander, draußen vor dem Zugfenster Dinge zu sehen. Eine Freundschaft, die so entsteht, hat keine totale Freiheit zur Folge, sondern schließt auch zwiespältige Gefühle, Kompromißbereitschaft, Rücksicht und die Suche nach Verständnis ein. Fakten geraten in Gefahr, auf dem Altar des Wohlwollens und der

Zusammenarbeit geopfert zu werden. Das ist meiner Meinung nach unter Freunden auch völlig verständlich.

Sowohl Ingvar Kamprad als auch ich selbst waren dennoch bestrebt, den Gefahren einer zu engen Beziehung auszuweichen. Wenn wichtige Fakten nicht auf den Tisch gekommen sind, muß man uns beide tadeln, Ingvar Kamprad dafür, daß er vielleicht etwas vertuscht hat, mich dafür, daß es mir nicht gelungen ist, ihn dazu zu bringen, die ganze Wahrheit zu beleuchten. Er selbst wie auch die jetzige Leitung des Unternehmens hatten enorme Angst davor, Dinge zu sagen, die man noch nie zuvor preisgegeben hatte. Eine solche Offenheit empfand man als ungewohnt, beinahe gefährlich. Trotzdem hat man sich dafür entschieden. Das verhinderte nicht, daß gewisse Spannungen darüber entstanden, was in dem Buch nun drinstehen dürfte. An einem Punkt war Ingvar Kamprad unnachgiebig: Bestimmte Menschen, die ihm sehr wehgetan haben, wollte er nur mit allgemeinen Worten kommentieren, und er hat sich ebenso beharrlich geweigert, Namen von Personen zu veröffentlichen, die er und IKEA aus den Ländern hinter dem Eisernen Vorhang gerettet haben.

Auf der anderen Seite wünschte er, daß ich beispielsweise mehr mit seinen „Feinden" gesprochen hätte, z. B. mit Lieferanten, die sich von IKEA schlecht behandelt fühlten, und mit einigen Leuten, denen man den Stuhl vor die Tür gesetzt hat. Nachdem ich über diese Fälle genauer nachgedacht hatte, kam ich zu dem Schluß, daß sie eine Teilgeschichte bilden, die in ein Buch mit einem anderen Ausgangspunkt als diesem gehören.

Jan Ekman, einer von Ingvar Kamprads wenigen nahen Freunden und zugleich sein Berater, erzählte mir, wie er als junger „Kofferträger" für Marcus „Dodde" Wallenberg bei *Stockholms Enskilda Bank* die Entstehung von Torsten Gårdlunds bekanntem Buch über Marcus Wallenbergs Vater, den legendären Amtsgerichtsrat, ein ebenso herausragender Banker wie Vulgär-Antisemit und windelweicher Hitler-Verehrer, verfolgte. Jedesmal, wenn Dodde einen Abschnitt las, bekam er einen cholerischen Ausbruch darüber, wie falsch dieser Gårdlund alles aufgefaßt habe – der jedoch, auf die Integrität des Wissenschaftlers pochend, standhaft blieb. Er konnte in die Archive gehen, was oft ein anderes Bild ergab als das der Angehörigen.

Dieses Buch erhebt keinen wissenschaftlichen Anspruch darauf, die einzige dokumentierte Wahrheit über IKEA zu präsentieren. Das meiste baut auf den mündlichen Aussagen noch lebender Akteure auf. Es werden hier aber auch die Einschätzungen des Autors dessen, was glaubwürdig ist, mit der unverfälschten Sicht der Hauptperson gemischt. Ingvar Kamprad, was das Unternehmen betrifft, normalerweise ein Gedächtnisakrobat, bezichtigt sich dennoch eines erbärmlich selektiven Erinnerungsvermögens – er hat manchmal teuer dafür bezahlen müssen. Er wollte deshalb, daß auch andere gehört würden, die die Geschichte des Unternehmens mitbestimmt haben und die mitunter mehr und Genaueres wußten. Dabei fiel mir auf, wie unterschiedlich dieselben Ereignisse, die sich innerhalb eines kurzen halben Jahrhunderts abgespielt haben, von den Beteiligten beschrieben werden können. Jede Geschichte besteht aus mehreren Geschichten. Wir Menschen erinnern uns vor allem an das, was wir erinnern wollen. Über gewisse Schwellen zu treten ist dann Aufgabe von Therapeuten.

Viele Mitarbeiter konnten nicht in den Bericht aufgenommen werden – aus geographischen, rein menschlichen oder aus Platzgründen. Ingvar Kamprads Version fungierte als Ausgangsmaterial für die Ausflüge, die der Autor machen mußte, um die störrische Wahrheit auch in anderen Quellen zu finden. Das Buch basiert auf fast hundert Interviews – manche davon eher als interessante Begegnungen zu bezeichnen – samt mehreren Reisen zu Möbelhäusern, Büros und Fabriken, von Älmhult bis Shanghai. Vor allem aber gründet es auf langen und vielen, in der Regel mitgeschnittenen Gesprächen mit Ingvar Kamprad in Småland, in seinem Haus in der Schweiz und auf dem Weingut in der Provence, ebenso in seinem Büro in Humlebæk, Dänemark. Darüber hinaus haben wir Briefe gewechselt, telefoniert, uns Faxe geschickt, gemeinsam gekocht, Möbelhäuser inspiziert, Spaziergänge gemacht, Pilze gesammelt. Manchmal haben wir uns auch tüchtig gestritten.

In die Aufzeichnungen sind Reden, private Briefe und Notizen von Ingvar Kamprads Hand eingeflossen, auch Material aus der Engdahl-Affäre und einer staatlichen Untersuchung rund um die Boykottdrohung in den 50er Jahren. Ich habe in alten Restbeständen des jungen Unternehmers aus den 40er Jahren (!) gewühlt und eingehend sowohl Bilanzen als auch die Eigentumskonstruktion studiert, die das Imperium IKEA trägt und die wachsende Macht der Gründerfamilie bestätigt. Ich habe unzählige Fragen gestellt, kann aber gleichwohl einige versäumt haben. Elf Monate sind eine kurze Zeit, um ein Leben zusammenzufassen – hier kommt zudem noch die vielschichtige Entstehungsgeschichte eines Weltunternehmens hinzu.

Ingvar Kamprads Vertrauen ebenso wie das seiner Frau und seiner Söhne bildeten die Basis des Projekts. Genauso unschätzbar war der Veteran Leif Sjöö – mein direktes Bindeglied zum Unternehmen. Ingvar Kamprads Schwester Kerstin, die auf dem elterlichen Hof lebt, wie auch seine Cousine I.-B. Bayley machten mir die Familienbilder zugänglich. Jonas Doll und Jerker Hallenberg halfen mir mit wichtigen Teilrecherchen und die Zeitungsmacher Lars Bringert und Christian Wollin mit Rat und Tat. Bibbi Bréums Unterstützung als aufmunternde „Leserin" darf nicht unterschätzt werden. Eva Halldinger ist zum fünften Mal hintereinander meine Favoritin als Verlagsredakteurin. Herzlichsten Dank an alle, die mir geholfen haben!

Die Reise, die ich mit diesem Buch ins Innere eines Menschen unternehmen durfte, empfand ich als Privileg. So hautnah den wilden Träumen eines Jungen über die Verwandlung eines Kleinunternehmens zu den realisierten Visionen eines Mannes folgen zu dürfen, der noch im Herbst seines Lebens ein globales Multi-Milliarden-Konglomerat leitet, war ein Abenteuer. Wenn die Lektüre dieser Seiten jemanden inspirieren kann, sich dem Abenteuer des Unternehmertums zu stellen, dann kenne ich einen Menschen, der darüber beglückt wäre!

Brantevik, den 1. Juli 1998
Bertil Torekull

Der nachfolgende Text wird im Original-Wortlaut wiedergegeben – so, wie er allen deutschsprachigen IKEA-Mitarbeitern seit 1975 bekannt ist.

Das Testament eines Möbelhändlers

1. Das Sortiment – unsere Identität.

Wir wollen ein breites Sortiment formschöner und funktionsgerechter Einrichtungsgegenstände zu Preisen anbieten, die so günstig sind, daß möglichst viele Menschen sie sich leisten können.

Sortimentspalette

Unsere Bestrebungen **müssen** dahingehen, den gesamten Einrichtungsbereich abzudecken, d.h. sowohl Innen- als auch Außenräume, bewegliche und feste Einrichtungsgegenstände in unser Sortiment einzubeziehen. Die Kollektion kann außerdem Geräte und Dekorationsgegenstände für die Wohnung sowie Do-it-yourself-Artikel und Zubehör für den Einrichtungsbereich enthalten. Außerdem kann das Sortiment eine kleinere Anzahl von Gegenständen für öffentliche Einrichtungen enthalten. Das Sortiment muß immer überschaubar bleiben, um unser Preisbild nicht zu gefährden. Grundsätzlich müssen wir uns innerhalb jeder Artikelgruppe auf wesentliche Produkte konzentrieren.

Profil

Der Schwerpunkt muß immer auf unserem Grundsortiment liegen – dem Teil also, der „typisch IKEA" ist. Unser Grundsortiment muß ein eigenes Profil haben, unsere Gedanken widerspiegeln, schlicht und geradeheraus sein, wie wir es auch sind. Es muß widerstandsfähig und leicht zu handhaben sein. Es soll Ausdruck sein für eine leichtere, natürlichere und freiere Lebensweise. Es soll Form, Farbe und Freude ausdrücken und dem Geschmack junger Leute jeden Alters entsprechen.

Das Grundsortiment soll in Skandinavien für „typisch IKEA" stehen und außerhalb von Skandinavien für „typisch schwedisch". Neben unserem Grundsortiment kann es eine kleinere Auswahl von Artikeln mit eher traditioneller Anknüpfung geben, die dem

Geschmack vieler Menschen entsprechen. Sie müssen mit unserem Grundsortiment kombinierbar sein. Außerhalb von Skandinavien muß dieser Sortimentsteil **stark begrenzt** sein.

Funktion/Technische Qualität

Wegwerf-Artikel passen nicht zu IKEA. Die Freude des Kunden an seinem Kauf muß dauerhaft sein. Deshalb müssen Funktion und technische Qualität gut sein. Aber Qualität darf nicht zum Selbstzweck werden. Sie muß dem Bedarf des Benutzers angepaßt sein. Die Oberfläche muß bei Arbeitsplatten strapazierfähiger sein als bei Bücherregalbrettern. Die Oberflächenbehandlung kostet zwar mehr, gibt aber dem Kunden dauerhafte Freude an seinem Einkauf. Eine teurere Oberflächenbehandlung für das Regalbrett hingegen schadet dem Kunden, weil sie sinnlos mehr kostet. Aber die Qualität muß sich langfristig immer den Interessen des Kunde anpassen. Als Richtschnur gelten für uns hierbei die Grundforderungen von Möbelfakta oder andere vernünftige Normen.

Niedrigpreise, die ihren Zweck erfüllen

Die Masse der Menschen verfügt nur über begrenzte Mittel. Diese Menschen wollen wir als Kunden gewinnen. Voraussetzung dafür ist ein besonders niedriges Preisniveau. Aber der niedrige Preis muß sinnvoll sein. Er darf nicht auf Kosten der Funktion oder der Gebrauchsfähigkeit gegen.

Um die Preise niedrig zu halten, dürfen keine Mühen gescheut werden. Deutliche Preisunterschiede zu unseren Mitbewerbern sind unerläßlich. In allen Bereichen müssen wir immer die eindeutig Günstigsten sein. In jeder Artikelgruppe muß es „atemberaubende" Angebote geben und das Sortiment darf nie so anwachsen, daß das Preisbild gefährdet wird. Niedrigpreise, die ihren Zweck erfüllen, stellen hohe Anforderungen an alle Mitarbeiter; an Konstrukteure, Einkäufer, an Sachbearbeiter, Lagerarbeiter, Beraterinnen – an alle Kostenträger, die unsere Einkaufspreise und **alle anderen** Kosten beeinflussen. Und das sind wirklich hundertprozentig alle! Ohne extrem niedrige Kosten können wir unsere Aufgabe nicht lösen!

Änderungen unserer Sortimentspolitik

Unsere Grundidee, für die Masse der Menschen dasein zu wollen, muß unverändert bleiben. Die hier festgelegten Richtlinien für unsere Sortimentsgestaltung können nur durch eine gemeinsame Entscheidung der Leitungsorgane von Ingka Holding B.V. und Inter IKEA Systems B.V. geändert werden.

2. Der IKEA-Geist - eine starke und lebendige Wirklichkeit.

Bestimmt hast Du ihn schon erlebt. Du hast ihn vielleicht sogar durch Deine persönliche Art mitgeprägt. Klar, früher war es leichter, ihn lebendig zu halten; damals, als wir noch nicht so viele waren, näher zusammensaßen und einfach so miteinander reden konnten.

Sicher ist es heute nicht mehr so einfach, wenn der Einzelne zwischen Verordnungen und Bestimmungen oder in den Aktenbergen der Personalabteilung förmlich verschwindet.

Damals waren sie greifbarer: Hilfsbereitschaft, die Kunst, sich mit wenigen Mitteln zu behelfen, mit den zur Verfügung stehenden Mitteln zu knausern, kostenbewußt bis zum Geiz zu sein, die Achtung voreinander, der unerschütterliche Arbeitseifer und das gemeinsam durch „dick und dünn“ gehen. Aber seit damals hat sich beides verändert: die Gesellschaft und auch IKEA.

Aber bestimmt findet man ihn noch an dem einen oder anderen Arbeitsplatz, bei alten und neuen Mitarbeitern. Noch immer wird jeden Tag der volle Einsatz gebracht, und viele fühlen noch das gleiche wie damals. In einer so großen Gruppe wie wir es bei IKEA sind, kann nicht jeder den gleichen Enthusiasmus und das gleiche Verantwortungsbewußtsein an den Tag legen. Einige betrachten sicher ihre Arbeit nur als Mittel zum Geldverdienen, wie irgendeinen beliebigen Job. Vielleicht ist es sogar mit unser Fehler, weil wir es versäumt haben, andere mit unserer Arbeitsfreude mitzureißen, weil wir vielleicht das eine oder andere Mal selbst resigniert haben, weil wir es einfach nicht geschafft haben, Schwung und Leben in eine auf den ersten Blick eintönige Beschäftigung zu bringen.

Der echte IKEA-Geist baut noch heute auf unseren Tatendrang, unsere Arbeitsfreude, unsere ständige Bereitschaft, Neues anzunehmen und uns dafür zu begeistern, auf unser Kostenbewußtsein, auf unsere Bereitschaft, Verantwortung zu übernehmen, auf unsere

Hilfsbereitschaft, auf die Achtung, die wir vor unserer Aufgabe haben und auf die gradlinige Art, in der wir miteinander umgehen. Wir müssen uns umeinander kümmern, uns gegenseitig inspirieren. Es ist schade um diejenigen, die nicht dabei sein können oder wollen.

Ein Beruf sollte nie nur ein Broterwerb sein. Ohne Arbeitsfreude geht ein Drittel des Lebens verloren; diesen Verlust kann auch die Illustrierte in der Schreibtischschublade nicht ersetzten.

Für alle, die eine Führungsposition haben, ist es ungeheuer wichtig, sich um die Motivation und Weiterentwicklung der Mitarbeiter zu kümmern. Teamgeist ist eine tolle Sache, wenn jeder im Team Verantwortung für seine Aufgabe fühlt. Als „Mannschaftskapitän" faßt Du mehr Beschlüsse nach Rücksprache mit Deinem Team. Danach ist keine Zeit mehr für Diskussionen. Nimm eine Fußballmannschaft als Beispiel! Schaut euch unsere „Gesellschaftsträger" an. Gradlinige, zurückhaltende, ungekünstelte Menschen, die immer hilfsbereit sind. Sie tun ihre Pflicht und nehmen Verantwortung auf sich, ohne viele Worte zu verlieren. Für sie ist Verantwortungsbereich ein notwendiges, aber häßliches Wort. Weil für sie die Gesamtheit ebenso selbstverständlich ist wie die Bereitschaft, zu helfen, sich aber auch helfen zu lassen, wo es notwendig ist. Ich nenne sie „Gesellschaftsträger", weil sie in allen Unternehmen, allen Schichten der Gesellschaft so wichtig sind. Es gibt gerade bei uns so viele davon; in unseren Lagern, in den Büros, bei den Beratern und Beraterinnen ... sie sind das Herzstück des IKEA-Geistes.

Bestimmt gibt es ihn noch, den IKEA-Geist. Aber auch er muß gepflegt, gefördert und im Laufe der Zeit weiterentwickelt werden. **Entwicklung ist nicht immer gleichbedeutend mit Fortschritt.** Oft liegt es an dir als Initiator und Verantwortungsträger, ob ein Gleichheitszeichen gesetzt werden kann.

3. Gewinn gibt uns Mittel.

Ein besserer Alltag für die vielen Menschen! Um dieses Ziel zu erreichen, müssen wir über Mittel verfügen. Nicht zuletzt Geldmittel. Wir glauben nicht, daß uns gebratene Tauben in den Mund fliegen. Wir verlassen uns auf harte, unermüdliche Arbeit mit meßbaren Ergebnissen.

Gewinn ist ein wunderbares Wort! Wir wollen dieses Wort ein für allemal entdramatisieren. Politiker benutzen und mißbrauchen dieses Wort zu oft. Gewinn bringt uns Mittel. Zu Mitteln kommt man nur auf zwei Wegen: durch Gewinn oder durch Unterstützung. Alle staatlichen Subventionen sind Gewinne aus staatlichen Betrieben oder Steuergeldern, die in irgendeiner Form von den Steuerzahlern, also von uns, gezahlt werden müssen. Wir wollen uns auch bei der Beschaffung von Geldmitteln auf uns selbst verlassen.

Die Zielsetzung bei der Beschaffung von Mitteln heißt: **auf lange Sicht ein gutes Ergebnis zu erzielen.** Die Voraussetzungen kennst Du. Wir müssen das niedrigste Preisniveau haben. Und das muß sich mit guter Qualität vereinbaren. Wenn unsere Preise zu hoch sind, können wir nicht das niedrige Preisbild halten. Sind unsere Preise zu niedrig, verringern sich unsere Mittel. Ein fabelhaftes Problem! Denn es zwingt uns, bei der Produktentwicklung wirtschaftlich und beim Einkauf sparsam vorzugehen und in allen Situationen äußerst kostenbewußt zu sein. Das ist unser ganzes Geheimnis. Der Schlüssel zu unserem Erfolg.

4. Mit wenigen Mitteln gute Ergebnisse erzielen.

Eine alte IKEA-Idee, die immer aktueller wird. Unzählige Male haben wir bewiesen, daß es möglich ist, mit wenigen Mitteln gute Ergebnisse zu erzielen. Mittelverschwendung ist eine Todsünde bei IKEA. Es ist keine besondere Leistung, wenn man bei der Verfolgung von Zielen keine finanziellen Beschränkungen kennt. Einen Schreibtisch zu konstruieren, der 3.000 Mark kosten darf, kann jeder beliebige Architekt. Aber um einen funktionellen und formschönen Schreibtisch zu entwerfen, der nur 200 Mark kosten darf, muß man schon ganz schön gewitzt sein. **Teure Lösungen von Problemen aller Art kommen meist von mittelmäßig begabten Menschen.**

Wir haben keinen Respekt vor einer Lösung bevor wir wissen, was sie kostet. Ein IKEA-Produkt ohne Preisetikett ist deshalb ein Unding! Genauso unmöglich, als würde der Staat die Steuerzahler nicht darüber informiert, wie hoch z. B. die Kosten für eine freie Schulmahlzeit sind.

Bevor Du Dich für eine Lösung entscheidest, stell sie in Relation zu den Kosten. Erst dann kannst Du sie beurteilen.

Mittelverschwendung ist eine der größten Krankheiten der Menschheit. Viele moderne Bauwerke sind eher Denkmäler für die menschliche Dummheit als rationelle Lösungen eines effektiven Bedarfs. Aber viel mehr kostet uns die Verschwendung, wenn es um kleine alltägliche Fragen geht: Papiere einzuordnen, die man sowieso nie mehr braucht. Zeit aufzuwenden für den Beweis, daß man selbst trotzdem Recht hatte; die Lösung eines Problems bis zur nächsten Sitzung aufzuschieben, weil man selbst die Verantwortung jetzt nicht übernehmen will. Zu telefonieren, wenn man ebensogut einen Zettel oder ein Telex schreiben könnte. Die Aufzählung könnte man endlos weiterführen.

Nutze Deine Möglichkeiten auf IKEA-Weise. Dann erreichst Du ein gutes Resultat mit wenigen Mitteln.

5. Einfachheit ist eine Tugend.

Wo viele Menschen in einer Gesellschaft oder einem Unternehmen zusammenarbeiten, muß es Regeln geben. Je komplizierter diese Regeln sind, um so schwerer sind sie zu befolgen. Komplizierte Regeln lähmen!

Belastung durch Althergebrachtes, Angst oder fehlende Bereitschaft zur Übernahme von Verantwortung sind der Nährboden der Bürokratie. Unschlüssigkeit führt zu mehr Statistik, mehr Untersuchungen, mehr Sitzungen, mehr Bürokratie. Und Bürokratie erschwert und lähmt.

Planung ist oft gleichbedeutend mit Bürokratie. Sicher sind Planungen notwendig, um Richtlinien für die Arbeit jedes einzelnen und für das reibungslose Funktionieren eines Unternehmens auf lange Sicht aufzustellen. **Vergiß aber nicht, daß übertriebene Planung die häufigste Todesursache von Unternehmen ist.** Übertriebene Planung unterdrückt Deine Handlungsfreiheit und verkürzt die Zeit, die Dir zur Ausführung bleibt. Komplizierte Planung legt lahm. Laß Einfachheit und Vernunft walten, wenn Du etwas planst.

Bei uns ist Vereinfachung schon so etwas wie Tradition. Einfache Routinen bedeuten größere Effektivität. Einfachheit in unserem Verhalten verleiht uns Stärke. Menschlichkeit, Respekt und Toleranz zeichnen uns im Umgang miteinander, mit unseren Lieferanten und unseren Kunden. Nicht nur aus Kostengründen vermeiden wir Luxushotels. Wir können auf Luxusschlitten, auf hochgestochene Titel, auf maßgeschneiderte Bekleidung oder ähnliche Statussymbole verzichten. Wir verlassen uns auf unsere eigene Kraft und unseren eigenen Willen.

6. Die „Linie anders".

Wenn wir am Anfang Experten gefragt hätten, ob es sinnvoll ist, ein Unternehmen wie IKEA in einem kleinen Ort wie Älmhult aufzubauen, hätte man uns sicher abgeraten. Trotzdem liegt heute eine der weltgrößten Anlagen unserer Branche in Älmhult.

Dadurch, daß wir immer fragen, warum man etwas so oder anders macht, finden wir neue Wege. Dadurch, daß wir nichts nur deshalb so machen, weil es schon immer so gemacht worden ist, kommen wir weiter. Wir versuchen es einfach anders! Nicht nur, wenn es um große Entscheidungen geht, sondern auch bei der Lösung der täglichen kleinen Probleme.

Daß unsere Einkäufer sich für die Fertigung von Tischgestellen an eine Fensterfabrik und für die Herstellung von Sitzkissen an eine Hemdenfabrik wenden, ist kein Zufall, sonder ganz einfach eine Antwort auf die Frage nach dem **Warum!**

Unser Protest gegen alles Althergebrachte ist kein Selbstzweck, sondern zielbewußtes Streben nach ständiger Weiterentwicklung und Verbesserung.

Die Dynamik in unserem Unternehmen zu entwickeln und zu bewahren, gehört zu unseren wichtigsten Aufgaben. Unter anderem deshalb hoffe ich, daß wir nie zwei „identische" Einrichtungshäuser haben werden. Wir wissen, daß es auch im neuesten Haus noch viele unzureichende Lösungen geben wird: Insgesamt gesehen wird es trotzdem das beste Haus sein. Dynamik und Experimentierfreude werden uns immer vorwärts führen. **„Warum"** bleibt ein wichtiges Schlüsselwort.

7. Kraftsammlung – wichtig für unseren Erfolg.

Ein Feldherr, der seine Kräfte zersplittert, wird unweigerlich den kürzeren ziehen. Schon dem Zehnkämpfer erwachsen dadurch Probleme.

Auch für uns gilt, daß wir uns konzentrieren müssen – unsere Kräfte sammeln. Wir können sowieso nicht überall alles gleichzeitig erledigen.

Unser Sortiment darf nicht zu umfangreich werden. Wir können ohnehin nicht jedem Geschmack gerecht werden. Wir müssen uns auf unser eigenes Profil konzentrieren.

Wir können nie alle unsere Produkte auf einmal aktivieren. Wir müssen uns auf einzelne konzentrieren.

Wir können nicht alle Märkte auf einmal erobern. Wir müssen uns konzentrieren, um das optimale Ergebnis mit wenigen Mitteln zu erreichen.

Während wir unsere Kräfte auf wichtige Bereiche konzentrieren, müssen wir uns bei anderen Bereich beschränken.

Wenn wir ein neues Absatzgebiet erschließen, konzentrieren wir uns auf die eigentlichen Marketingmaßnahmen. In den Anfangszeiten sind wir gezwungen, mit provisorischen Lagern und Routinen auszukommen. Kraftsammlung führt manchmal sogar dazu, daß in besonderen Zeiten wichtige Dinge, wie z.B. die Sicherheitssysteme, gelockert werden müssen. Unter anderem deswegen stellen wir besonders hohe Anforderungen an die Ehrlichkeit und Zuverlässigkeit eines jeden Mitarbeiters.

Konzentration der Kräfte – schon das Wort strahlt Stärke aus. Nutze es in Deiner täglichen Arbeit. Es bringt Dir Erfolg.

8. Verantwortung übernehmen zu können – ein Vorteil.

In allen Unternehmen und Gemeinschaften gibt es auf jeder Ebene Menschen, die lieber eigene Beschlüsse fassen als sich hinter denen anderer zu verstecken. Es sind Menschen, die sich trauen, Verantwortung zu übernehmen. Je weniger solcher Menschen es in einem Unternehmen oder in einer Gesellschaft gibt, um so besser kann sich Bürokratie ausbreiten. Sitzungsepidemien und Gruppendiskussionen beruhen oft auf dem Widerwillen oder der Unfähigkeit, Beschlüsse zu fassen. Auch wenn man nach außen Demokratie oder Beratungspflicht als Grund dafür vorgibt.

Verantwortung übernehmen zu können hat nichts mit Ausbildung, finanzieller Lage oder Stellung zu tun. Die Verantwortungsbewußten finden sich im Lager, im Büro, bei den Einkäufern und Verkäufern – überall. Und sie sind in allen Bereichen notwendig. Sie sind wichtig für den Fortschritt. Sie sorgen dafür, daß das Getriebe in Gang bleibt.

In unserer IKEA-Familie wollen wir den Menschen in den Mittelpunkt behalten und einander unterstützen. Wir haben alle unsere Rechte, aber auch unsere Pflichten. Freiheit mit Verantwortung. Deine und meine Initiative ist ausschlaggebend: unsere Fähigkeit, Entscheidungen zu treffen und Verantwortung zu übernehmen.

Nur wer schläft macht keine Fehler. Fehler zu machen ist das Vorrecht des Tatkräftigen – desjenigen, der zu Änderungen und Berichtigungen fähig ist.

Unsere Zielsetzung verlangt, daß wir uns ständig darin üben, Entscheidungen zu treffen und Verantwortung zu übernehmen, daß wir ständig gegen die Angst vor Fehlern ankämpfen. Die Angst, Fehler zu machen, ist die Wiege der Bürokratie und der Feind jeglicher Entwicklung. Keine Entscheidung kann für sich in Anspruch nehmen, die einzig richtige zu sein. Es ist die Tatkraft hinter der Entscheidung, die deren Richtigkeit bestimmt. Es muß erlaubt sein, Fehler zu machen. Es ist immer der Mittelmäßige, der negativ denkt und dazu neigt, sein eigenes Recht beweisen zu müssen. Der Starke ist immer positiv und arbeitet nach vorne.

Es sind immer die positiven Menschen, die gewinnen, die anderen und auch sich selbst Freude machen. Aber gewinnen heißt nicht, daß ein anderer verlieren muß. Die schönsten Siege sind die, bei denen es keine Verlierer gibt. Wenn jemand eines unserer Modelle kopiert, vermeiden wir einen Prozeß, weil ein Prozeß immer negativ ist. Wir lösen die Aufgabe dadurch, daß wir eine neues, besseres Modell entwickeln. Nutze Deinen Vorteil – Dein Recht und Deine Pflicht, Beschlüsse zu fassen und Verantwortung zu übernehmen.

9. Das meiste ist noch nicht getan. Wunderbare Zukunft.

Das Gefühl, alles getan zu haben, ist ein wirkungsvolles Schlafmittel. Der Rentner, der denkt, er hätte alles getan, welkt schnell dahin. Ein Unternehmen, das glaubt, das Ziel erreicht zu haben, stagniert schnell und verliert seine Lebenskraft.

Glück liegt nicht darin, das Ziel erreicht zu haben – Glück ist, unterwegs zu sein. Unser wunderbares Schicksal ist es, gerade am Anfang zu stehen. In allen Bereichen. Nur dadurch, daß wir uns ständig fragen, wie wir das, was wir heute machen, morgen besser machen können, kommen wir weiter. Unsere Entdeckerfreude wird uns auch in Zukunft beleben. Das Wort „unmöglich" ist und bleibt in unserem Wörterbuch gestrichen.

Mit dem Wort „Erfahrung" müssen wir vorsichtig umgehen. Erfahrung ist ein Hemmschuh für jede Entwicklung. Erfahrung ist für viele Menschen die Entschuldigung dafür, daß sie nichts Neues ausprobieren wollen. Trotzdem ist es klug, sich manchmal auf Erfahrungen zu verlassen. Vertraue dann Deinen eigenen Erfahrungen. Sie sind oft wertvoller als langwierige Untersuchungen.

Der Ehrgeiz, uns selbst als Menschen und als Mitarbeiter weiterzuentwickeln, muß wach gehalten werden. Das Schlüsselwort heißt: Menschlichkeit. Menschlichkeit bedeutet so viel für uns bei unserer Arbeit und in unserer Freizeit, sie ist entscheidend für unser Leben. Sie bedeutet nicht nur Rücksicht auf und Respekt für den Mitmenschen, sondern auch Freundlichkeit und Großzügigkeit. Wille und Stärke ohne Menschlichkeit führt oft zu Konflikten. Verbunden mit Menschlichkeit, sind Willenskraft und Stärke Deine Geheimwaffe, um Dich selbst als Persönlichkeit und Mitmenschen zu entwickeln.

Denke daran, daß die Zeit Deine wichtigste Ressource ist.

Du kannst soviel in zehn Minuten erreichen. Vergeudete zehn Minuten sind endgültig verloren. Du bekommst sie nie zurück. Zehn Minuten sind nicht nur Dein Stundenlohn geteilt durch sechs. Diese zehn Minuten sind ein Stück von Dir selbst. Teile Dein Leben ein in Zehn-Minuten-Abschnitte und laß so wenige wie möglich sinnlos verstreichen.

Das meiste ist noch nicht getan. Laßt uns auch in Zukunft eine Gruppe von positiven Fanatikern bleiben, die sich mit unerschütterlicher Hartnäckigkeit weigern, das Unmögliche, das Negative zu akzeptieren. Was wir wollen, können wir, und das werden wir auch tun – gemeinsam. Wunderbare Zukunft.

Dank an die Mitwirkenden an diesem Buch

Interviews zu einem Buch wie diesem zu machen, ist wie Blumen auf einer wilden Wiese zu pflücken. Einige Blumen leuchten herausfordernd am Grabenrand, um die Schönheit anderer zu sehen, muß man in die Knie gehen, von manchen nimmt man indirekt Notiz - sie sind jedoch als reiche Möglichkeit vorhanden, der Kern einer gewaltigen Flora.

Nach vollendeter Reise durch IKEA strahlen mich im Strom der vielen Menschen in der Erinnerung gewisse Gesichter an. Der Anblick der frenetisch webenden Frauen in der Teppichfabrik Sheena ein paar Stunden von Neu Delhi entfernt läuft mit dem Bild der jungen, unbekannten Kassiererin in Aubonne zusammen, die wegen des Personalrabatts den Ausweis des Gründers zu sehen verlangt, als er eine Großpackung Teelichter kauft...

Ich erinnere mich an die unverhohlene Freude der chinesischen Einkäuferin Shierley Bao, als sie durch Shanghais neues Möbelhaus wanderte und zum ersten Mal mit eigenen Augen das Ergebnis ihrer Arbeit in Gestalt ausgestellter Waren sah... oder an den eleganten Schnellkurs in der Kunst für mehrere Milliarden das Bücherregal *Billy* und andere Aufbewahrungsmöbel zu verkaufen, den der Geschäftsbezirkschef Per Hahn an einem warmen Familientag in Älmhult erteilte... oder an den Rentner Bil-Rolf Forsberg, der von seiner ehemaligen Lebensaufgabe erzählte, den småländischen Wagenpark des wachsenden Weltunternehmens zu pflegen, oh, wenn all die Autos frisch gewaschen dort Parade standen... oder an Marianne Wir, die alles sehende Empfangsdame, eine der „Mütter der Firma“, oder, wie sie sagt: „Fender“.

Wie die Heerschar anonymer Menschen – alle ein Monument wert, die Ingvar Kamprad geholfen haben, den Traum von IKEA zu verwirklichen, sind es unzählige Leute, die mir, ohne es selbst zu wissen, während der Arbeit an dem Buch wichtige Impulse gegeben haben. Hier sind von A bis Z diejenigen, denen zu danken ich doch besonderen Grund habe – für Generosität, gute Hilfe, Gastfreundschaft, Fakten, Ideen, Hintergründe in Gesprächen, Briefen oder bei langen oder superkurzen Begegnungen:

Mats Agmén, *Delft,* Peter Anderson, *Shanghai,* Siv Kroon-Andersson, *Bölsö,* Erik Arneberg, *Helsingborg,* Fredrik Asplund, *Shanghai,* Hans Ax, *Helsingör,* Jan Aulin, *Genf*

Shierley Bao, *Shanghai,* I.-B. Bayley, *Ämhult,* Thomas Bergström, *Stockholm,* Thomas Blomqvist, *Humlebæk,* Adam Burda, *Poznan,* Jan Bäckbro, *Amsterdam*

Carl Chen, *Shanghai*

Håkan Eriksson, *Polen,* Jan Ekman, *Stockholm*

Rolf Forsberg, *Älmhult,* Marianne Fredriksson, *Österskär,* Peter Fröman, *Singapur*

Marian Grabinski, *Warschau,* Ingmar Gunnarsson, *Neu Delhi,* Ingemar Gustafsson/Hans Gydell, *Humlebæk*

Sven-Göte Hansson/Per Hahn/Birgit Hartelius/Ann-Christine Hallström/Sven Håkansson, *Älmhult*

Peter Jelkeby, *Ho Chi Minh Stadt,* Staffan Jeppsson, *Humlebæk,* Thomas Jelinek, *Älmhult,* Leif Johansson, *Humlebæk*

Jonas Kamprad/Kerstin Kamprad-Johansson, *Elmtaryd,* Margaretha Kamprad/Mathias Kamprad/Peter Kamprad, *Schweiz*

Cathy Li, Shanghai, Per Lindblad, Malmö, Börje Lindgren, *Älmhult,* Per Ludvigsson, *Brüssel,* Birger Lund, *Peking,* Gillis Lundgren, *Schweiz,* Robin Lundgren, *Neu Delhi,* Sylvia Lukasik, *Warschau,* Åsa Lydig, *Älmhult*

Jan Musiolik, *Warschau,* Anders Moberg, *Humlebæk*

Roger Nilsson, *Shanghai,* Jens Nordahl, *Amsterdam,* Andrzej Nowak, *Wolborz*

Mikael Ohlsson, *Älmhult,* Andrzej Olechowsky, *Warschau*

P.R.D. Pal, *Neu Delhi,* Jerzy Pavlak, *Oborniki,* Lars-Göran Peterson, *Älmhult,* Prakash Chugi/Sheena, *Neu Delhi*

Qian Pei Sheng/Dongsheng/Chris Xuan, *Shanghai*

Karl Henrik Robèrt, *Stockholm,* Diane Rameau, *Shanghai*

Howell Shen, *Shanghai,* Ingrid Sjöö/Leif Sjöö, *Älmhult,* Janusz Sliwakoski, *Radomsko,* Svante Smedmark, *Älmhult,* Eva Stål, *Stockholm,* Johan Stenebo, *Humlebæk,* Hans Göran Stennert, *Växjö,* Ragnar Sterte, *Lönsboda*

Jan-Eric Uppman, *Älmhult;*

Bo Wadling, *Sköldsbygd,* John C. Wallace, *Nha Trang,* Janusz Walczak, *Lubava,* Endel Wesik, *Älmhult,* Thomas Willeborn, *Shanghai,* Marianne Wir, *Älmhult,* Wojiech Wyrzykowski, *Radomsko,* Kenneth Wänman, *Älmhult*

Nachfolgend die Namen von den Beteiligten, die unter der Leitung von Erik Arneberg das erste Möbelhaus in China (Shanghai) aufgebaut haben:

Elisabeth Gullmander, Anette Johnsson-Sundell, Pernilla Thuresson, Eva Gewert, Sara Ekenger, Yvonne Jönsson, Anneli Karlsson, Gunnel Norman, Martin Isaksson, Ingvar Torgersson, Nian Hultén, Monica Ekelund, Joanne Woodward, Jenny Pettersson, Carita Carlström, Staffan Persson, Pelle Arlsten samt Chris Ahlgren.

Wichtige Jahreszahlen

1926	Ingvar Kamprad wird in der Gemeinde Pjätteryd in der Nähe von Älmhult geboren
1933	Feodor und Berta Kamprad ziehen nach Elmtaryd
1941-43	Ingvar Kamprad geht zur Schule: Koedukative Realschule/Internat in Osby
1943	IKEA wird als Firma eingetragen - die Initialen stehen für Ingvar Kamprad Elmtaryd Agunnaryd
1943-45	Ingvar Kamprad in der Höheren Handelsschule in Göteborg
1945-46	Ingvar Kamprad wird Kontorist bei den Waldbesitzern in Växjö
1947	Anstellung bei den Hultsfreds Fabriker
1947-48	Wehrpflicht in Växjö
1948	Offiziersprüfung auf der Offiziersschule Karlberg, Stationierung bei I12 Eksjö
1950	Ingvar Kamprad heiratet Kerstin Wadling; die Ehe wird 1961 geschieden
1951	Die erste Million Kronen Umsatz
1953	Eröffnung der Möbelausstellung in Älmhult
1958	Einweihung des Möbelhauses in Älmhult
1961	Polnische Produktion „rettet“ IKEA
1963	Ingvar Kamprad heiratet Margaretha Stennert
1965	Einweihung von Kungens Kurva, dem großen Möbelhaus in Stockholm
1970	Das Möbelhaus in Kungens Kurva brennt ab und wird im Jahr darauf wieder eingeweiht
1973	Ingvar Kamprad wandert nach Dänemark aus Erstes Möbelhaus außerhalb des Nordens in Spreitenbach bei Zürich
1978	Die Familie Kamprad läßt sich in der Schweiz nieder
1982	Bildung der Stichting INGKA, IKEA bekommt die Form einer Stiftung
1983	Ingvar Kamprad wird Ehrendoktor der Universität Lund

1984	Ingvar Kamprad erhält den Großen Preis der Internationalen Handelskammer
1986	Ingvar Kamprad tritt als IKEA-Chef ab. Nachfolger wird Anders Moberg Der Umsatz erreicht 10 Milliarden Kronen
1989	Ingvar Kamprad wird „Schwede des Jahres in der Welt“ und „Kronoberger des Jahres“
1992	Große Goldmedaille der IVA (Akademie für Ingenieurwissenschaften) sowie Auszeichung als „Euromanager of the Year“
1997/98	Der Umsatz erreicht 50 Milliarden Kronen
1998	Einweihung des 137. Möbelhauses in Shanghai, des ersten in China
	„Das Geheimnis von IKEA“ (mit Ingvar Kamprads eigenem Bericht) erscheint in Buchform.

Die Möbelhäuser von IKEA Land für Land

Australien: Sydney (Gordon) 1975, Sydney (Blacktown) 1981, Melbourne (Moorabbin) 1986, Perth 1986, Brisbane 1987, Melbourne (Nunawading) 1989, Sydney (Moore Park) 1991

Belgien: Brüssel (Ternat, Zaventem) 1984, Antwerpen 1985, Lüttich 1985

China: Shanghai 1998, Peking (im Bau)

*Dänemark:*Kopenhagen (Tåstrup) 1969, Århus 1980, Odense 1985, Kopenhagen (Gentofte) 1995

Deutschland: Eching bei München 1974, Köln 1975, Dorsten 1975, Grossburgwedel bei Hannover 1976, Stuhr bei Bremen 1976, Hofheim-Wallau bei Frankfurt/M. 1977, Kamen bei Dortmund 1978, Berlin (Spandau) 1979, Kaarst bei Düsseldorf 1979, Kassel 1980, Fürth 1981, Freiburg 1981, Walldorf bei Heidelberg 1981, Bous bei Saarbrücken 1981, Hamburg-Schnelsen 1989 (Kaltenkirchen 1977-1989), Leipzig 1992, Chemnitz 1992, Essen 1993 (vorher seit 1975, Dorsten), Berlin (Waltersdorf) 1993, Braunschweig 1993, Bielefeld 1996, Frankfurt/M. (Hanau) 1997, Stuttgart (Sindelfingen) 1997, Stuttgart (Ludwigsburg) 1998, Lisdorf/Saarlouis 1998

Finnland: Helsinki 1996

Frankreich: Paris (Evry) 1983, Marseille 1985, Paris-Nord 1986, Lyon 1987, Lille 1988, Bordeaux 1990, Paris (Plaisir) 1992, Toulouse 1995, Paris (Villiers s. Marne) 1996

Großbritannien: Manchester 1987, London (Brent Park) 1988, Birmingham 1991, Newcastle 1992, London (Croydon) 1992, Leeds 1995, London (Thurrock) 1996, Nottingham 1997

Holland: Rotterdam 1979, Amsterdam 1982, Duiven 1983, Eindhoven 1992, Delft 1992, Heerlen 1994, Utrecht 1996, Groningen 1997

Hongkong: Tsuen Wan 1992, Causeway Bay 1993, Mongkok 1995, New Shatin 1997

Island: Reykjavik 1981

Italien: Mailand (Cinisello Balsamo) 1989, Turin 1990, Mailand (Corsico) 1992, Brescia 1992, Bologna 1998, Genua 1998

Kanada: Vancouver 1976, Toronto 1977, Edmonton 1978, Calgary

1979, Ottawa 1979, Montreal 1982, Toronto (Burlington) 1991
Kuwait: Kuwait City 1984
Malaysia: Kuala Lumpur 1996
Norwegen: Oslo (Slependen - erstes Möbelhaus außerhalb Schwedens) 1963, Bergen 1984, Stavanger 1988
Österreich: Wien 1977, Graz 1989, Linz 1991
Polen: Warschau 1990, Posen 1991, Danzig 1993, Warschau (Janki) 1993, Breslau 1996, Kraukau 1998
Saudi-Arabien: Dschidda 1983, Riad 1993
Schweden: Älmhult 1958, Stockholm (Kungens Kurva) 1965, Sundsvall 1966, Malmö 1967, Göteborg 1972, Linköping 1977, Jönköping 1981, Gävle 1981, Helsingborg 1982, Örebro 1982, Uppsala 1982, Västerås 1984, Stockholm (Barkarby) 1993
Schweiz: Spreitenbach 1973, Lausanne 1979, Lugano 1991, Zürich 1992, Bern 1996
Singapur: 1978
Slowakei: Bratislava 1992
Spanien: Gran Canaria (Las Palmas) 1980, Teneriffa (Santa Cruz) 1983, Mallorca (Palma) 1992, Barcelona 1996, Madrid 1996
Taiwan: Taipeh 1994
Tschechien: Prag 1991, Brünn 1998
Ungarn: Budapest 1990
USA: Philadelphia 1985, Washington 1986, Baltimore 1988, Pittsburgh 1989, New Jersey (Elizabeth) 1990, Los Angeles (Burbank) 1990, New York (Long Island) 1991, Los Angeles (Tustin) 1992, Los Angeles (City of Industry) 1992, Houston 1992, Los Angeles (Carson) 1992, Seattle 1994, Chicago (im Bau)
Vereinigte Arabische Emirate: Dubai 1991

Ungefähr 2.400 Zulieferer rund um die Welt versehen via 14 Großlager die Möbelhäuser von IKEA mit Waren. Ein vollsortiertes Haus umfaßt bis zu 11.000 verschiedene Artikel – Farb- und Maßvariationen nicht eingerechnet. Die Waren kommen zu fast 80 Prozent aus Europa – die nordischen Länder stehen allein für fast 30 Prozent ein. Aber der Ferne Osten ist als Lieferant stark im Kommen und deckte 1996/97 fast ein Fünftel des Bedarfs von IKEA.

Nahezu 150 Millionen Menschen strömen jährlich in die IKEA-Möbelhäuser und werden von gut 38.000 Mitarbeitern bedient. Deutschland ist das Land mit den meisten IKEA-Angestellten, mehr als 7.300 Leute. An zweiter Stelle kommt Schweden mit 5.500.

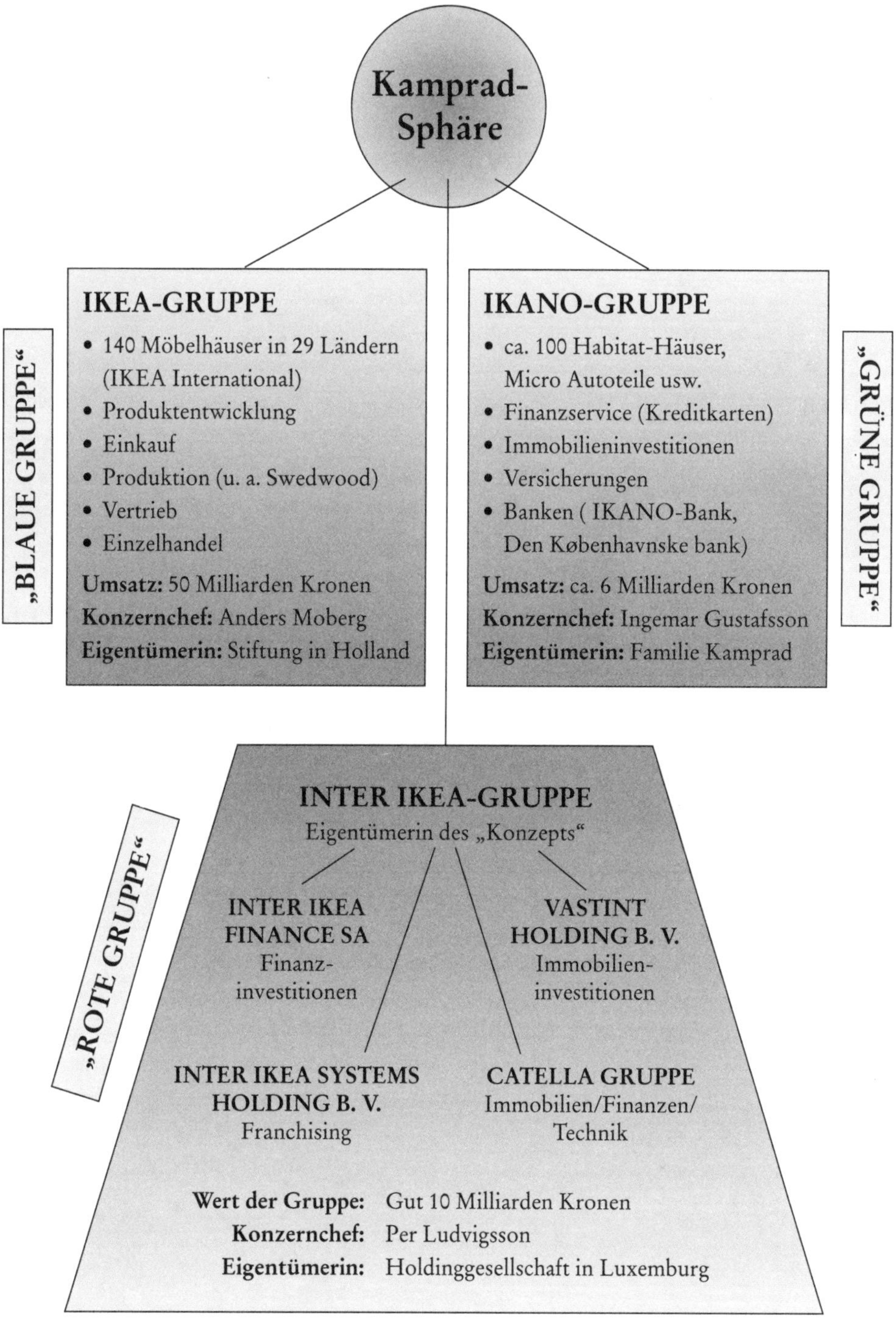
Kamprad-Sphäre
IKEA-GRUPPE
• 140 Möbelhäuser in 29 Ländern (IKEA International)
• Produktentwicklung
• Einkauf
• Produktion (u. a. Swedwood)
• Vertrieb
• Einzelhandel
Umsatz: 50 Milliarden Kronen
Konzernchef: Anders Moberg
Eigentümerin: Stiftung in Holland
„BLAUE GRUPPE“
IKANO-GRUPPE
• ca. 100 Habitat-Häuser, Micro Autoteile usw.
• Finanzservice (Kreditkarten)
• Immobilieninvestitionen
• Versicherungen
• Banken (IKANO-Bank, Den Københavnske bank)
Umsatz: ca. 6 Milliarden Kronen
Konzernchef: Ingemar Gustafsson
Eigentümerin: Familie Kamprad
„GRÜNE GRUPPE“
INTER IKEA-GRUPPE
Eigentümerin des „Konzepts“
INTER IKEA FINANCE SA
Finanz-investitionen
VASTINT HOLDING B. V.
Immobilien-investitionen
INTER IKEA SYSTEMS HOLDING B. V.
Franchising
CATELLA GRUPPE
Immobilien/Finanzen/Technik
Wert der Gruppe: Gut 10 Milliarden Kronen
Konzernchef: Per Ludvigsson
Eigentümerin: Holdinggesellschaft in Luxemburg
„ROTE GRUPPE“